Ingeborg Drewitz
Die ganze Welt umwenden

Ingeborg Drewitz

›Die ganze Welt umwenden‹

Ein engagiertes Leben

Mit einem Vorwort
von Erich Fried

Herausgegeben
von Uwe Schweikert

claassen

CIP-Kurztitelaufnahme der Deutschen Bibliothek

Drewitz, Ingeborg:
Die ganze Welt umwenden: e. Lesebuch / Ingeborg Drewitz.
Hrsg. von Uwe Schweikert.
Düsseldorf: claassen, 1987.
ISBN 3-546-42178-7

Copyright © 1987 by claassen Verlag GmbH, Düsseldorf
Siehe auch Quellenhinweise
Alle Rechte vorbehalten
Gesetzt aus der Garamond der Fa. Berthold
Satz: Dörlemann-Satz, Lemförde
Papier: Papierfabrik Schleipen GmbH, Bad Dürkheim
Druck und Bindearbeiten: Ebner, Ulm
Printed in Germany
ISBN 3-546-42178-7

».. . es ist viel Arbeit in der Welt, mir zum wenigsten deucht nichts am rechten Platz . . . Ich meine immer, ich müsse die ganze Welt umwenden, ja, ich sage Dir, es liegt mir so nah . . . Nur ein einzig Ding, am rechten Ende angefaßt, zieht eine Menge andere nach sich, die von selbst dann ins rechte Geschick kommen würden. Die Menschen lernen dann allmählich auch das Rechte denken, wenn sie erst eine Weile das Rechte haben tun müssen.«

(Bettine von Arnim)

Erich Fried

»Ich wollte dieses Leben doppelt leben!«

Gedenkrede[*]

Es fällt mir schwer, und es bedrückt mich, hier von Ingeborg Drewitz zu sprechen, denn es wäre viel besser, sie stünde hier und lebte. Vor wenigen Monaten, als sie sich ihrer schweren Operation unterzogen hatte – derselben wie zuvor ich –, hat sie gesagt, sie wolle so weiterarbeiten, wie ich es dann getan habe. Und ich war ein klein wenig stolz, daß ich ihr durch meine Hartnäckigkeit Mut gemacht habe – noch mehr Mut, denn sehr viel Mut hatte sie von sich aus schon immer. Und dann, am Abend des 26. November in Köln, Sekunden vor einer Lesung, erfuhr ich, daß Ingeborg Drewitz tot ist. Zuerst konnte ich gar nichts sagen, dann habe ich einige Worte über sie gesagt und habe den Abend, den wir dem Denken an sie und an das, wofür sie sich immer eingesetzt hat, gewidmet haben, mit einem Gedicht begonnen, das ich geschrieben hatte, als sie 60 Jahre alt war.

Vor dem Fremdesten

Leben
– sonst keine Wahl:
entfremdet oder
befremdet –
leben geblieben
trotz allem
dank allem
bisher
bis zu diesem Hierher
und wie weiter?

[*] Gehalten am 11. Januar 1987 bei einer Gedenkfeier für Ingeborg Drewitz in der Akademie der Künste, Berlin.

Und vielleicht
kann nur Trotz
der Dank sein

Leben geblieben
nicht
um zu sterben
an jenem
Fremdesten
mit dem wir
– sagt man uns –
leben
mit dem wir uns
– heißt es –
befreunden
mit dem wir
vertraut tun sollen

In diesen Versen war mit dem Fremdesten, dem wir gegenüberstehen, dem wir entgegenstehen und mit dem wir uns – heißt es infamerweise – vertraut machen sollen, nicht der Tod schlechthin gemeint, sondern der drohende Tod in einem Atomkrieg, gegen den Ingeborg Drewitz in mancher Art seit Jahren gekämpft hat. Aber nun war es plötzlich auch der Tod überhaupt geworden, von dem wir alle bisher verschont geblieben sind; die Verse schienen so furchtbar gut zu passen.

Aber nein, an Ingeborg Drewitz denken heißt auch, sich nicht nur in Gedanken an den Tod verlieren, der natürlich ohnehin das Fremdeste und schlechthin Unfaßbare für uns bleibt, sondern auch daran zu denken, wie Ingeborg Drewitz gearbeitet und gekämpft hat: gegen den Untergang in einem neuen Krieg und gegen den Untergang von Menschen in unserer Gesellschaft, gegen den Untergang von Gefangenen, gegen den Untergang von kaum geduldeten Ausländern, gegen den Untergang von allen, die durch Ausweisung oder durch Einweisung, durch Atomkrieg oder durch die Form unseres Friedens, der keiner ist, zum Untergang hingedrängt und von diesem Untergang bedroht werden. Und an Ingeborg Drewitz denken heißt: diese Arbeit, diesen Kampf, in dem sie uns jetzt bitter fehlt, fortsetzen. In diesen

Kampf ist sie durch die Erfahrungen ihres eigenen Lebens hineingewachsen. Sie war zwar ein gesundes Kind, und die Schule ist ihr leichtgefallen, ebenso wie mir, so daß sie einen großen Kraftüberschuß in sich fühlte, wie sie später berichtet hat, und schon damals auf die Idee kam, später Schriftstellerin zu werden. Aber in ihrer Familie in Berlin, ebenso wie in der meinen in Wien, hat im Wirtschaftskrisenjahr 1929 die Not eingesetzt. Ihr Vater wurde arbeitslos, und ihre Familie war groß. Und noch mehr Elend hat sie um sich herum gesehen, bei anderen Kindern, bei Familien, die noch enger wohnten, in Hinterhöfen von Moabit, dann in Oberschöneweide.

Nach 1932, als die Eltern die Wohnung in Oberschöneweide nicht mehr bezahlen konnten und nach Friedenau umzogen, lernte sie dann ein Elend von anderer Art kennen: Sie hatte in Friedenau viele jüdische Mitschülerinnen, und als 1933 Hitler kam und viele die »Judenkinder« zu meiden begannen, hat Ingeborg Drewitz sich mit ihnen angefreundet und zu ihnen gehalten. Ihr Gerechtigkeitsgefühl, erweckt durch den Anblick der Not und auch etliche eigene Entbehrungen seit 1929, gewann nun, ohne daß sie das gleich merkte, auch eine politische Dimension. Sie hat das dann später auch in »Gestern war Heute« beschrieben. – Sie fühlte sich immer noch stark, ein gesundes, großes Kind, aber später wurde eine Folge ihrer Stärke, ihre Freundschaft mit den Verfolgten, auch zum ersten Erlebnis ihrer Hilflosigkeit, als das Regime mit den Verfolgungen immer blutigeren Ernst machte.

Für den Hitlerkrieg hatte sie nichts übrig, auch nicht, als es von Sieg zu Sieg zu gehen schien. Damals, mit 18, 19 Jahren, hat sie ihr erstes Theaterstück geschrieben – ein Gleichnisdrama, das sie in die Zeit der Völkerwanderung verlegte. Es handelte vom Untergang der Vandalen – die sie als das machteifrigste und am weitesten vorgedrungene Volk der Völkerwanderung bezeichnete. Als sie von Südspanien, Andalusien, eigentlich Vandalusien, machtgierig und zerstörend nach Nordafrika weiterzogen, wurden sie vernichtet. Sie hat später darüber gesagt: »Hier sah ich eine historische Parallele zu Stalingrad, denn unmittelbar über Stalingrad konnte ich zu dieser Zeit natürlich nicht schreiben.«

Sie hat das Stück ans Staatstheater eingereicht. Gustav Gründgens hat es gelesen – oder mindestens hat ihm sein Dramaturg genau darüber berichtet. Ingeborg Drewitz hat darüber gesagt: »Gründgens hat mich dann später ans Theater gebeten und mir erklärt, dieses Stück könnten sie

9

natürlich nicht spielen, aber ich solle weiterschreiben.« Das hat sie auch getan, und sie hat es schwer gehabt, denn sie hat früh geheiratet und Kinder bekommen, und ihr Mann kam in Kriegsgefangenschaft, und in den ersten zehn Jahren ihrer Ehe ist es ihnen schlecht genug gegangen.

»Ich wollte dieses Leben doppelt leben!« hat sie einmal einer Interviewerin, Kirstine Rowe, die darüber sehr eindringlich berichtet hat, gesagt. Sie wollte ihre Laufbahn als Schriftstellerin haben, und sie wollte Hausfrau sein und Kinder haben; und sie hat die Verbindung von beidem erstaunlich gut zuwege gebracht. Ihre praktische Lebenserfahrung wurde auch Stoff für ihr Schreiben. Dabei mußte sie eine Zeitlang auch in einer Fabrik arbeiten.

Auch diese Erfahrung habe ich – aus meiner Flüchtlingszeit – mit ihr gemeinsam. Und wenn man selbst Fabrikarbeiter war, dann sieht man manches klarer. Sie war kein wildes, trotziges, bockiges Kind mehr, aber sie war ungebrochen: auch in der Auflehnung gegen das Unrecht, das Menschen anderen Menschen zufügen.

Gerade weil ich durch eigene Lebenserfahrungen viel Wirklichkeit kennengelernt habe, konnte ich aus dem, was ich bei Ingeborg Drewitz gelesen habe, viel Wirklichkeit, die ich sonst nicht gekannt hätte, dazulernen. – Unter anderem auch deshalb, weil Ingeborg Drewitz eine Art hatte, sich mitzuteilen, die nie aufdringlich war, nie schreiend. Sie hat auch keine Zugeständnisse an Publikumswirksamkeit gemacht. So, wie sie für das Recht und die Emanzipation der Frau war – nicht nur für ihr eigenes Recht, sondern für das der Entrechteten, ohne geeichte Feministin zu sein, aber durch ihr Werk auch der Frauenbewegung geholfen hat, so springt der soziale und politische Protest nicht kopfschwer aus ihren Arbeiten heraus, sondern ist in ihnen enthalten – immanent und dadurch wirksamer.

Als sie wirtschaftlich aus dem Ärgsten heraus war, fand sie mehr Zeit – *wie* sie zu alldem Zeit gefunden hat, das ist überhaupt ein Wunder! –, um sich für andere Menschen zu engagieren, auch von Anfang an im Schriftstellerverband, auch im PEN-Club – niemals verschwenderisch mit ihrer Zeit, aber immer großzügig.

Und auch diese Erfahrungen bereicherten ihr Schreiben. Nicht, daß ihr Schlüsselromane oder eine allzu unmittelbare Umsetzung des Erlebten lieb gewesen wären. Nein, sie gebrauchte immer wieder auch ihre Phantasie. Aber schon in den zwanziger Jahren haben Untersuchungen über die Grenzen der Phantasie in der Literatur ebenso wie in der Malerei immer wieder gezeigt, daß Phantasie ohne Hervorholen und Zusammenfügen zahlloser Wirklichkeitsteile nicht auskommt, ja gar nicht möglich ist. So ist die Wirklichkeitserfahrung – ja zum großen Teil die Erfahrung einer Wirklichkeit in Berlin – in ihren Texten lebendig und für mich, der eine andere Wirklichkeit erfahren hat, lehrreich und bereichernd, und ich glaube, für Menschen, die in ähnlicher Umgebung aufgewachsen sind, wieder auf andere Weise bereichernd: bestätigend oder ihnen einen Spiegel vorhaltend.

Ich habe Ingeborg Drewitz noch gar nicht so viele Jahre lang gekannt. Ich zögere übrigens, »gekannt« zu sagen. Wie gut muß man einen Menschen kennen, um von sich zu behaupten, daß man ihn wirklich gekannt hat? – Nein, wirklich genügend gekannt habe ich sie leider nicht, aber wir waren uns von Anfang an sympathisch und waren auch immer für dieselben Dinge, meist auf dieselbe Art, und hatten auch dieselben politischen Gegner.

Wir beide wollten auch jedes die Arbeiten des anderen noch viel genauer kennenlernen. Übrigens, wenn ich sage »wir beide«, so kommt mir auch das irgendwie anmaßend vor. Denn bei aller Kollegialität, Verbundenheit, Sympathie, hatte Ingeborg Drewitz doch nichts an sich, was sie je zu Grenzüberschreitungen oder Grenzverwischungen veranlaßt hätte.

Sie hatte, ohne streng zu sein, etwas Strenges, vielleicht weil sie von sich selbst so viel verlangte. Solidarität mit anderen hieß nicht Vermischung oder Verwaschenheit. Es war etwas sehr Zartes in dieser starken, mutigen Frau. Vielleicht kam dieses Zarte auch von ihrer großen Sehnsucht nach einer Welt und einer Zeit, in der man nicht so stark und nicht so mutig sein müßte. Ingeborg Drewitz hat geholfen, diese Zeit näherzubringen, aber sie hat sie nicht erlebt – und auch wir werden sie kaum erleben, wenigstens die Älteren von uns nicht.

Aber ich weiß noch, wie sehr sie, die den Kalten Krieg nie gemocht hat, das Ende der Stalinzeit mit Hoffnung erfüllt hat, und wie verschiedene Rückschläge diese Hoffnung nie ganz zunichte gemacht haben. An den bundesdeutschen Dingen hat sie manchmal ähnlich gelitten wie Heinrich Böll, der Ingeborg Drewitz sehr zu schätzen wußte. Sie und Böll haben auch miteinander gemein, daß ihre literarische Bedeutung oft nachweislich unmittelbar aus ihrer menschlichen Anteilnahme und Größe erwächst, und aus der besonderen

Beobachtungsgabe, die gerade von dieser Anteilnahme so sehr gestärkt wird. Kein Wunder, daß sie auch die Ossietzkymedaille miteinander gemein haben. Ingeborg Drewitz und Heinrich Böll haben inmitten dieser korrumpierenden Zivilisation etwas miteinander gemein, was ich nicht etwa Sauberkeit, sondern nur Reinheit nennen kann. Was natürlich auch heißt, daß man unter dem großen Unrecht in der Welt, auch unter Trägern dieses Unrechts, geradezu leidet. Unter einem Geißler, oder unter einem Strauß, auch wenn man ihn als interessanten Zeitgenossen sieht, oder gar unter einem Reagan. Ingeborg Drewitz, ebenso wie ich, hat die ersten Anzeichen von Gorbatschows Tätigkeit mit vorsichtiger Hoffnung beobachtet; von Grund auf Skeptiker waren weder sie noch ich, auch wenn wir Skepsis lernen mußten!

Es tut mir zutiefst leid, daß Ingeborg Drewitz nicht lange genug gelebt hat, um die viel deutlicheren Hoffnungssignale jetzt, zum Beispiel die Umwälzung im Schriftstellerverband der Sowjetunion und im Pressewesen und die Heimholung von Emigranten aus dem Exil, noch zu sehen. Nein, es ist nicht eine kleinliche Abschweifung, davon zu sprechen! Aus solchen Beobachtungen, Hoffnungen, Bemühungen um derlei Entwicklungen hat ein Teil ihres Lebens bestanden, ebenso wie des meinen. Wir haben fast jedes Mal, wenn wir einander sahen oder gar auf demselben Podium saßen, miteinander davon gesprochen.

Ich bin eigentlich am Ende dessen, was ich sagen will. Daß Ingeborg Drewitz ein volles Leben gehabt hat, das zu sagen ist fast eine Binsenweisheit. Und außerdem stimmt es nicht ganz. Sie hat, ebenso wie Böll oder Christa Wolf oder ich, in einem Sinn kein volles Leben gehabt, weil soviel von diesem Leben damit verbracht werden mußte, Unrecht abzuwehren oder doch zu mildern und den Opfern des Unrechts zu helfen, statt einfach das Leben und Dichten zu genießen.
In einer glücklicheren Zeit hätte man mehr Zeit zum Schreiben gehabt und hätte seinen Themenkreis erweitern können, mit Erfahrungen in aller Welt, die die technischen Möglichkeiten von heute uns so nahebringen, die uns aber durch die Unmenschlichkeit der gesellschaftlichen Verhältnisse immer wieder vorenthalten werden.
Bertolt Brechts Gedicht »An die Nachgeborenen«, das ihr wie mir etwas bedeutet hat, beginnt: »Wirklich, ich lebe in finsteren Zeiten.« Und in

diesem Gedicht heißt es: »*Die Kräfte waren gering. Das Ziel / Lag in großer Ferne. / Es war deutlich sichtbar, wenn auch für mich / Kaum zu erreichen. / So verging meine Zeit, / Die auf Erden mir gegeben war.*« Ingeborg Drewitz hat Brecht um dreißig Jahre überlebt. Aber die Verse, die er unmittelbar vor Ausbruch des Zweiten Weltkriegs geschrieben hat, gelten für uns, dreißig Jahre nach seinem Tod, immer noch, und wir können sie an unsere Nachgeborenen weitersagen. Auch Ingeborg Drewitz hat wirklich in finsteren Zeiten gelebt und hat als anteilnehmender solidarischer Mensch, als Frau und als Schriftstellerin gegen diese Finsternis angekämpft.

I.
Ich über mich

Ich über mich

Vor einem Spiegel stehen und die Umrisse des Kopfes auf ein Blatt zeichnen, die Neigung des Halses, den Winkel zwischen Schultern und Bildfläche bestimmen, schroff oder leicht angeschrägt, die Augen entdecken und doch nicht entdecken können beim Hinsehen, wohl die Höhlungen der Augen, die Farbfasern der Iris, das Faltennetz oder die Schatten an der Nasenwurzel, die Buchtung der Schläfenmulden, die weichen oder schroffen Kanten der Stirn, die Wangenknochen, die Spannung zum Kinn hin, die Linien, die den Mund bestimmen, das Spiel der Lippen deuten, scheint einfach, gemessen an dem Versuch, sich im eigenen, im schriftstellerischen Werk zu finden, vor dem beobachtend zu stehen nicht möglich ist, das in Bildern, Handlungsabläufen, Strukturen, in Rhythmen vorbeiwirbelt, strömt, zuweilen stockt, zuweilen rast.

Wo bin ich da, dieses Ich vor dem Spiegel, das zu erkennen ist bis auf die Augen, die betrachtend starr sind, das zu deuten so leicht erscheint, immer wieder, in wechselnder Gestik, in wechselnden Farben, in den verschiedenen Lebensaltern und Stimmungen?

Die Mode der biographischen Deutung von Literatur hat den Blick verstellt für die Schaffensprozesse, für das Sich-im-Text-Verbergen und Immer-neu-Sehen, weil Schreiben eine andere als die visuelle Vergewisserung ist, weil Sprache, anders als das Material Farbe, unmittelbar kommunikativ (auch in der täglichen Kommunikation verschliffen) ist, weil Schreiben aber auch im Spekulativen, im Versuch, Denken noch mitteilbar zu machen, fast an die Grenzen der Mitteilung geraten kann. Weil das weiße Papier nicht nur das Erlebnis der Freiheit schenkt, sondern auch abweist, ja, schockiert.

Vor fünfzehn, sechzehn Jahren notierte ich einmal: Ich kann in alle Leben schlüpfen, nur mein eigenes bleibt mir fremd. Jahre später hätte ich das so nicht mehr ausgesprochen, denn ich war dabei, mir auf die Spur zu kommen, doch ich erfuhr arbeitend, daß die Spur neben mir herlief, sich zuweilen entfernte, zuweilen über mich wegkroch, ja, mich umrundete, dabei auch in die Haut schnitt, daß ich fast meinte, diese Spur habe mich gefangen, festgehalten. Heute weiß ich, daß mich diese Spur nicht mehr hält. Und ich weiß noch immer nicht, wer ich bin.

Ich kann von den Arbeitsantrieben schreiben, von den Verletzungen, die ich schreibend zu ertragen versuchte. Ich kann kaum von den Glücksmomenten schreiben, wenn die Sprache für Vibrationen, für Lichteinfälle, für Schmerz und Schweigen durchlässig wurde. Ich kann kaum von der Bangigkeit schreiben, die die Arbeit an einem Satz, einem Wort zur Qual machen kann. Denn das hieße be-schreiben, was Schreiben ist, und das kann nicht gelingen, ohne sich und andere zu täuschen.

Eine Früherfahrung, die ich nicht vergessen kann: die ersten geschriebenen Wörter, aus der ersten Fibel abgeschrieben: Baum, Haus, Wolke. Der heiße Schrecken, der mich durchfuhr, als bannten die Wörter, was mich beunruhigte: die Bilder, das Schöne (auch Häßliche), das Andere, das Draußen.

Die Empfindlichkeit war also wohl vorgegeben, quälte das Kind, das mutmaßlich ein Kind war, das seine Mutter durch Widerborstigkeit sehr strapazierte. Unerklärlich, warum. Unerklärlich der Lebensrausch, die Wildheit und das Schuldgefühl, die Verzweiflung, wieder wehe getan zu haben. Empfindlichkeit als Voraussetzung für Betroffensein. Parallel dazu ein unersättlicher Wissensdurst.

Mit diesem »Handwerkszeug« das Schreiben zum Beruf machen – gegen alle Vernunft und ökonomischen Bedingungen an.

(Die biographischen Gegebenheiten muß ich nicht beschreiben, die sind anderswo nachlesbar.)

Schreiben also von den Erfahrungen der Zeit, der erste Vertrag 1945, 22 Jahre alt. Ja, und jetzt hätte ich Werkanalysen zu geben, was ich nicht kann, denn die eigenen Werke lassen sich nicht analysieren, ohne Teile der eigenen Haut herauszuschneiden.

Die Sinnsuche als Hauptthema, an Künstlerleben nachgezeichnet (Kleist, Beethoven, Annette von Droste-Hülshoff, Robert Schumann), an den vom Krieg und Nachkrieg betroffenen Leben, in einer groß angelegten Science-fiction-Satire über das Ende der Menschheit (*Prometheus II.*), in einem Stationen-Stück, das die Schöpfung anfragt (*Unio mystica*, ein Spuk?). Die Schreibende ist eben 25 Jahre alt, die Lebensbedingungen sind hart (Nachkrieg in Berlin), das erste Kind ist geboren. Die Währungsreform stoppt den großen Aufflug, die Verlagsverträge werden hinfällig, bleibt die kleine Theatergruppe, bleibt die Sinnsuche, wird das zweite Kind geboren, bleiben die zwei Arbeitsstunden am Tag, wenn die Kinder schlafen. Und lastet von Tag zu Tag mehr das Wissen um das Entsetzen, die Schuld der Deutschen (und sie ist doch Deutsche, hat überlebt). In einem Atem wird das KZ-Drama *Alle Tore waren bewacht* heruntergeschrieben (51), noch ohne verfügbare Dokumente, nur vom Schmerz fast erdrückt. Danach ist der Kopf, das Fühlen freier. Wieder die Sinnsuche, ein Moses-Drama, ein Judas-Drama, auch das unmittelbare Leiden an der deutschen Teilung. Die Dramen werden abstrakter, die Themen kreisen um Tyrannei und Widerstand und Erleiden und Liebe. Erotik und Tod. Die Mutter ist gestorben, immer die nächste in den Krisen der Jugend. Nein, so läßt sich nicht über das Schreiben schreiben. Ich – aber war ich das? Klafften nicht Leben und Schreiben auseinander? Die Mutter, die junge Frau, die ein Kind gebar, das nicht leben sollte, die über Schularbeiten saß, die Haushalt und die Sorgen der zwei Großväter teilte, die Freude hatte, als endlich die Wohnung zu gestalten war, die mit den Kindern bastelte, mit dem Mann rodeln ging abends, wenn die Kinder schliefen, die wie wild tanzte – und schlaflos nachdachte, gejagt von Bildern. Was sind denn die Themen dieser Jahre? Die Einsamkeit des Menschen; die Fremdheit zwischen Mensch und Mensch, und der Schmerz; die Zerstörung der Menschen durch Verführbarkeit und Gewalt; der Verzicht als Opfer der Liebe; immer wieder das Paar und der Freiheitswunsch; und immer wieder die Frage nach der Schuld, dem Schuldigwerden, der Verdrängung und dem Nicht-entkommen-Können in Erzählungen, in Hörspielen.

Die zwei Spuren, Schreiben und Leben, sind äußerlich so weit voneinander, daß die Niederlagen der Autorin und die bescheidenen Erfolge der Autorin überhaupt nicht ins tägliche Leben hineingreifen. Ich stelle mir mein Gesicht vor damals, die Augen müssen immer wie fremd ausgesehen haben. Und doch sind die Fotos anders, das Lächeln vor der Kamera. Weiß ich aber, wie's mich jedesmal durchfuhr, wenn wieder ein Hörspiel angenommen war, also das andere, das schreibende Ich doch existierte. Preise, Uraufführungen, ich hinter der Bühne, das war ich nicht, das war die ganz andere. Das war die Haut, das waren die Fingerspitzen, für die die Lust an den Sprache gewordenen Bildern alles war.

Nur einmal in diesen fünfziger Jahren fielen Leben und Schreiben fast zusammen, als der erste Roman *(Der Anstoß)* erschien und das vierte Kind geboren wurde, fast auf den Tag gleichzeitig. Identität oder Zufall? Es war ja der Roman, in dem die Autorin die Glanzwelt der fünfziger Jahre kritisierte, die Oberflächlichkeit, die Vergeßlichkeit zehn Jahre nach dem Erwachen in der Niemandswelt, die Mitleidlosigkeit. Und in dem sie die Stadt, ihre Stadt Berlin zum ersten Mal mit großer Präzision und poetischer Sprachkraft beschrieb. (Noch heute kann ich zu diesen Kursivtexten nichts hinzufügen, nicht von ihnen wegstreichen, auch wenn sich Faktisches geändert hat.)

Wie nun die sechziger Jahre darstellen, begreifen? Sind Jahrzehnte eigentlich Zäsuren? Hörspielarbeit, Erzählungen fügen sich zueinander, die Fingerspitzengenauigkeit für Menschen, die scheitern, versagen, versagt haben, blieb, wurde für die banale Brutalität noch empfindlicher (*Der Hund*, Erzählung). Immer drängender aber der Wunsch, die nicht geschriebene Nachkriegsgeschichte zu schreiben, zum ersten Mal in Prosa im 1959 beendeten Roman *Das Karussell*. Diese Jahre, in denen Berlin kaputt ging. Als der Roman endlich verlegt wurde (1962), war es für das Jahr, in dem er endete – 1953 – zu spät (oder zu früh) und der Verlag zu ungeschickt; die Schwächen der Struktur des Romans hätten ausgebessert werden können. Beim Wiederlesen erscheint mir das Buch interessant, weil es die Stalin-Diktatur und die Hitler-Diktatur näher zusammenrückt, als wir es heute gewohnt sind, und weil es den Atem der Nachkriegsjahre einfängt, den stockenden Atem nicht ausspart, die deutsche Teilung als Schicksal, als Qual benennt.

Wären nun die historischen Arbeiten über die Berliner Salons, die Bettine von Arnim-Biographie zu nennen, wäre die Arbeit im Schutzverband deutscher Schriftsteller als Vorsitzende zu skizzieren, der Versuch, die weißen Flecken auf der literarischen Landkarte, die die Gruppe 47 übriggelassen hatte, zu erschließen; Emigrationsliteratur, Literatur des Widerstands, Literatur anderswo in Europa. Was bedeuten die angespannten Jahre, was bedeutet mein Protest gegen die bestehenden Schriftstellerorganisationen, die die sozialen Defizite dieses Berufes nicht überwinden konnten? Was bedeutet die Gründung des Verbandes deutscher Schriftsteller, gemeinsam mit Dieter Lattmann vorbereitet?

Wieder waren es zwei auseinanderklaffende Leben. Ich schrieb den Roman *Oktoberlicht*, ich schrieb die Biographie *Bettine von Arnim* –

Romantik Revolution Utopie, ich steckte in der Jugend-(Studenten-)Revolte und in der Familie. Ich – aber jetzt sage ich schon ich, so als näherte sich die eine der anderen Identität – ich schrieb auch zum ersten Mal Ich im *Oktoberlicht,* und ich lernte mich wiedererkennen in Bettine von Arnims doppelter, dreifacher Identität.

Wiedererkennen. Wirken. Ich will die Verbandsarbeit hier nicht darstellen. Darüber habe ich mich in Reden und Aufsätzen geäußert, die in *Kurz vor 1984* gesammelt abgedruckt sind. In meiner literarischen Arbeit findet sich davon nichts wieder. Dennoch wäre ich ohne diese Arbeit in der Öffentlichkeit vielleicht nicht so vielfaserig in die Entwicklung der siebziger Jahre eingewurzelt. Oder doch? Waren meine Kinder nicht erwachsen geworden? Wer war ich? Die Mutter, der die Kinder wie selbstverständlich wehetaten oder sie doch wie selbstverständlich hinnahmen – auch annahmen? Die Freundin und (wenn möglich) Helfende für so viele Schriftsteller? Die (weil öffentliche) Person, die politisch zu reagieren, zu handeln, zu entwerfen hatte? Oder die, welche die Romane, die Erzählungen, die Essays, Hörspiele und Filme schrieb?

Ich war wohl die Dritte und die eine und die andere, im Mutter-Tochter-Verhältnis schwer verletzt, in der Öffentlichkeit wie in einer Glasglocke, im Schreiben nackt. In die Bücher dieser siebziger Jahre ist viel Erinnerung, Betroffenheit aus meinem Leben eingegangen, also auch Geschichte, wie ich sie erlebt habe. Aber mit der biographischen Elle werden die Bücher zu kurz gemessen. Denn die Strukturierung eines Romans, einer Erzählung, eines Hörspiels, eines Dramas ist für mich immer wichtig gewesen, um den Innenraum der einzelnen Menschen, denen ich mich anzunähern versuchte, abzutasten und sie von daher, also aus sich selber, zu erkennen.

Ich kann in alle Leben schlüpfen, nur mein eigenes bleibt mir fremd. Darf ich den Satz so noch stehen lassen? Weiß ich denn jetzt, was mein eigenes Leben ist, wer ich bin? Ein Mensch in hundert Situationen, die die anderen sehen, oder ein Mensch, der mit sich im reinen ist und ein festes Ziel hat?

Beides trifft nicht zu. Beides geht an jemandem, der schreibt, weil er anders nicht leben kann, vorüber.

Ich muß von den Erkundungen da und dort und hier sprechen, die mich beunruhigen, mir aber zuweilen einen Glücksschauder über die Haut jagen, als dürfte ich nun endlich meine drei Leben in eines fügen, ohne auf die politische, soziale, erotische Sensibilität zu verzichten, ohne die Reflexionsfähigkeit und die Phantasie voneinander abzuschneiden. Aber ob ich das durchhalten kann, ob mir mein Leben die Zeit und Kraft noch gönnt, weiß ich nicht. Und ob ich dann sagen kann: Mein Leben! Meine Identität? wer weiß das. Vielleicht ist es nicht wichtig (weil Identität doch nur das Erscheinungsbild meint). Mich einzuordnen, gelingt mir schwer. Surrealismus? Die Stücke der frühen fünfziger Jahre ließen sich da hinzuordnen. Realismus? Was ist das eigentlich? Ich habe die Realität festzuhalten versucht und ihre Transparenz, ihre Schwingungen, Realität, wo sie uns Lebenden ins Gehirn hackt, uns stört, verformt. Poesie? Ich habe die Poesie aus der Realität geschlagen. Psychologie? Ich habe Menschen nachgebildet, vielleicht entworfen, vielleicht verfehlt, ihr Zusammenprall mit der Außenwelt war mir wichtig, ihre Zerrissenheit zwischen Anonymität und Ich-Anspruch.

Ich habe Strukturen probiert: das Geflecht der Rollenprosa in den Romanen *Das Karussell* und *Das Hochhaus;* die aus einer Mitte sich ausbreitende Handlung in *Der Anstoß;* die spiralige Einkreisung in *Wer verteidigt Katrin Lambert?;* den Stationen-Roman in *Gestern war heute – Hundert Jahre Gegenwart;* die Tagebuchform mit Beobachterposition und subjektiver Aussage in *Das Eis auf der Elbe;* die Kontrastierung von Zeitebenen, die sich einander zuneigen, in *Oktoberlicht oder ein Tag im Herbst.* Ich habe den inneren Monolog genutzt, der im Dialog wie die sichtbare Spitze des Eisberges auftauchen kann; ich habe mich in die Personen eingefühlt, um mit ihren Augen zu sehen, mit ihren Ohren zu hören, mit ihrer Biographie zu leben. Ich habe in den historisch-biographischen Arbeiten über die Schultern der Bettine, der Rahel, der Henriette Herz und anderer gesehen. Meine eigenen Reflexionen habe ich in die Planungen und die Anlage der literarischen Arbeiten eingebracht, zuweilen denen, die mir besonders nahe waren, in den Mund oder ins Denken gelegt; und im Essay habe ich die eigenen Reflexionen unmittelbar entwickelt.

So weiß ich, wenn ich vorm Spiegel stehe und wie ein Maler zu sehen versuche, nicht, ob ich die Katrin Lambert sehe oder die Bettine von Arnim bin. Die Rahel, die Henriette Herz, Peters verlassene Mutter, die Verkäuferin oder Susannes hilflos verletzte und verletzende Mutter?

Oder Gabriele, wie sie den Jahrzehnten ausgesetzt ist, oder ihre Tochter Renate oder die andere, sanftere Tochter Claudia? Oder die Namenlose im *Oktoberlicht*, im *Eis auf der Elbe*? Oder die Frauen in der KZ-Baracke? Oder die in den Erzählungen, den Hörspielen – oder mich? Und weiß doch, welche Erfahrung, welche Vision, welche Trauer, welche Angst, welche Einsicht ich in die und die und jene hineingearbeitet habe.

Ich kann in alle Leben schlüpfen – kann ich das? Sind sie nicht alle Facetten von mir? Habe ich nicht da und dort ein Bild, eine Erfahrung, eine Erschütterung aufgeschrieben?

Andere, Außenstehende werden Bildvorlieben, Satzmelodien und einen Frauentypus erkennen und wiedererkennen in meinen Büchern, werden Erfahrungen (historische Betroffenheit, erotische Bildwahl) benennen können. Werden vielleicht auch die Dreispaltung des Lebens für mehr als ein Jahrzehnt begründen, die Doppelung feministisch begründen. Ob sie mich entdecken? Mich vorm Spiegel? Ich bin nicht einmal neugierig.

Gewiß würde ich da und dort gern den Rotstift nehmen (Ausgabe letzter Hand, so etwas gibt es nicht mehr), aber zurücknehmen muß ich (bis jetzt) keine der Erzählungen, Spiele, Szenen, Romane, Essays, auch wenn ich sie mit zwanzig, dreißig Jahren mehr Erfahrung und Wissen ergänzen könnte.

Mein Nachdenken, meine Empfindlichkeit sind noch immer die des fast zerstörten und mühsam um seine Identität kämpfenden Menschen, obwohl ich die Identität nicht einmal genau benennen könnte und will.

Wer ich bin, wer ich war, die Schulter schräg zur Spiegelfläche, die Augen so aufmerksam und darum nicht transparent, bleibt für mich unbeantwortet. Vielleicht halte ich deshalb so wenig von dem schroffen *Cogito ergo sum* oder der primitiveren Forderung nach Selbstverwirklichung. Wer weiß denn, wer er ist? Müßte er/sie sich da nicht zusehen?

(Wer meine Arbeiten analysiert, mag das absurd finden, mag Zwänge, Verhaltungen herausfinden. Ich aber kann nicht anders als so nüchtern notieren, wie diese Lebens- und Arbeitsjahre der Ingeborg Drewitz sich zueinander verhalten haben.)

(1983)

II.
Der eine, der andere

Eine fremde Braut

Die Schlange am Fahrkartenschalter ist in unablässiger Veränderung. Sie zwingt Schritt um Schritt näher an das gläserne Schiebefenster, hinter dem einer in blauer Uniform Karten und Geld auf einer kreisenden Messingschale im Geben und Nehmen zueinanderstimmt. Kaum daß einer die Fahrkarte zwischen die Zähne klemmt und sich nach seinem Koffer bückt, um zielbewußt im Gedränge der Bahnhofshalle zu verschwinden, klirrt wieder Geld in der Schale, und ehe sich das Mädchen bei dem jungen Mann, der ihr den Koffer gereicht hat, bedanken kann, schnarrt schon der Breite, Graue, der hinter ihr wartet: Weiter! Und dann steht Maria vor dem Beamten hinter der Scheibe und sagt: Verzeihung! und nimmt ihren Koffer und geht an dem runden, gehobelten Tischchen mit der zerkratzten Platte vorbei und fühlt das Kopfschütteln im Rücken und geht deshalb sehr aufrecht bis zum Eingangsportal des Bahnhofs. Die große Tür schwappt, und sie steht den Reisenden im Wege. Viel zu langsam für die andern läßt sie sich auf den Bahnhofsvorplatz hinaustreiben und auf das Blumenbeet zu, weil dort auf der sonnigen Bank ein Platz frei ist. Sie kann den Zeiger der Bahnhofsuhr springen sehen, als sie da zwischen alten Männern eingeklemmt sitzt. Von Minute zu Minute springt der Zeiger lautlos im Lärm des Bahnhofsvorplatzes, von Minute zu Minute steigt die Sonne höher über das Hallendach, die alten Männer blinzeln breitbeinig und auf ihre Stöcke gestützt in das knallige Rot der Blumen. Fuchsien, denkt Maria, und daß die auf Gräbern und in Balkonkästen den Sommer über blühen. Den Sommer über. Dann werden sie mit den Wurzeln ausgerissen. Sie fröstelt, als sie das denkt. Im Krankenhaus hatte sie allein gelegen, und das geöffnete Fenster hatte ihr den Garten gespiegelt: Wäsche, die sich bauschte und an der Leine zerrte, langes Gras, das im Winde wogte, der Schatten des Apfelbaumes; weiße Schwestern waren durch das Bild im Glas hingegangen mit den ausgreifenden, schwingenden Schritten geborgener Menschen. Und wenn die Spiegelung erloschen war, hatte der Mittagshimmel blaß über der Mauer gegangen. Erst abends hatten die Ziegel den Tag, die Hitze, den Sommer in das kahle, saubere Zimmer geleuchtet, sie hatte den Jasmingeruch geschmeckt, und die Hände hatten die Bilder nicht greifen können: Die Nacht im taufeuchten Grummet, die goldenen Fäden der Telephondrähte vor dem Tannendunkel beim Hand-in-Hand-Gehen, die hohen Milchglasfenster im Kreißsaal und wieder das Hand-in-Hand-Gehen, eine winzige Hand diesmal, die nach Blumen und buntem Papier hatte haschen wollen; Bilder, die sich immer wieder in den Rausch der Fahrt verloren hatten, die Hände am Lenkrad und voraus die Straße und die aufgebauschten, weißen Wolken. Das Kind ist tot! haben sie gesagt.

Maria hatte den Jasmingeruch geschmeckt.

Ein Motorradfahrer aus Frankfurt ist auf sie zugefahren, haben sie gesagt, seine Braut hatte ihn plötzlich umarmt.

Maria hätte die Braut würgen mögen und schreien. Und hatte den bitteren, verblühenden Jasmin geschmeckt. Und war genesen. Und heute nach dem zeitigen Frühstück im Krankenhaus haben ihr die Schwestern im Büro den Totenschein gegeben, auf dem in sorgfältiger Schrift der Name ihres Kindes steht: Iris Stahl, sechs Jahre alt, Todesursache: Schädelbasisbruch, und eingeklammert: Autounfall. Todesursache: Eine Braut aus Frankfurt. Und Maria hat den Wohnungsschlüssel in der Handtasche gefühlt und die Angst vor dem Kinderzimmer, wo noch die Puppen mit steifem Lächeln an der Wand sitzen werden, und ist durch die Straßen, die ihr fast fremd gewesen sind, zum Hauptbahnhof gegangen, um nach Frankfurt zu fahren. Und ist am Fahrkartenschalter umgekehrt.

Mein Gott, wie die Dame blaß ist! denkt der alte Mann, der sie, auf seinen Stock gestützt, beobachtet, seitdem der Minutenzeiger der Bahnhofsuhr von der Zwei bis zur Neun gewandert ist. Daß sie jemand vergeblich hat abholen wollen, ist unwahrscheinlich, weil sie ja selber einen Koffer hat. Vielleicht hat sie ihren Zug verpaßt und wagt sich nun nicht weit vom Bahnhof weg. Er stemmt sich jedenfalls auf seinem Stock hoch, weil er den Bananenhändler mit seinem Karren kommen sieht, und humpelt an dem roten Rondell vorbei und kauft ein Pfund Bananen. Der Händler wickelt die Früchte sorgfältig in Zeitungspapier und stopft ihm das Paket unter den Arm. Als er sich umwendet, hat die Dame die Augen gesenkt. Der Stock scharrt auf dem Kies, das Bananenpaket kommt ins Rutschen und er ins Schnaufen, ehe er sich wieder schwer auf die Bank fallen läßt. Er weiß nicht, wie er es anstellen soll. Wenn sie seine Tochter wäre, würde er ihr einfach das ganze Paket in die Hände drücken, und die würde vielleicht nicht einmal danke sagen, denn sie ist eine, die mit allem fertig wird, und er ist sowieso überflüssig in ihrem Haushalt. Darum sitzt er auch oft auf der Bank hier, wo mit den Reisenden und den An- und Abfahrgeräuschen der Züge und den weithin dröhnenden Ansagen aus der Bahnhofshalle die Welt an seinem Leben oder er an der Welt teilhat: Namen von Städten, die er kennt oder zu denen er sich immer schon hingewünscht hat, Namen auf der Landkarte. Auch die Bananen gehören dazu, weil sie von Palmen und Mangobäumen und Trommeln und Tänzen wissen, die er nie gehört und gesehen und die er doch manchmal gespürt hatte, nachts, bei Sternhimmel, als er noch auf seinem Kahn flußauf und -ab gefahren war. Die Ufer waren dann dunkel gewesen und nur hier und da ein helles Fenster, das Schilf hatte aufgerauscht von den Bugwellen, und manchmal hatte eine Möwe im Schlaf gekeift. Da hatte er oft an Afrika denken müssen, wenn er stromauf Bananen geladen hatte, riesige grüne Stauden. Und stromab mit Kohle oder Holz oder Schrott hatte er gewünscht, immer so weiterzufahren, immer so weiter, vorbei an den Kais und Kränen des Seehafens ins Meer hinaus und der Sonne nach. Darum fehlt ihm der Fluß in dieser Stadt, wo er für die alten Tage bei der Tochter und dem Schwiegersohn wohnt und versorgt wird, weil er Kostgeld bezahlt. Und darum sitzt er Tag für Tag auf dem Bahnhofsvorplatz. Viel weiter kann er ja nicht mehr laufen.

Die Dame hat noch immer die Augen gesenkt. Er müßte sie eigentlich ansprechen. Aber wie? Vielleicht ist sie nur müde und seine Teilnahme nichts als Neugier. Beschämt zerrt er mit der einen freien Hand an dem aus der Form geratenen Bananenpaket, während die andre mit dem Stock ein Loch in den Kies wühlt.

Drei alte Männer sind weitergehumpelt, krumme, klobige Schatten auf dem besonnten Pflaster, nur der vierte, der die Bananen gekauft hat – vielleicht für die Enkel –, der bohrt noch immer mit seinem Stock im Kies. Maria sieht ihm zu, wie seine braunfleckige Hand den Griff umkrampft und zittert, weil der Schotter unter dem Weg der Stockspitze widersteht. Maria weiß, daß Hände sprechen können, und gräbt deshalb in ihren Manteltaschen. Sie hat Angst zu sprechen. Die Braut auf dem Soziussitz hatte den Motorradfahrer plötzlich umarmt. Die Braut war schuld, daß er die Spur verloren hatte. Und die Braut lebt. Platzwunden, haben sie Maria gesagt.

Sie verbirgt ihre Hände.

Sie haben ihr auch gesagt, daß kein Mensch ungetröstet bleibt. Aber das kann sie nicht glauben.

Die Fuchsien prahlen in der Sonne, die Stimme des Ansagers dröhnt in der Bahnhofshalle: Zum FD-Zug nach Paris über Köln, Aachen, Namur einsteigen und Türen schließen! Paris ist weit, und weiter sind bauschige weiße Wolken, aber unerreichbar sind heute und morgen und übermorgen Puppen mit steifem Lächeln, leere Zimmer . . . daß kein Mensch ungetröstet bleibt.

Maria ist am Fahrkartenschalter umgekehrt, aber sie weiß, noch vor Mittag fährt wieder ein Zug nach Frankfurt, sie weiß, die Braut wohnt in Eschersheim und wartet vielleicht, daß der Motorradfahrer an Krücken gehen kann, und richtet die Hochzeit.

Sie nimmt die Hände aus den Manteltaschen und versucht, sie zu falten. Die Finger gehorchen nicht, die Finger reißen an den Nägeln, um nicht zu zittern; sie haßt die fremde Braut, die noch auf jemand warten kann; sie haßt die Nacht im Grummet; sie haßt die Sonne, die sie auf der Haut fühlt; sie haßt den alten Mann, der an dem Zeitungspapier zupft, und bückt sich doch, als ihm eine Banane zwischen den Knien zu Boden gleitet, um sie ihm aufzuheben. Und ihre Augen begegnen sich.

Behalten Sie! sagt er, bitte! und als erkläre sich die Freigebigkeit damit: Ich habe früher Bananen gefahren stromauf, große grüne Stauden.

Danke, sagt sie, aber sie bricht die Frucht nicht auf. Sie streicht mit den Fingern über die leuchtende Schale.

Da schämt er sich seiner Neugier nicht mehr: Sie waren wohl lange nicht zu Haus, Fräulein?

Sie nickt.

Naja, Kind, es war ja nicht der letzte Zug!

So ein alter Mann ist doch ein Tölpel, denkt er, hat zuviel ins Wasser gesehen flußauf und -ab, hat nicht gelernt, mit Menschen umzugehen, ist immer nur an ihnen vorbeigefahren, wenn sie am Ufer gewinkt haben. Und die aufgeladen und die gelöscht haben, hat er an der Breite ihrer Rücken und am Zugriff ihrer Hände erkannt und ob sie hastig an den Tabakspfeifen sogen oder behaglich daran kauten. Und was die Frau war, da gab's nichts weiter zu grübeln. Die verstand die kleine Kajüte blank zu halten, und auf Fischgerichte verstand sie sich und aufs Lachen. Und die Kinder groß zu kriegen, das verstand sie auch, kräftige Kinder alle vier. Drei davon leben in Städten, die er nur auf der Landkarte kennt, und haben ihre Familien und ihre Sorgen und keine Kammer extra wie die Tochter, bei der er hier wohnt. Nein, mit Menschen umzugehen, hat er nicht gelernt, hatte seiner Frau Leb wohl! gesagt, als er sie ins Krankenhaus hatte geben müssen, und nicht gemerkt, daß sie nicht mehr lachen konnte. Als er wieder zurückgekommen war, hatte sie schon unter der Erde gelegen.

Vielleicht hat er etwas versäumt in seinem Leben vor lauter Wolken und Wasser und davongleitenden Ufern und sitzt nun so hilflos neben dem Menschenkind, das einen Kummer hat.

Wie wär's, wenn ich mithalte? fragt er und zieht die Schale von der Frucht, ich meine, so als zweites Frühstück.

Und weil sie es ihm nachtut, lacht er so erleichtert, wie er nicht mehr gelacht hat, seit er allein ist.

Fehlt bloß noch 'n Schnäpperken, wie?

Die Banane zergeht auf der Zunge. Der alte Mann bohrt nicht mehr im Kies, der malmt und nickt vor sich hin. Hat früher Bananen gefahren stromauf. Früher, sagen die alten Leute, weil sie meinen, am Ziel zu sein.

Und in Frankfurt-Eschersheim richtet eine Braut die Hochzeit. Der Mittagszug wird durch gelbe Felder fahren, dom-dom-dom werden die Räder pochen, und in Flüssen tief unter den Brücken werden sich Badende tummeln, und auf Bahnsteigen werden Wartende winken und Händler ihre bunten Limonaden anpreisen, und gegen Abend werden sich Hügel vor dem Himmel fläzen, violette Riesentiere, satt und heiß nach dem Sonnentag, und Frankfurt wird mit Millionen Lichtern nach der Nacht greifen, und in den Würstchenbuden beim Bahnhof und in den eleganten Autos werden sich Menschen umarmen. Und sie wird nicht am Ziel sein, auch dann nicht, wenn sie der fremden Braut in irgendeinem hellgetünchten Treppenflur gegenüberstehen wird. Sie wird wieder treppab gehen, und die Hände werden noch in den Manteltaschen zucken, und sie wird zwischen eiligen Menschen an der Straßenbahnhaltestelle stehen.

Sie kann das jetzt alles denken, als lese sie es in einem Buch und als sei es ganz unwichtig, vollzogen zu werden, und Haß ist ein Wort, das die Haut ätzt, wie andre sich Zeichen in die Haut brennen, lächerlich, zufällig, wo doch eine Stimme: Naja Kind, es war nicht der letzte Zug! oder ein Blick oder Miteinanderschweigen tiefere Zeichen graben. Langsam läßt sie die leere Bananenschale in den Papierkorb gleiten. Dann faßt sie nach der braunfleckigen Hand.

Er sieht ihr nach, als sie mit dem Koffer über den Bahnhofsvorplatz und stadtwärts geht. Sie hält sich etwas krumm und scheint auch mit dem Fuß zu schleppen. Wenn ich mit zupacken könnte! denkt er, kopfschüttelnd, daß sie nun doch nicht nach Hause fährt, sie hat so schwer zu tragen! Und er klemmt sein Bananenpaket unter den Arm und lächelt vor sich hin, weil es schon heiß wird und er Afrika gar nicht mehr vertragen könnte. Und weil sie ihm die Hand gegeben hat.

(1957)

Der Vater

Die Sirenen haben ausgestöhnt. Die Reißbretter der andern sind verhängt, die Winkel und Zirkel und Stifte eingeschlossen. Er hat den Stift neben sich gelegt. Die Hände aufgestützt. Die Sonne wirft ein Bündel Strahlen auf die Wand und riegelt ihn von der Unruhe des Aufbruchs ab. Stäubchen fallen aus dem Dunkel, leuchten für einen kurzen Taumel auf, ehe sie das Dunkel wieder schluckt.
Er sitzt und sinnt nach dem Gesetz ihrer Bahn.
Er sitzt gern und sinnt nach Gesetzen. Schon über dreißig Jahre. In diesem Konstruktionssaal.
Die Werkhalle drüben steht schwarz vor dem gläsernen Himmel. Die andern sind auf dem Heimweg. Ihre Kittel hängen neben seinem Mantel am Schragen. Er sieht auf die Uhr über der Saaltür. In zwei Minuten fährt der direkte Zug. Er hat manchmal rennen müssen früher, denn zwanzig Minuten sind eine lange Wartezeit am Feierabend. Er knöpft seinen Mantel hastig zu.
Auf der Treppe ist die Luft verbraucht. Die Heizungen knacken. Es ist eine breite Treppe. Wie für eine Herde. Millionen Stiefelspuren auf dem Linoleum. Eine Treppe, die einen Nachzügler einsam macht.
Der Pförtner grüßt flüchtig hinter der Abendzeitung. Auf der Straße zieht er den Hut in die Stirn und lehnt sich gegen den Wind. Der peitscht das Blut warm und spannt die Haut. Er fällt in Laufschritt.
Längs der Fabrikmauer kommt ihm niemand entgegen. Sie drängen sich drüben vor den hellen Schaufenstern. Sie kriechen eng zusammen vor dem scharfen Wind. Er läuft und rechnet: Wenn er den Zug um 17 Uhr 26 erreicht und im Stadtzentrum umsteigt, kann er noch immer fünf Minuten vor dem direkten Zug am Bahnhof und zu Haus sein. Er läuft wie ein Junger mit federnden Sohlen. Fünf Minuten sind ein Viertel der verlorenen zwanzig Minuten. Er freut sich, daß er noch soviel Zeit gewinnen kann mit seinen dreiundsechzig Jahren.
Auf der Brücke schießt eine Möwe an ihm vorüber. Ihr greller Schrei

zerschneidet seine Gedanken. Ihr greller Schrei reißt ihn hoch. Er hält im Laufen inne. Die Möwe sitzt jetzt auf dem Pfahl, der weiß gesprenkelt ist. Ihr hängt der Fisch noch halb aus dem Schnabel. Die andern Möwen umkeifen sie, neidisch, daß sie nicht zwischen das Treibeis gestoßen sind. Er steht und sieht der Möwe zu, und das Heulen der andern ärgert ihn. Als heulten sie um die halbe Sekunde, die sie zu spät kamen. Er steht und sieht der Möwe zu auf dem weißgesprenkelten Pfahl. Und da fällt ihm ein, daß es vier Wochen her ist. Und daß er seitdem so tun will, als habe sein Leben noch immer das gleiche Gesetz: In der Frühe aus dem Haus. Rechnen. Zeichnen. Denken. Und sich auf den Abend freuen. Auf den Platz am Tisch. Auf die Zeitung.
Er steht und sieht der Möwe zu, die den Kopf dreht und sich schmal macht. Aber der Pfahl bleibt leer neben ihr.
Vier Wochen ist das her. Der Anruf aus dem Krankenhaus.
Er hatte sich angezogen und auf das zugedeckte Bett neben seinem Bett gesehen, das ihn seit ein paar Nächten jedesmal erschreckte. Dann war er mit der Tochter und dem Schwiegersohn durch die Nacht gegangen. Der Mond hatte im Nordwesten gehangen.
Sie war so entstellt durch das Tuch unter dem Kinn. Er hatte Angst gehabt, sie zu berühren. Hatte noch ihre Wärme auf dem Gesicht vom Abschied abends.
Er stand und alles ging wie hinter einer Glaswand vor sich. Der Bericht des Arztes. Das Weinen der Tochter. Und dann sein Gerede. Wie manchmal, wenn er getrunken hatte. Er hatte viel geredet. Laut geredet und sich warm geredet. – Sie lächelte nicht mehr dazu.
Er hatte nicht geweint. Er hatte sich selber zugesehen.
Immer aufrecht. Die langen, blanken Krankenhausflure entlang. Die farblosen Straßen vor dem Morgen entlang.
Er hatte sich auch zugesehen, als er die drei Hände voll Erde nahm. Er hatte die Erde gestreut, nicht einfach fallen lassen, damit sie nicht erschrecken sollte.
Vier Wochen ist das her. Und es ist alles dasselbe. Nur die Tochter kocht jetzt für ihn mit.
Die Möwe sitzt auf dem Pfahl. Stumm in dem schneidenden Geheul der anderen. Die Ohren sind taub von dem kalten Wind. Hinter den schweren Eisenträgern rumpelt die Straßenbahn über die Brücke. Die Dämmerung ist schwarz geworden. Der nächste Zug wird auch fort sein.

31

Er denkt an den Taumel der Stäubchen, dessen Gesetz er nicht findet. Und geht von der Brücke. Ihm ist kalt. Die Hände schmerzen bis in die Wurzeln.

Ursel hat das Geschirr abgeräumt bis auf einen Teller. In der Küche schüttet sie die Kartoffeln in die Pfanne zurück und dreht das Gas unter dem Kessel ab. Sie gießt das Wasser in die Schüssel. Der Dampf macht das Gesicht warm. Ihr fällt ein, wie Gerhart den übrigen Teller bis an die Tischkante geschoben und vor sich hin gepfiffen hat. Vater ist nicht nach Hause gekommen. Vater, der immer pünktlich ist.

»Der Alte wird wunderlich«, hat Gerhart gesagt.

Sie spült das Geschirr wie jeden Abend und stellt es auf den Rost.

Vier Wochen ist es jetzt her. Vier Wochen voller Gewohnheiten . . .

Ursel schaltet das Licht aus, setzt sich auf den Schemel und starrt zu dem blassen Umriß des Fensters. Manchmal klirrt ein Tropfen in das Waschbecken und reißt das Dunkel auf, in das sie sich bergen möchte.

Wenn Mutter jetzt in sie hineinsehen könnte!

Mutter würde das Licht vielleicht wieder einschalten und beim Abtrocknen helfen.

Aber Mutter ist nirgendwo.

Nirgendwo.

Sie weiß nicht, daß Vater nicht heimgekommen ist. Und weiß nicht, mit welcher gleichgültigen Bewegung Gerhart Vaters Teller beiseite geschoben hat, um den Tisch für sich zu haben.

Ursel starrt vor sich hin und wartet auf nichts. Und hat doch Angst, daß etwas geschieht, weil der Umriß des Fensters mit dem steigenden Mond heller wird und weil immer wieder ein Tropfen ins Waschbecken klirrt.

Hinter dem Vorhang aus Qualm platzen Lachsalven aufeinander. Gläser knallen auf die Theke, und der Bierhahn zwitschert, wenn der Wirt ihn aufdreht. Die um den Tisch sitzen eng beieinander, und wenn sie singen, haken sie sich ein. Er sitzt allein an einem Tisch.

Die Tischdecke ist mitten in einem blauen Quadrat gestopft. Er stellt den Pappuntersatz mit der grünen Schrift darauf. Der dicke Boden des Glases verzerrt die Buchstaben. Er weiß nicht mehr, was richtig ist. Er kann jetzt halbblau sagen: »Sie ist tot. Aus.« Es durchreißt ihn nicht mehr. Er könnte jetzt heulen. Nur so vor sich hin heulen. Was vor vier Wochen war, ist weggeglitten.

32

»Noch einen Doppel!« ruft er und merkt sich, daß es der sechste ist. Er möchte gern da mit an dem Tisch sitzen. Lachen und singen und sich einhaken lassen, und nicht immer an die häßliche Stopfe unter dem Pappuntersatz denken. Als er den siebenten bestellt hat, macht er sich schmal wie die Möwe. Aber niemand kommt an seinen Tisch. Er stemmt sich hoch, weil er zu dem runden Tisch hinter dem Qualm will. Und dann haken sie ihn von rechts und links ein, und er singt mit, froh, daß ihm alle Liedertexte einfallen.

Nachher steht er auf der Straße und sieht die andern dahin und dorthin schwanken. Der Ostwind bläst ihm die Ohren taub, und die Haut ist wattig und fremd vor Kälte.

Er holt tief Luft, um den Qualm loszuwerden und die Liedertexte.

Die Straße zum Bahnhof ist länger als je.

Das klare kalte Blau macht überwach. Gerhart liegt neben ihr. Eine Armeslänge entfernt. Die Gardinenblumen zeichnen wolkige Schatten auf die Zimmerdecke. Nebenan geht heute niemand auf und ab. Wenn die Dielen knacken, horcht Ursel jedesmal auf, als wüßten die etwas von Vater. Ursel weiß nur, daß er ein Leben lang pünktlich nach Hause gekommen ist, gegessen hat, immer zwei Teller voll, und daß er dann gesessen und die Zeitung gelesen oder gerechnet hat.

Und heute ist er noch nicht nach Hause gekommen.

Als das Deckenlicht vorhin den blassen Umriß des Küchenfensters verdrängte, war sie erschrocken gewesen über Gerhart, der einfach am Schalter drehte und die Stille und das Dunkel zerstörte. Unter dem Blinzeln hatte sie ihn abgeschätzt wie einen Fremden. Aber sie war durchfroren und von der ziellosen Angst ermüdet. Sie schmiegte sich an ihn, weil er ein lebendiges Wesen, nicht weil er Gerhart war.

Nun atmet er neben ihr, eine Armeslänge entfernt. Und die Armeslänge ist unüberbrückbar. Wenn sie das jemand sagen könnte!

Von Vater weiß sie nichts. Und vorhin in dem plötzlichen Licht hat sie begriffen, daß sie von Gerhart auch nichts weiß als die Wärme seiner Haut.

Und Mutter, die vielleicht eine Antwort hätte, ist nirgendwo. Bis vor vier Wochen hatte das Leben vier Wände gehabt wie ein Haus. Jetzt wirft sich die Kälte durch die eine aufgerissene Wand.

Gerhart sagt, sie hätten noch alles vor sich. Und vielleicht hat er recht. Vielleicht könnte man die aufgerissene Wand verstellen, mit ein bißchen Zukunft, mit ein paar Polstermöbeln und einer Stehlampe, wenn da nicht immer der dritte am Tisch wäre, stumm, überflüssig. Und wenn da nicht immer das Auf- und Abgehen wäre nebenan. Sie richtet sich hoch. Während ihre Augen Gerharts Gesicht nachtasten, fügt sich ihre Erregung seinem gleichmäßigen Atmen.

Die Straße mündet in den schmalen Mond.
Und das Denken mündet in den schmalen Mond.
Er winkelt die Arme an. Versucht zu laufen wie ein Junger mit federnden Sohlen und engen Augen, auf ein Ziel hin. Der Bahnhof war verschlossen gewesen. Ohne Licht. Aber er muß doch nach Hause. Alles in Ordnung bringen. Was soll Ursel von ihm denken. Er läuft, drei oder vier Laternen weit. Die Füße verheddern sich. Kälte umschnürt die Stirn. Er fängt sich in hellen Bildern. Er will die Hand heben, weil es ihn blendet. Licht durchsonnter Wolken. Sommerliches Wehen. Roggenatem. Mohnglut. Aber die Hand hängt schwer und müde. Ein Schlag gegen die Stirn zerstört die Wolkenhelle. Er sieht wieder die Straßenlaternen einzeln und in großen Abständen auf den Mond zuwandern. Verdammt, nicht einschlafen bei der Kälte! Er stemmt sich gegen die Leere. Die Füße suchen Halt. Sie ist tot. Seit vier Wochen. Seit auch so ein schmaler Mond über der Straße hing. Und er muß das begreifen. Er muß das erdenken. Er kann nicht mehr länger neben sich herlaufen. Die Häuserwände äffen seine Schritte nach.
Er weint zum ersten Mal seitdem.
Irgendwo in einem ganz fremden Stadtteil.

Ein hartes Husten fällt in den Schlaf. Schleppende Schritte. Und wieder das Husten.
Ursel schreckt auf.
Das Zimmer ist blaß im Taglicht, während hinter der Stirn Palmen, weiße Häuser, rote Felsen und blaues Meer auseinanderfliehen und ein Lautsprecher mitten im Satz abbricht: »Sie haben noch das Leben . . .« Der Traum von dem Reiseprospekt, der letzten Sonntag in der Zeitung gelegen hat, bleibt hinter dem harten Husten zurück. Mit diesem Husten ist Vater seit eh und je treppauf gestiegen.

Richtig! Gestern abend ist Vater nicht heimgekommen.
Und Mutter?
Das ist jeden Morgen neu und bestürzend, daß sie nicht mehr da ist
und den Kaffee mahlt in der Küche.
Ursel hat sich den Bademantel übergeworfen. Auf dem Flur preßt sie
die Hand vor den Mund, weil die Zähne vor Kälte und Angst aufeinan-
derschlagen. Jetzt hustet Vater dicht vor der Tür. Ursel wagt nicht
aufzuschließen. Sie schiebt nur leise die Pappe vom Guckloch.
Ein grüner Wollschal, um ein graues Gesicht geschlungen. Die Augen
aufgerissen, als hätten sie keine Lider mehr. Und auch keine prospekt-
bunte Zukunft.
Ursel schließt auf und nimmt Vater bei der Hand wie ein Kind. Sie hilft
ihm aus dem Mantel und drückt ihn auf einen Stuhl. Er läßt es
geschehen, daß sie ihm den Schal abwickelt und die Stiefel aufschnürt.
Sie tupft ihm die Wunde an der Stirn ab und streicht ihm das Haar
zurück.
»Vater«, sagt sie, »hör doch, Vater!«
Seine Lippen werden noch schmaler. Nur die Hände öffnen und
schließen sich rastlos.
Ursel zögert, will etwas sagen, »ist ja alles gut«, aber dann geht sie aus
dem Zimmer, um Waschwasser zu holen. Im Flur steht Gerhart. Sie
sieht ihm nicht ins Gesicht, als er mit unzweifelhafter Betonung »guten
Morgen« sagt. Sie drängt sich an ihm vorbei in die Küche. Das Wasser
dröhnt in die Schüssel. Das Denken schmerzt.

Aber Vater braucht sie jetzt!
Ursel trägt die Schüssel über den Flur. Gerhart hat Licht brennen
lassen, ehe er ins Zimmer zurückgegangen ist.

Der Minutenzeiger auf der Weckeruhr springt einen Strich weiter. Das
Haus zittert, weil ein Lastzug vorbeifährt. Eine Wasserleitung stöhnt.
Nebenan knistert Holzfeuer im offenen Ofen. Wieder springt der
Minutenzeiger einen Strich weiter.
Er liegt steif und wundert sich über sein Atmen. Er weiß noch, wie ihn
jemand zugedeckt hat. Er weiß noch genau das Gesicht.
Die Weckeruhr hat einen Sprung, der von der Zwei zur Sieben in
leichter Krümmung verläuft. Das ist die Weckeruhr zu Hause. Und
auch die Strichbündel auf der Tapete sind ihm vertraut. Er liegt auf dem

Rücken und durchwandert mit den Augen das Zimmer: die Nähmaschine, an der die Frau immer gesessen und Kindersachen genäht hat, rote, weiße, bunte, der Wechselrahmen mit dem Hochzeitsbild, der ein bißchen schief hängt. Die Frau hatte deswegen immer eine Nadel in die Tapete gesteckt, links unten. Aber die muß heruntergefallen ein. Die Lampenglocke sollte eigentlich längst erneuert werden. Und da ist der Spiegelschrank. In den ersten Jahren der Ehe hatte er ihr die Augen zugehalten, wenn sie davorstand und sich kämmte. Und hatte sie raten lassen ... Plötzlich durchschaudert ihn die Fremdheit seiner eigenen Erinnerungen.

Er starrt die Weckeruhr an. Er erkennt, daß es neun Uhr ist. Aber er findet den Zeiger nicht für gestern und vorgestern und damals. Die Weckeruhr zeigt immer heute. Da ist kein Zusammenhang zwischen den Laternen und dem Mond und dem Möwenschrei und dem Bild im Wechselrahmen.

Immer ist heute. Eine klare Formel, die man auf einem Zifferblatt darstellen kann. Bürostunden, Wegstunden, Abendstunden. Eine zwingende Formel.

Er richtet sich auf, weil er längst im Büro sein müßte. Ursel kommt mit einem Tablett ins Zimmer. Kaffeekanne, Tasse, Teller, Brotkorb. Er zählt die Gegenstände.

Ursel scheint es nicht zu kümmern, daß er ins Büro muß. Sie legt eine Serviette auf den Nachttisch, stellt die Tasse neben den Teller, streicht Butter auf eine Scheibe Brot, gießt Kaffee ein und Milch, schüttet Zucker dazu.

Wie sie sich jetzt zu ihm neigt, erkennt er die Augen. Und da ist wieder etwas, das er nicht begreift. Die Augen leben. Die Augen seiner Frau.

Ursel rückt einen Stuhl heran und hält ihm Tasse und Brot.

Er vermeidet, sie anzusehen. Er hat Angst, ihm könnte die Formel wieder entfallen. Er hat Angst vor den verwirrenden Bildern.

Ursel kniet vor dem Ofen und schichtet die Späne auf das geknüllte Papier. Dann reißt sie ein Streichholz an und hält es unter den Stapel. Das Papier neigt sich der Flamme entgegen, zerfällt im Aufflackern. Die Späne fangen an zu glühen, der Stapel ratscht zusammen, und die Scheite schwärzen sich. Die Hitze aus dem Ofenloch rötet das Gesicht. Als das Feuer nicht ihre Aufmerksamkeit braucht, ist Ursel mit einemmal sehr müde.

Sie wird nun zwei Kohlen mehr auflegen, damit das Zimmer recht warm ist, weil Vater heute Abend durchfroren sein wird – er hat ja nur den Sommermantel angezogen ins Büro. Sie wird die Blutflecken aus dem Wintermantel reiben und den Dreiangel in den Hosen flicken. Sie wird ihm weiter das Essen kochen und die Stube sauberhalten. Aber er wird fremd bleiben am Tisch. Vorhin, ehe er aufgestanden ist, um ins Büro zu gehen, hat sie ihn gefragt: »Vater, wollen wir nicht ein bißchen in den Park gehen? Oder ins Kaufhaus, wo es warm ist?« Er hat sie einen Blick lang angesehen und dann abgelehnt.

Ursel stäkert zornig im Feuer, weil sie so hilflos ist vor Vaters Stolz und weil sie seine Not fühlt und weil alles, was Gerhart Zukunft nennt, wie ein graues Flachland vor ihr liegt, über das sie zu dritt, und doch jeder für sich, hingehen müssen. Erst als sie hinkniet, um ein Feuer zu bereiten, kehren sich die Gesichter der Begleiter zueinander und sie bringen Reiser und schichten Steine um die Herdstelle, und die Nähe belebt sich von der Wärme und dem Widerschein des Feuers.

Erschrocken fährt Ursel auf. Die Kohlen im Ofen sind noch nicht angebrannt. Hat sie geträumt? Die Müdigkeit ist von ihr abgefallen und auch das Heimweh nach Geborgenheit. Die graue Landschaft Zukunft wartet auf ihre Hände.

Sie nimmt Vaters Sachen von der Stuhllehne, um sie wieder in Ordnung zu bringen. Nachher stellt sie noch die blaue Hyazinthe aus dem Wohnzimmer an Vaters Fenster, obwohl er das wahrscheinlich nicht merken wird.

Der Weg zum Bahnhof führt über einen Marktplatz. Wenn er sonst in der Frühe dort entlanggeht, rüsten die ersten die Tische, und abends ist das Pflaster saubergefegt. Jetzt am hellen Vormittag drängen sich Frauen vor den Ständen, und Kinder versuchen, auf den schmutzigen Schneeresten zu schlittern. Das Treiben ist so neu für ihn, daß er die gewohnte Eile vergißt und zwischen den Ständen entlang schlendert. Bei den Fischständen bleibt er stehen und sieht der Händlerin zu, wie sie mit blauroten Fingern ihre silbrigglänzende Ware in Zeitungspapier schlägt. Fischköpfe fliegen in die Abfallkiste. In der Wanne, die über dem Kohlebecken aufgestellt ist, schlängeln sich Aale. In einer emaillierten Schüssel sind Flundern geschichtet. Er bückt sich, klaubt ein paar Schuppen vom Boden und wägt sie auf der Hand.
Schuppen bringen Glück, heißt es.

Das Dorf hinterm Deich fällt ihm ein und wie enttäuscht er jedes Mal aus den Ferien heimgefahren war, weil sie ihn wieder nicht zum Fischfang mitgenommen hatten. Schon damals hatten ihn alle Spiele und alle Gespräche gelangweilt und ihn scheu und unbeholfen gemacht, so daß er nicht den Mut fand, jemand um etwas zu bitten, und sein sehnlichster Kindheitswunsch unerfüllt geblieben war.

Wer hat ihn zu solcher Stummheit verurteilt, die ihm alle Hoffnungen seines Berufes zunichte gemacht und ihn abgeriegelt hat von aller Freundschaft?

Er steht im Marktgedränge und grübelt seinem Leben nach. Und manche rempeln ihn an und zetern, weil er so im Wege steht.

Wie er damals im Weg gestanden hat, als der Dachstuhl nach einem Bombenangriff brannte, und seine Frau und Ursel die Schränke ausräumten und die Betten auf die Straße schleppten. »Ist doch alles sinnlos!« hatte er gesagt.

Sinnlos, das war das Wort, mit dem er jongliert hatte wie ein Kranker mit einer gläsernen Kugel. Sinnlos. Er hatte geglaubt, mit diesem Wort die Welt begriffen zu haben. Das Spiel mit der Kugel hatte ihn stolz gemacht, solange ihn die Sinnlosigkeit nicht betraf, solange die Frau da war mit ihrer geduldigen Liebe.

Jetzt steht er bei den Fischständen auf dem Markt und hat nicht nur den Kindheitswunsch versäumt. Das Leben ist weitab von ihm geschehen, das Aufwachsen der Kinder, die Krankheit und die Mühsal der ereignislosen Wochen und die Feste. Auch daß der Junge nicht wiedergekommen war, hat in seine Einsicht gepaßt.

Sinnlos! Sinnlos!

Die Leute rempeln ihn an, und er nickt, als wolle er sie ermuntern, heftiger zu stoßen.

Die Schuppen, die er aufgehoben hat, sind papiern geworden. Er bläst sie von der Hand. Ihr Taumel erinnert ihn an den Tanz der Stäubchen im Licht, deren Gesetz er nicht findet.

Als sie den Markt abräumen, geht er nach Hause, nicht zum Bahnhof. Er hat für Ursel ein paar Taschentücher gekauft. Er weiß nicht, ob sie welche braucht, aber er möchte ihr heute gern eine Freude machen.

(1954)

38

Einkreisung

Ich könnte das Zimmer beschreiben oder nein, den Wohnraum: Spül-
stein, Geschirrbrett, Fensterbank, die Gardinen mit den bräunlichen
Wasserflecken von den tränenden Fenstern, dahinter der schwarznasse
Stamm des Birnbaums, hängende Äste wie Leiern gebogen hinter den
oberen Scheiben des Fenstervierecks, in der Ecke der Garderobenstän-
der, abblätternde weiße Farbe, daneben das Messingbettgestell, das
Bettzeug aus Flanell, aufgerauht und schmuddelig, der Toiletteneimer,
die Schmutzspuren auf dem Deckel, die Haustür, vor die ein grauer
Wollkotzen gespannt ist gegen die Kälte und den Durchzug zwischen
Tür und ausgetretener Schwelle, Schrank, Tisch, alles vernachlässigt,
aufgequollenes Holz und der Herd in der Ecke, das Ofenrohr, dunkel-
rotes Glühen, das Hitzegeflirr unter der niedrigen Decke.

Ich könnte den Garten beschreiben, Kohlstrünke, Stangenkohl, ausge-
wachsener Weißkohl, die bleichen Sonnenblumenstengel, die verwil-
derten Beete und den Birnbaum, groß, alt, er wird kaum noch tragen in
den Sommern, wenige holzige Früchte, wird aber das Fenster verdun-
keln und im Herbst seine Blätter verstreuen, die schnell fleckig werden.
Ich müßte den Bretterverschlag erwähnen, darin die Eimer, Wannen,
Rechen, die leeren Marmeladengläser, das Bündel Bast und die Reisig-
besen, die Schütte Eierbriketts, der Stapel Bruchholz, die Packen alter
Zeitungen und neben dem Verschlag die Grube mit den Flaschen,
Schnapsflaschen, Weinflaschen, Bierflaschen, die Grube ist ein mal ein
Meter groß. Wie tief sie ist, läßt sich nicht sagen.

Ich könnte die Umgebung beschreiben. Garten an Garten, Zaun an
Zaun das Gelände der Laubenkolonie Wilhelmsruhe, saubergezogene
Erdbeerbeete, Reste von Stroh unter den altgrünen Vorjahrsblättern,
gelockerte Erde in den Baumvierecken, geschnittene Hecken, buntge-
strichene Häuschen, Holzhäuschen, manche mit gekalktem steiner-

nem Anbau, Komposthaufen, geharkte Wege, Gartenzwerge, Vogeltränken, Winterstille.

Ich könnte den Weg, oder nein, den getretenen Pfad neben dem Bahndamm beschreiben, der die Stationen der Vorortstrecke verbindet, vielleicht einmal von Streckenarbeitern ausgetreten, ein nicht geplanter, nicht in die Karten eingezeichneter Weg hinter Gärten und Lagerplätzen vorbei, der in dem Waldstück ungefähr in der Mitte zwischen den Stationen hinter den Feuerschutzgraben ausweicht, sich um beiseite geschaffte Matratzen, Herdringe, Schüsseln, Töpfe und ausgediente Kühlerhauben schlängelt, bis er den Wald neben einem Tümpel verläßt, der im Sommer grüngelb von Algen und im Winter schwarz von dem Faulschlamm auf seinem Grund ist und sich dann dem Bahndamm wieder anschmiegt. Ich sollte nicht vergessen, an die Geräusche von den Signalanlagen zu erinnern, das Klicken bei den Schaltungen, das leise, vielleicht nur eingebildete Gesumm der Drähte oder an das Singen der Schienen, das einen Zug ankündigt, selten genug auf dieser Vorortstrecke, wo die Zugabstände dreißig Minuten betragen, so daß einen, der auf dem Pfad von Bahnhof zu Bahnhof geht, meist nur je ein Zug überholt oder entgegenkommt. Ich müßte auch anmerken, daß einem das regenfeuchte Gras und Gesträuch gegen die Schienbeine schlägt und Strümpfe oder Hosenbeine durchnäßt, daß einen das trockene Gras und Gesträuch kratzt und sommers beflockt und, so festgetreten der Pfad auch ist, man fast nie einen Menschen trifft zwischen den Stationen.

Ich könnte nun beschreiben, wie einer den Weg geht, nicht zu schnell wegen der Unebenheiten, nicht zu langsam, weil es kein Weg zum Promenieren ist, wie er ins Nachdenken gerät und warum er den Weg benutzt, wo doch zweihundertfünfzig Meter neben dem Bahndamm die Straße die Vororte miteinander verbindet, neben der ein Fußweg angelegt ist mit Bänken, Papierkörben und einer Asphaltbahn für die Roller und Dreiräder der Kinder.
Wie er ins Nachdenken gerät.
Aber kann man das beschreiben? Die Haltung vielleicht, die leicht vorgekrümmten Schultern, die gesenkte Stirn, die Hände auf dem Rücken oder in den Hosen-, Mantel- oder Jackentaschen oder auch abwehrend ausgespreizt, aus Angst zu stolpern. Und ob er dann und

wann stehenbleibt, sich umsieht oder einfach dem Weg nachgeht. Woran er denkt, an was er sich erinnert, was er erwartet, auf was er hofft, läßt sich nicht beschreiben. Zwar lassen die Bewegungen eines Menschen auf Freude oder Angst, auf Traurigkeit oder Erwartung schließen und ihre Heftigkeit oder Verhaltenheit auf den Charakter des zu Beschreibenden. Und ich müßte hier erwähnen, wie die Tür des Vorstadtbahnhofs schwappte, so heftig hatte sie der aufgestoßen, der dann mit wenigen Schritten den Wendekreis angeschnitten und hinter sich gelassen und den Weg längs des Bahndamms betreten hat und schon hinter Bretterzaun und Holunderstrauch verschwunden war, ehe ich recht begriffen hatte, daß hier ein Fremder aus dem Zug gestiegen war, und doch einer, der sich auskannte, so sicher war er auf den Weg zugesteuert, der auf keiner Landkarte eingezeichnet ist. Ich saß hinter meiner Schreibmaschine im ersten Stock der alten Villa, vor der die Omnibushaltestelle ist. Immer wenn ein Zug angekommen ist, sehe ich unwillkürlich hinaus, zähle die Menschen, die ausgestiegen sind, auch die, die weiterfahren mit dem Omnibus, Frauen mit Einkaufstaschen über Tag, Männer mit Aktentaschen abends, mittags die Schüler der älteren Jahrgänge, die zwei Stationen weit zur Schule fahren müssen. Ich kenne sie alle vom Sehen.

Den Mann habe ich nicht gekannt.

Und als ich etwa eine Woche später sein Bild in der Zeitung fand, erkannte ich, daß es das Bild des Mannes war, an den ich nicht mehr gedacht, mit dem ich mich nicht mehr beschäftigt hatte seit jenem Nachmittag, und meinte jäh, in der halben Minute zwischen dem Zurückschlagen der Bahnhofstür und seinem Verschwinden hinter dem Astgewirr des Holunderstrauches, der den Weganfang für uns Ortsansässige (auch Gäste) bezeichnet, alles vorausgewußt zu haben.

Das Gesicht in der Zeitung war nicht unsympathisch. Um so mehr das Bild der Frau, von der – so stand es in der Zeitung – die Nachbarn sagten, daß sie eine lustige alte Henne gewesen sei. Um so mehr das Bild von der Laube, die von außen und innen abgebildet war. Dazu die Frage, die der Bildtexter formuliert haben wird: wie kann sich einer an solcher Armut vergreifen?

Ein normaler Mordfall, wie sie fast jeden Tag in der Zeitung beschrieben werden. Daß er mir naheging, weil er sich in der Nähe ereignet, weil ich den Mörder vor der Tat gesehen hatte, gehört zu den Reaktio-

nen, die uns noch nicht ganz kaputt gemacht worden sind. Ich sah mir
die Laubenkolonie an am nächsten Sonntag, das Grundstück war nicht
mehr abgesperrt. Ein Nachbar, der dabei war, seine Rosen einzuhül-
len, schloß mir die Laube auf. Sie hat keinen Erben, sagte er. Der
nächste Pächter wird die Dreckbude anzünden und eine neue hinset-
zen. Das ist das beste auch für uns Nachbarn, ja! Mehr wollte er nicht
sagen.
Eine lustige alte Henne. Das hatte ich schon in der Zeitung gelesen.
Damit hätte es sein Bewenden haben können. Ich versuchte zu beschreiben, was zu beschreiben ist, eine Arbeit, die mich nicht näher an
den Fall heranbrachte, im Gegenteil, mich von ihm entfernte, weil sie
jede Motivation für den Mord unglaubwürdig machte. Neugier und
Erschrecken sind nicht von langer Dauer. Aus. Eine Geschichte, die
keine ist. Wir müssen uns vor den Mördern schützen. Kein intelligenter
Mord. Kein intelligenter Mörder. Nichts von Raskolnikow, kein Klas-
senmord, kein politischer Mord, einfach eine dumme Tat, vielleicht
unter Alkoholeinfluß, denkt man nur an die vielen Flaschen in der
Abfallgrube neben der Laube. Schade, doch um wie viele ist's schade.
Abgetan. Aus.

Aber der Halbsatz: eine lustige alte Henne. Kein Sprichwort wie: ein
guter Hahn wird niemals fett. Doch von der gleichen animalischen
Kraft. Wer Hennen beobachtet hat, weiß, daß sie gleichgültig pickend
den tänzelnden, balzenden Hahn nicht beachten, daß die sich ziert, die
er bespringt, während die anderen davonstieben, aber daß die Auser-
wählte sich nachher aufplustert, ohne die Aufmerksamkeit der hä-
misch gleichgültig pickenden anderen zu gewinnen. Eine lustige alte
Henne ist also ein Widerspruch in sich, der durch das Wörtchen ›alt‹
noch verschärft wird, Widernatürliches andeutet, und doch im Wort
Henne Gluckenhaftes, Nestwärme meint. Ein Halbsatz, über den
nachzudenken Hintergründe des Mordes freilegt, über den Mann auf
dem schmalen Weg neben dem Bahndamm an jenem schlierigen
Novembertag nachdenken läßt. Hat er ein Nest gesucht? Geborgenheit? Hat er gewußt, wer sie war? Was sie für eine war? Und hat Angst
gehabt, zu ihr zu gehen, und ist darum eine Station zu früh ausgestiegen
und hat doch den Weg gewählt, von dem er ja wissen mußte, wohin er
führt, sonst hätte er ihn nicht so entschieden gewählt, weil er nicht
anders konnte, nicht wußte, wohin?

Dem Polizeibericht nach war es weder Raubmord noch Sexualmord. Die Tote hatte mit Unterwäsche bekleidet erwürgt in ihrem Bett gelegen. Auf dem Küchentisch lagen die fünfhundertfünfundzwanzig Mark, die sie am Tag vorher auf der Post abgehoben hatte.

Was sucht ein junger Mann bei so einer? Wußte er, daß sie lustig sein konnte? Hatte er Vertrauen, weil sie alt war? Und warum lag sie in Unterwäsche da? In schwarzer Unterwäsche, hatte irgendein Reporter geschrieben.

Fragen. Kaum Fragen an mich. Ich habe hinter dem Fenster gesessen an meiner Schreibmaschine. Ein Blick hinaus, die kleine Unterbrechung, wenn ein Zug ankommt. Habe mich eingemietet hier draußen, um ungestört ein Buch zu schreiben.

An dem Nachmittag im November habe ich keinen Satz mehr geschrieben. Habe gewartet. Auf nichts Bestimmtes. Mir fiel ein, daß der Fremde nichts in den Händen gehabt hat, keine Tasche, keine Plastiktüten. Mir fielen die Mulden neben dem Weg ein, nadelbestreute Mulden unter den Kiefern, in die man sich einschmiegen kann, wenn man nicht mehr aufwachen will. Mir fiel ein – nein, nichts Besonderes – manchen ist es Trost, kräftig auszuschreiten im Regen. Die soll man lassen. Die soll man allein gehen lassen. Denen hilft es nicht, wenn einer neben ihnen geht. Und so einer hat sich dann vielleicht frei gelaufen, sieht Lichter hinter den Fenstern, der nächste Ort. Ist durchnäßt, will sich aufwärmen, hat eine Adresse, will ein bißchen was trinken, will ins Leben zurück, versteht sich selbst nicht mehr, seinen Lebensüberdruß, will einen Besuch machen, einen kurzen Besuch, weil der Tag ja zu Ende kommen muß, weil morgen alles anders aussieht.

Wer so einer ist, wie einer in solche Lage kommt, ist nicht schwer zu erfinden. Damit beschäftigen wir uns ja, die wir Bücher schreiben, erzählen nach, was Menschen den Menschen antun, ziehen Lebensläufe aus, tasten Hoffnungen ab, erkennen Regelmäßigkeiten, die die Herkunft bedingt, das harte Leben der Elternlosen und Halbwaisen, der aus kinderreichen Familien, der Ungelernten, die feinen Bosheiten, zu denen der Wohlstand erzieht, die Neurosen und Ängste im Karrierekampf, das Liebe- und Haßgefälle zwischen den Geschlechtern, die vielen Varianten der Einsamkeit.

Ein dunkler Weg. Ein helles Fenster hinter einem Birnbaum. Herbstgeruch. Zeichen, wie wir sie aus den Märchen kennen, wo hinter freundlich lockenden Fenstern lebenshungrige Alte Wärme spenden, Hungernde sättigen, mit ihnen feiern, sie gefangenhalten, sich selbst zur Sättigung.

Und da war das Gesicht des Mannes, fast augenlos in sich gekehrt, die schwappende Bahnhofstür hinter sich, zwanzig Schritte bis zum Geflecht des Holunderbaums und der Bretterwand vor sich.

Später im Prozeß sagt der Mann aus, daß ihn die alte schmutzige Frau hat verführen wollen und er sich geekelt hat wie vor einer Hexe. Er sagt nicht, warum er zu ihr gegangen ist. Ein Mann, verheiratet. Die Frau mit dem Kind zu den Eltern zurück. Als Junge in der Schule gehänselt, weil er schmächtig war. Vom Stiefvater geschlagen, hilflos stand die Mutter dabei. Es könnte auch anders gewesen sein.

Er sagt, daß er die Adresse der Alten gehabt hat, weil er herumgekommen ist als Vertreter. Und daß sie nett gewesen ist. Gekauft hat und gelacht dabei. Und Kaffee gehabt hat und ein Stück Kuchen für ihn. Damals. Irgendwann im Sommer, als er noch Geld schicken konnte an seine Frau und das Kind.

Ich kann das Zimmer beschreiben, den Wohnraum in der Laube, den mir der Nachbar gezeigt hat. Die Tür soll nur angelehnt gewesen sein, als der Postbote zwei Tage später eine Drucksache hatte abgeben wollen.

Ich kann den Garten beschreiben, die Kohlstrünke, die bleichen Sonnenblumenstengel, den Bretterverschlag und die Grube mit den leeren Flaschen, die vernachlässigten Beete. Oder die Laubenkolonie Wilhelmsruhe, Zuflucht für solche, die in der Stadt nicht einwurzeln, den Erdgeruch brauchen und ein billiges Quartier – man spricht ja von grünen Slums.

Den Weg des Mannes, den Abend, die drei Tage bis zu seiner Verhaftung (widerstandslos) kann ich nicht beschreiben. Darüber hat er nur drei Sätze ausgesagt. Zurückgefahren mit dem nächsten Zug. In die leere Wohnung gegangen. Gewartet.

Die Gedanken, Gefühle, Erinnerungen des Mannes kann ich nicht beschreiben. Die kann ich mir nur ausdenken, an seinen Lebensdaten überprüfen. Frühe Kindheit an der Oder. Die Mutter arbeitet in einer Gärtnerei, nimmt einen Mann mit auf die Flucht, der nicht sein Vater

ist. Güterwagen unter Beschuß. Lager. Später ist er der Älteste, muß Windeln waschen und die blutige Wäsche nach den Geburten einweichen. Im letzten Schuljahr reißt er aus, schlägt sich durch, Kellner, Packer, Hilfsarbeiter, Fremdenlegionär. Marseille, Algerien. Wie das ist, wenn man welche erschießen muß. Die gekalkte Hauswand, blendend weiß, Blutspritzer, wie langsam sie zusammensacken. Wie das ist, wenn die Frauen gejagt werden. Wie das ist, wenn Säuglinge am Weg liegen bleiben, die Fliegen auf den kleinen Gesichtern. Er geht an den Rhein zurück, als seine Zeit um ist. Kellner auf einem Rheindampfer. Da singen die Leute. Sind sie glücklich? Er lernt ein Mädchen kennen. Sie lacht ihn aus, weil er sie nicht anrühren will. Ihre Eltern haben ein Eisenwarengeschäft. Hochzeit und Geburt des Kindes. Ein Dutzendschicksal. Ein Hundertmal-Schicksal. Das Eisenwarengeschäft geht gut. Er macht die Botengänge für den Schwiegervater. Er gehört nicht dazu. Er geht nach Berlin. Und als die Wohnung tapeziert ist, holt er Frau und Kind. Aber die Wohnung geht auf einen Hof hinaus.
Und am Rhein singen die Leute: Warum ist es am Rhein so schön. Da buckeln sich die Sieben Berge, da knipsen die Amerikaner den Loreleyfelsen. Da hat der Vater das Eisenwarengeschäft. Jeden Tag fängt die Frau davon an, redet's auch dem Kind ein, einem Mädchen. Wenn er nach Hause kommt, stecken sie die Köpfe zusammen. Er wirft das Geld auf den Tisch. Weiß nicht, wohin er gehen soll. Weiß nicht, wohin er gehört. Bis sie ihre Sachen packt und mit der Tochter abreist. Warum ist es am Rhein so schön. Er arbeitet weiter. Vertreter für Haushaltsgeräte. Bis sie ihm kündigen. Weil einer lächeln muß in seinem Beruf.
Aber was soll's, da kann man sich viel ausdenken zu solchem Leben!

Ich sitze an meiner Schreibmaschine hinter dem Fenster der alten Villa in dem ländlichen Vorort. Wenn der Zug aus der Stadt kommt, halbstündlich, sehe ich auf den runden Platz, Wendekreis für den Omnibus. Aus dem Gegenzug steigt hier niemand aus. Im Sommer gehe ich den Weg am Bahndamm entlang. Und dort, wo er den Bahnhofsvorplatz des nächsten Vororts erreicht, vorbei am Biergarten zur Kolonie Wilhelmsruh. Die Laube ist abgerissen und durch einen Steinbau ersetzt. Die Beete sind sauber abgesteckt. Stroh unter den Erdbeeren, die Senker nach der Ernte sorgfältig geführt. Ich gehe den

Weg oft, der auf keiner Karte eingezeichnet ist, öfter als früher, bleibe vor dem Gartenzaun stehen. Der Nachbar, der mit den Rosenstöcken, kennt mich schon. Wir haben jetzt keine Ratten mehr, sagt er.

Ich müßte Augen haben, die mehr sehen als unsere Augen, Ohren, die mehr hören als unsere Ohren, Fingerspitzen mit dem Tastsinn von Fledermäusen – um zu sehen, zu hören, zu begreifen: Lustige alte Henne. Aber: wir haben jetzt keine Ratten mehr. Wörter für den Ekel. Und der sich gewehrt hat – gegen wen hat er sich denn gewehrt? Nach so einem Leben.

(1974)

Der eine, der andere

Ein Ort, wie es Hunderte gibt, nichts Besonderes, Wartesaal zweiter
Klasse, Ausschank, gehobelte Tische, Reisende, Gastarbeiter, Einheimische bei Bier und Korn, Tabaksqualm, dumpfes Licht, Stimmen
überschlagen sich, Stühle stürzen um, Bier fließt auf den Boden, einer
grölt, ein paar Alte mümmeln Kornflakes oder Hustenbonbons und
zählen immer wieder die Koffer und Taschen um sich herum. Dort saß
er Abend für Abend. Das Bier war ein paar Pfennige billiger als im
Restaurant und immer frisch abgezapft. Die Züge wurden angesagt.
Er wartete nicht auf jemand, der mit einem der Züge hätte kommen
sollen, er wartete nicht auf die tägliche Sensation und nicht auf die
Mädchen, die durch den Wartesaal strichen und ihn immer mit einem
Kerl verließen. Er paßte nicht hierher, wußte er, aber er blieb doch,
kam wieder, redete auch hier und da einen an, Wetter, steigende
Lebenshaltungskosten, er redete darauflos. Manchmal hörte ihm der
andere, irgendein anderer zu. Der Kellner sah ihn gern, weil auf ihn
Verlaß war, wenn eine Schlägerei anfing. Weil er jedenfalls ruhig blieb.
Einmal jeden Abend fuhr ein Zug nach drüben, wo er her war,
zweimal jeden Abend kamen die Gepäckträger mit ihren grünen
Schürzen und den Schirmmützen und kippten einen, zwei- oder
dreimal kamen die Rangierer und gegen elf auch die Zeitungsverkäu-
ferin, die es eilig hatte, ihren Kaffee zu bekommen, den sie, ohne zu
schwappen, in den Kiosk trug. Kurz vor Mitternacht kam meist die
Streife, gutgenährte junge Burschen, griffen irgendeinen, der keinen
Ausweis hatte, und führten ihn ab, Polizeigriff, man kennt das, nie sah
sich jemand nach denen um. Bis sie ihn abführten. Aber auch da sah
niemand sich um, nicht mal der Kellner, der gerade abkassierte.
Erst ein paar Minuten später kam die Zeitungsfrau aufgeregt an die
Theke zurück und riß der Kellner einen Zettel vom Rechnungsblock
und schrieb die offengebliebene Rechnung darauf und legte den Zettel
in die Kasse und steckten zwei alte Frauen die Köpfe zusammen

47

und zuckten die Rangierer die Achseln und kippten einen Klaren extra.

Er hatte doch einen Ausweis, sagte der Kellner, und das dicke Mädchen dachte das auch, hatte ihn immer so nett gefunden und nie mit ihm sprechen können, weil sie schüchtern war oder er. Aber die Kampfhähne schrien schon wieder aufeinander ein, Bier floß über den Tisch, und ein Stuhl fiel polternd um, und der Kellner tobte, anstatt ruhig zu bleiben, weil der nicht mehr da war, auf den er sich hatte verlassen können.

Vielleicht ein Spitzel, sagte schließlich ein Rangierer und rief es nachher auch den Gepäckträgern zu, die sich auf Bahnsteig vier aufstellten, weil der Zug von Köln erwartet wurde. Vielleicht ein Spitzel, dachte der Kellner und schenkte sich ein Bier ein und schrieb es auf die offene Rechnung. Die Mädchen blieben länger an der Theke, weil sie es interessant fanden, weil mal was Interessantes passiert war und weil ihn keine gehabt hatte. Nur das dicke Mädchen dachte: Es ist wie sonst, keiner kümmert sich, wenn einer geholt wird! aber sie wußte auch nicht, was sie machen sollte.

Sie antworteten nicht auf seine Fragen. Er hatte gehört, daß es sinnlos wäre, aufzubocken, und verhielt sich entsprechend. Er wußte, daß er sich nichts hatte zuschulden kommen lassen vor dem Gesetz. Sie würden ihn morgen in der Werkstatt vermissen, sie würden in seiner Wohnung nachforschen, sie würden sich um ihn kümmern (das war angenehm zu denken!), er war Spezialist im Lackspritzverfahren, da ließen sie keinen anderen ran, sie würden die Polizei verständigen, der Irrtum würde sich aufklären. Und wenn nicht? Sie würden die Kunden verständigen, Leute, die ihren Wagen wieder brauchten, ehrenwerte Leute, Bürger der Stadt, die würden sich an die Parteien wenden oder an den Bürgermeister, seine Verhaftung würde Tagesgespräch werden (oder die Kunden würden die Werkstatt wechseln).

Das Auto fuhr durch die Straßen, die er kannte, sogar an der Werkstatt vorbei. Da arbeite ich, sagte er, wußte nicht, warum er das sagte, der andere in der grünen Minna war betrunken und schnarchte. Er preßte sein Gesicht an das Gitter, die Straßen wurden fremd draußen. Später wurden zwei junge Männer in das Auto gestoßen, die tobten und schlugen um sich und wollten die Bänke für sich haben. Es war alles, wie er es immer wieder in der Zeitung gelesen und manchmal auch im Kino gesehen hatte, ohne daß ihn das je interessiert hätte. Auch die Aufnahmeformalitäten, auch das hellerleuchtete Untersuchungs-gefängnis, auch die Zelle. Er hatte Glück, er kam nicht mit den Jungen zusammen, und der Betrunkene war zum Ausnüchtern weggeschleppt worden. Er hatte Zeit, wußte er, wenn sie auch die Uhr und sein Taschenmesser und sein Portemonnaie in Verwahrung genommen hatten. Ihm fiel ein, daß er das Bier nicht bezahlt hatte. Er legte sich auf die Pritsche, und ihm fiel auch ein, wie zerbeult das Thekenblech im Wartesaal war, wie verbogen die Garderobenhaken, wie gewöhnlich die Spielautomaten, die Mädchen, die roten Gesichter der Kampf-hähne waren. Und daß er doch dahingehörte. Hatte es nie recht wahrhaben wollen, hatte sich ausgedacht, was die Gastarbeiter reden mochten, ob sie von ihren Familien redeten, von ihren Kindern, von ihren Dörfern, vom Fischfang nachts, wenn sich die Schwärme im Lichtstrahl fingen, mit dem sie die Tiefe sondeten. Und immer hatte er die Reisenden beobachtet, die ihre Koffer und Taschen nicht aus dem Blick ließen, und die alten Frauen, die nie einen Gepäckträger nahmen, sondern sich abmühten und alle fünf Meter stehenblieben und hilflos umhersahen. Und er hatte dem Kellner zugeblinzelt, wenn es hoch herging an den Tischen, ein flinker, pickeliger Junge mit blassen Augen. Warum wird so einer denn Kellner? Wenn der meiner wäre, den würde ich was lernen lassen. So einer hat doch keine Chance, kommt nie in ein besseres Lokal, macht vielleicht mal einen Kiosk auf dem Bahnhofsvorplatz auf, das ist alles.

Aber da war das wieder, was er nicht denken wollte: wenn es meiner wäre.

Er hatte ihn nie an die Hand genommen. Ein Lehrer nimmt keinen Jungen an die Hand. Ein Lehrer muß gerecht sein, darf nicht wünschen: der sollte mein Sohn sein, darf nicht sagen: Der ist mein Lieblings-schüler, darf nicht hoffen, daß der sich ihm anvertraut. Darf hoffen, daß der Junge weiterkommt, darf sagen: Der Junge ist ungewöhnlich begabt, darf wünschen, daß er Erfolg hat.

Er war in der zehnten Klasse zugestoßen aus einem kleinen Nest an der Ostsee. Mehr wußte er nicht von ihm, nur daß er nicht Mitglied der Jugendorganisation war, weil das in der Personalakte vermerkt wurde. Darum beobachtete er ihn von Anfang an genauer als sonst die Neuen, ein aschblonder Junge, sehr hochgeschossen wie viele in dem Alter, etwas abstehende, aber kleine Ohren, viel zu große Hände. Er suchte sich immer einen Platz in der Ecke der Klasse, meldete sich kaum, die

Mädchen hatten etwas gegen ihn, Großstadtmädchen sind immer mit dem Mund voraus, und der Junge war keiner, dem das imponierte. In seinen Arbeiten übertraf er die Helden und die Beaus und die Streber der Klasse. Deswegen kam er mal mit ihm ins Gespräch. Der hatte noch nicht mal den Stimmbruch ganz hinter sich. Er wollte seine Arbeit einreichen, sagte er ihm, er gehörte nicht mehr auf die Schulbank. Aber der Junge lehnte ab. Das hatte ihm gefallen und ihn doch auch enttäuscht. Er ließ sich's nicht anmerken, aber er beschäftigte sich mit ihm, ohne mehr herauszufinden, als er wußte: ein vaterloser Junge, der auf dem Prenzlauer Berg bei seiner Großmutter wohnte. Er ging oft an dem Haus vorbei, eines der trostlosen grauen Häuser der Gründerzeit, wie sie straßenweise aufgereiht sind, kaum Farbe auf den Fensterrahmen, verwaschene Stores hinter den Scheiben und im Winter dunkelrote oder dunkelgrüne Halbvorhänge gegen den Durchzug. Bäume gab es nicht in der Straße. Wer da aufgewachsen ist, vermißt sie nicht, die meisten seiner Schüler wohnten so. Doch der Junge kam von der Ostsee, hatte die baumgesäumten Chausseen in der Erinnerung, den großen Himmel und die wechselnden Wolkendekorationen. So etwas dachte er, sentimental genug, und wie er mit dem Jungen eine solche Straße entlangging, ohne Ziel, nur einfach so nebeneinander her! und sein Ärger über sich selbst und dieses Verlangen, das ihn zwischen Korrekturen und Sitzungen und Konferenzen packte, übertrug sich auf den Jungen. Der würde die Partei nicht brauchen, um sich durchzusetzen, wußte er, der war so unabhängig in seinen Gedanken, wie er es nie gewagt hatte zu sein. Er beobachtete ihn in den Pausen, er stellte ihm Fangfragen im Unterricht, er erkundigte sich bei den Kollegen und stellte befriedigt fest, daß auch denen der Junge unheimlich war, und hätte ihn doch gern an die Hand genommen oder ihm den Arm um die Schulter gelegt, weiter nichts.
Und nun hatten sie ihn vom Tisch weggeholt, wie sie immer irgendwelche wegholten. Er hatte nicht einmal sein Bier bezahlt. Aber das war kein Zusammenhang mit dem Jungen. Der war tot. Das passiert, daß einer beim Angeln verunglückt. Das ging ihn nichts an. Wenn einer auch bei Gewitter auf den See hinausrudert! Er versuchte, gleichmäßig zu atmen, wer weiß, wieviel Zeit vergangen war! Am Morgen würde sich alles klären, sie würden ihn verhören, es würde sich herausstellen, daß er nur immer im Wartesaal sein Bier getrunken hatte, weil es da ein paar Pfennige billiger war, weil er sparen mußte, er

war ja nicht wieder in den Schuldienst gegangen nach der Flucht, trotz des Lehrermangels nicht. Sie würden ihn entlassen, sich entschuldigen, den Verdienstausfall bezahlen, er fing ja schon um sieben an, da schliefen die Beamten, mit denen er es zu tun haben würde, sicher noch.

Dabei war das Unglück beim Angeln ganz nebensächlich gewesen. Die Kollegen hatten gesagt: irgendwas wäre dem Jungen bestimmt zugestoßen, der suchte das Unglück, einer, der so begabt ist und schon ausgespielt hat. Niemand hatte gesagt: Daran sind Sie schuld. In der Konferenz hatten sie kaum zehn Minuten davon gesprochen, ein begabter Schüler, der wegen Sabotage von der Schule hatte verwiesen werden müssen, wen ging es an, was aus dem wurde. Ein Unfall, ein Opfer des Wetters, die märkischen Seen sind tückisch, und vielleicht war es ein Blitz.

Es gelang ihm noch immer nicht, ruhig zu atmen, auch wenn er sich lang ausstreckte auf der Pritsche. Er sah die Jungen und Mädchen, ihre straffe Haltung, die muskulösen Körper im Sportdreß und der Blonde immer schlaksig und viel zu groß. Sie lachten ihn aus. Aber dann verloren sie beim Fünfkampf, es gab Stürze, einen Knöchelbruch, der Blonde hatte die Geräte zu betreuen, die Aschenbahn zu überprüfen, die Hochsprunglatten zu verwahren, die Kugeln, die Bälle, und hatte den Sand in der Sprunggrube aufzuschütten, ein Amt, das immer den mäßigen Sportlern übertragen wurde. Sabotage war ein Wort. Einer hatte es gesagt. Irgendeiner. Der Blonde war nicht organisiert, der Blonde war ein Außenseiter, begabt, aber die Begabten sind gefährlich, wenn sie sich nicht einfügen. Er hätte so gern einmal seinen Arm um ihn gelegt, ihn einmal schwach gesehen. Sabotage war doch nur ein Wort. Als er's ihm sagen mußte, daß er von der Schule verwiesen war ein Jahr vorm Abschluß und daß ihn auch keine andere Schule aufnehmen durfte, hatte er die Hände in die Hosentaschen geschoben, um leger zu erscheinen und weil er nicht wußte, wohin mit ihnen, weil er sonst vielleicht nach den Händen des Jungen gegriffen hätte. Nachmittags war er wieder an dem Haus vorbeigegangen, in dem der Junge bei seiner Großmutter wohnte. Der hätte ja herausgekonnt. Damals war die Grenze noch offen. Mit der S-Bahn drüben neu anfangen. Das taten viele.

Er dehnte das Zwerchfell, atmete bis in die Lungenspitzen, schmeckte den Zellengeruch, saurer Schweiß und Urin und der Staub von der

Heizung, die Zelle war überheizt. Es gab auch ein Fenster ohne Riegel. Wenn er die Augen zukniff, konnte er sich einbilden, daß es hell wurde hinter dem Fenster. Auf seinem Ausweis standen Geburtsort und -datum, Name und Adresse, nichts von dem Jungen, auch das nicht, daß er drüben Lehrer gewesen war. Nichts von dem Aufbruch. Ganz einfach. Nach den Ferien war er nicht mehr dort. Schrieb an den Schulleiter, schickte auch seinen Parteiausweis zurück, die Miete hatte er bis zum Monatsende bezahlt. So war er: korrekt. Mußte sich durchschlagen zuerst, bis er von Berlin wegkonnte, bis niemand mehr fragte, ob er anerkannt war. Denn lügen wollte er nicht, eine Fluchtursache erfinden wollte er nicht. Ob sie ihn deshalb geholt hatten? Aber das war lange her. Das wußte niemand. Hatte den Jungen an die Hand nehmen oder neben ihm hergehen wollen: Aus dir mach' ich was, aus dir machen wir was, solche wie dich brauchen wir. Aber der Junge hatte abgelehnt, hatte ihn nicht einmal angesehen, hatte vielleicht an sein Angelzeug gedacht oder wer weiß – beim Gewitter springen die Fische.

Abends der gehobelte Tisch, der Wartesaal zweiter Klasse, Reisende, Gastarbeiter, Einheimische bei Bier und Korn. Er hat sein Bier von gestern bezahlt, der Kellner hat den Zettel zerrissen. Die Züge werden angesagt, die Gepäckträger kommen mit ihren grünen Schürzen und den Blechschildern an den Mützen, die Mädchen sehen herein, auch die Rangierer, und die vom Zeitungskiosk holt ihren Kaffee. Es ist alles wie sonst, wie jeden Abend. Es ist anders als sonst, als gestern.

Sie hatten ihn gehen lassen in der Frühe, um halb acht schon. Eine Verwechslung, sagten sie, gaben ihm auch die Bescheinigung mit für den Chef, aber die hatte er für sich behalten. Genau der gleiche Name und die Ähnlichkeit, aber der andere ein Mörder. Sie zeigten ihm auch das Bild, nur die Fingerabdrücke unterschieden sich, und der andere war im Februar geboren. Er drehte sein Bierglas. Er würde dem Kellner gern sagen, daß es ein Irrtum war, und auch der aus dem Kiosk, als sie mit ihrem Kaffee vorbeikommt und nur auf die Tasse sieht, und auch den Rangierern und den alten Frauen, die nach drüben zurückfahren. Ein Irrtum, verstehen Sie! Ich bin der nicht! Aber er dreht sein Glas und trinkt das Bier in kleinen Schlucken. Das dicke Mädchen sieht mitleidig (oder neugierig) herüber.

(1970)

Notizen

Ich bin gestern an einer sterbenden Krähe vorbeigegangen, die mitten auf dem Gehweg lag. Ich habe mich beobachtet. Den halben Meter, den ich auswich vor ihr und daß ich die Augen schmal machte, um auf die Straße voraus zu sehen, das Zucken und Flügelschlagen nicht deutlich wahrzunehmen, das Geifern der Krähen, die über der Straße kreisten, nicht zu beachten, in fünfzig Meter Abstand der jungen Frau zuzunicken, die ihrem kleinen Mädchen das Elend des Tieres zu erklären versuchte. Ich bin nicht stehengeblieben.

Zärtlichkeit
Wut
Verlassenheit
Sich vergessen
Sich verdoppeln.

Sie möchte die Türen verschließen.
Sie möchte keine Briefe mehr aufreißen.
Sie möchte den Telefonanschluß kappen.
Sie möchte keine Nachrichten mehr hören,
keine Zeitung mehr lesen,
kein Buch mehr aufschlagen.
Von keinem Tod mehr wissen,
von keiner Geburt,
von keinem Unglück,
von keinem Glück.
Vielleicht noch die Vögel hören morgens,
vielleicht noch das Schaudern der Bäume im Wind.
Sie möchte die Spuren ausmessen, die zu ihr hinführen,
die von ihr wegführen,
hinterm zur Wand gekehrten Spiegel.   (1985)

III.
Leben und schreiben

Lebenslehrzeit

Das Haus, in dem ich meine Lebenslehrzeit
verbracht habe:
Berlin-Friedenau, Mainauer Straße 9

Eine kurze Straße in Berlin, die den Südwestkorso nach der Abgabe-
lung von der Kaiser-Allee (heute Bundesallee) nach Unterquerung des
Südrings der Berliner Stadtbahn (und jetzt auch der Stadtautobahn)
noch einmal verbindet. Eine gekrümmte Querstraße, die Bachestraße,
unterbricht die Häuserfront auf der Südseite der Straße. Bauzeit der
Häuser: erstes Jahrzehnt des 20. Jahrhunderts, damals noch im Grenz-
bereich zu Kornfeldern hin. Westlichster Teil von Friedenau. Sozialstruktur: klein- bis mittelbürgerlich. Grundstücke meist hufeisenförmig
um kleine begrünte Höfe gebaut, also Vorderhaus mit Seitenflügeln,
aber keine Quergebäude, kein zweiter Hof. Zwei-, Drei-, Vier-, Fünf-
zimmerwohnungen mit Ofenheizung, Innentoilette und Bad in einem
Raum. Kellerwohnungen und vier Stockwerke.
Dort habe ich gewohnt – von 1932 bis 1946, in Nummer neun, Eingang
römisch eins, Vorderhaus, drei Treppen hoch, die Wohnung hatte drei
Zimmer (zwei davon Nordseite), Küche mit Kachelherd, unheizbare
Kammer, Bad und Korridor. Da haben wir gewohnt, die Eltern und
die Kinder.
Ich bin 1923 geboren, ich verlebte also dort die Jahre von der Kindheit
bis zum jungen Erwachsensein, in der Geschichte: die Nazi-Zeit.
Ich müßte hinzufügen, daß an beiden Enden der kurzen Straße Stra-
ßenbahnhaltestellen waren. Auf der Kaiser-Allee fuhr die »Elektrische« (wie man in Berlin sagte) bis Steglitz, auf dem Südwestkorso
noch bis zur Taunusstraße, also nur noch eine Station weiter. Zum
S-Bahnhof Wilmersdorf-Friedenau waren es fünf Minuten Fußweg. Es
fuhren auch Omnibusse, die bekannten zweistöckigen. Ein wunder-
schön bunter Gummiball, den meine Schwester einmal zum Geburtstag bekam, wurde am Tag darauf schon ein Omnibusopfer, das heißt,
wir lebten kein freies Landleben, kein Leben mit Garten, sondern auch
unsere Spiele waren von Verkehrsregeln diktiert wie unsere Schul-
wege. Bei einer Funklesung könnten hier Verkehrsgeräusche aus dem

Herbst 1932 eingeblendet werden, im Archiv des Senders Freies Berlin, damals Berliner Rundfunk (und berühmt wegen des kühnen Neubaus) wären sie sicher aufzutreiben. Ich erinnere die Geräusche aber nicht präzis, sondern nur als Dauer-Unruhe-Kulisse, denn ich hatte vorher drei Kinderjahre in Berlin-Oberschöneweide an der Wuhlheide im Südosten der Stadt verlebt, wohin meine Eltern 1928 mit uns Kindern aus der engen Vier-Generationen-Wohnung in Moabit weg in einen Neubau der AEG-Siedlung gezogen waren. Der gehörte zu einem Komplex von zwei- und dreistöckigen Häusern, die ein großes Areal umschlossen, einen Hof mit Beeten und Grünflächen und Spielplätzen, auf denen ungezählt viele Kinder ihre Spiele spielen konnten, toben konnten, auf Mauern balancieren, Laternenfeste und Puppenhochzeiten feiern, Vögel beerdigen, am Maschendrahtzaun, der das Gelände abgrenzte, hochhangeln – die tausenderlei Wichtigkeiten der Kinderjahre! So einen Hof voller spielender Kinder kennen wir heute nicht mehr, da müssen wir auf die Plätze in Kreuzberg gehen. Wir hatten aus diesem Kinderparadies wegziehen müssen, weil meinem Vater 1929 gekündigt worden war und die Arbeitslosenunterstützung für die Miete nicht mehr reichte.»In der Stadt« beschwerten sich die Einwohner immer wieder über spielende Kinder, ja, war das Spielen auf den Höfen verboten. (Email-Schilder wiesen darauf hin.) Die hohen dunklen Häuser, die sonnenlosen Straßen beengten mich. Und was hatte ich von dem kleinen, gepflegten Hof, wenn ich da nicht einmal Überschlag an der Klopfstange machen durfte! Auf den Straßen wurde ich mit meinem»Holländer«, den mir die Eltern geschenkt hatten, als es ihnen gutging (Weihnachten 1928 noch), zum Ärgernis. Ich solle auf dem Fahrdamm fahren, sagten die Damen mit Hüten und Hunden. Die Parks waren für Fahrzeuge jeder Art gesperrt, und ich mußte dem Parkwächter auf dem Friedrich-Wilhelm-Platz einen falschen Namen vorlügen, weil er meine Eltern anzeigen wollte, daß sie mir die Benutzung der Wege mit meinem Kinderholländer gestattet hatten. (Die wußten natürlich gar nichts davon!) Mein Kinderglück, das ich mit diesem Holländer verbinde, war vorüber.
Es wäre zu fragen: Winter '32, Vor-Nazi-Zeit – was spürte die Neunjährige? Die Überreste der nächtlichen Straßenkämpfe hatte ich schon als kleines Kind in Moabit gesehen, zertrümmerte Scheiben der Parteilokale, Blut auf dem Pflaster. In Oberschöneweide waren vor den Wahlen viele Fahnen zu sehen gewesen, und dort hatten wir in der

Schule am 11. August den Tag der (Weimarer) Verfassung begangen, mit einer Ansprache des Rektors im Musiksaal und mit dem Deutschlandlied. Nachher war frei gewesen. In Friedenau trugen in diesem Winter viele Kinder blecherne Nazi-Fähnchen an ihren Jacken oder Mänteln, die es für zehn Pfennige in der Papierwarenhandlung zu kaufen gab. Meine Mutter hatte mir das dringend verboten und wäre auch nicht bereit gewesen, mir die zehn Pfennige für solchen Unsinn zu geben. In der Klasse waren fünf oder sechs jüdische Mitschülerinnen, nur der Religionsunterricht trennte uns.

Erinnere ich mich an den 30. Januar 1933, den Tag der »Machtergreifung« (wie wir's von da an bei den vielen Schulfeiern in der Aula, bei denen wir die Reden aus dem Radio anhören mußten, immer wiederholt bekamen)? Diese Feiern! Wir hockten zusammengekrümmt auf den unbequemen Stühlen, der Physiklehrer schlief, und wir spielten Käsekästchen oder lasen, die Bücher zwischen die Knie gepreßt, Karl May – von einer Mitschülerin mit Bruder gut versorgt –, denn die Hitlerreden dauerten unerträglich lange. Doch da greife ich vor. Vom 30. Januar weiß ich nur noch, daß meine Mutter uns abends auf den kleinen Balkon holte, weil eine Gruppe mit Fackeln den Südwestkorso entlangkam und »Juda verrecke« rief. Daß uns das passieren muß, sagte meine Mutter, ausgerechnet DIE!

Mit neun, zehn Jahren denkt kein Kind schon politisch, auch wenn es zum Nachplappern erzogen werden kann. Aber dieser feuchtkalte Abend auf dem Balkon ist mir in Erinnerung geblieben, der hilflose Zorn meiner Mutter.

Wer hier den Marschtritt der SA beim großen Fackelzug durch das Brandenburger Tor im Ohr hätte, würde die Friedenauer Situation falsch erinnern. Kleinbürger warten ja immer ab. Das Kümmerliche dieser Situation bleibt festzuhalten – und daß mir der kleine Fackelzug Jahre später wieder einfiel, als die Häuser am Südwestkoros lichterloh brannten.

Meine Mutter machte auch bissige Anmerkungen, als die Wilhelmstraße – unsere Nachbarstraße, wo ich immer Milch holen ging oder den Quark zum Abendbrot – in Golzheimer Straße umbenannt wurde; die Nazis brauchen ihre Helden (und in Friedenau können sie uns nicht mit einem SA-Mann kommen)! In der Schule wurde ich belehrt, daß im Mai 1923 auf der Golzheimer Heide bei Düsseldorf Albert Leo Schlageter, Freikorpskämpfer und Mitglied der »Großdeutschen

Arbeiterpartei«, nach Sabotageakten im besetzten Rheinland zum Tode verurteilt, erschossen worden war. Für das schwarzweißrote Friedenau mit seinen Offiziers-Villen aus der Kaiserzeit also der richtige, schön chauvinistische Straßenname!

Und was passierte in der Schule – in der Volksschule, so sagte man damals noch? Wir lernten Ostlandlieder, sehr alte Melodien oft, die sang unser Chor auch irgendwann im März, ich denke, es muß eine Feier nach der Wahl gewesen sein, die, durch den Reichstagsbrand manipuliert, zum Erfolg der Nazis geführt hatte.

Daß in diesem März mein Vater in die Nazi-Partei eintrat, war für meine Mutter ein Schock. Er hoffte, dadurch bevorzugter wieder an Arbeit zu kommen, das war sein Motiv. Und die Nazis prahlten ja mit ersten Erfolgen bei der Bekämpfung der Arbeitslosigkeit. Die Szene zwischen den Eltern in der Küche habe ich in »Gestern war heute – hundert Jahre Gegenwart« beschrieben. Verstanden habe ich sie damals noch nicht. Plötzlich war da ein Konflikt in der Familie, von außen hereingetragen. Sicher, ich hatte gesehen, wie die Arbeitslosigkeit meinen Vater verstört hatte; er hatte mich auch einige Male zum Arbeitsamt mitgenommen, wo wir in der Schlange gestanden hatten, um die Unterstützung abzuholen, und wo er mit keinem geredet hatte, als schäme er sich, dazuzugehören, und abgewehrt hatte, wenn ich mit anderen mitwartenden Kindern spielen wollte. Und nun das: ein Mißtrauensriß zwischen den Eltern, eine Entfremdung, die wir täglich spürten.

Hier könnten Dokumente eingefügt werden. Reichstagsbrand, Kommunistenverfolgung, die Auseinandersetzungen in der Preußischen Akademie. Für das Kind war die Aufnahme in die Oberschule dennoch wichtiger, weil die Schulgeldfrage offen war und Mutter Sorge hatte, mir könnte die Aufnahme verweigert werden, weil die Eltern die Mittel für Schulgeld und Bücher nicht aufbringen konnten.

Die Mainauer Straße neun, Eingang römisch eins, dritter Stock, war in diesen Wintermonaten ein Ort wie viele, an denen ähnliche Gespräche stattfinden mochten. Schon im Frühjahr wurden ja die Parteiabzeichen, Parteigroschen genannt, populär. Vater trug seines nur, wenn er zum Arbeitsamt ging. Wichtig waren die kleinen Veränderungen, die zumeist nicht mehr zu datieren sind. In der Sexta (ich war in die Oberschule aufgenommen worden aufgrund der Zeugnisse) hatten wir unsere Klassenlehrerin, ein Fräulein von Hahn, die einen abgewetzten Tigerfellmantel zum grauen Bubikopf trug und hervorragenden Unterricht gab, mit »bonjour, Mademoiselle de Coq« zu begrüßen. Auch in der Quinta blieb das noch so – bis sie von der Schule abgehen mußte. Montags gab es Schulandachten. Ein alter Lehrer, der Professor H., ist mir in Erinnerung, weil er überzeugend und mit rhetorischer Wut gegen den politischen Mißbrauch der Religion sprach (ich wußte da noch nichts vom Reichsbischof Müller und auch nichts von der Barmer Erklärung – meine Familie interessierte die Kirche nicht). Auch Professor H. mußte die Schule verlassen. Mehr und mehr Schülerinnen tauchten in Uniformen auf: die blauen, an weiße Blusen angeknöpften Röcke der Mädchen, die schwarzen Fahrtentücher, der lederne Knoten, die nazi-braune Affenjacke und Kniestrümpfe zu jeder Jahreszeit – das imponierte mir schon! Ich weiß nicht mehr, wann für uns Nicht-Organisierte der Napo-Unterricht (das heißt nationalpolitischer Unterricht) eingeführt wurde, sonnabends, wenn die Uniformierten Sport oder anderen Dienst hatten, etwa Metall, Altmaterial und Lumpen sammelten – »Lumpen, Fetzen, Knochen und Papier / ausgerißne Haare sammeln wir …«, das Lied kam sehr schnell auf, ganz ernst nahm wohl niemand diese Aufgaben, bis auf die Kinder, die auch für die Winterhilfe sammeln, kleine Abzeichen verkaufen mußten. Das Sammeln wurde von Jahr zu Jahr mehr und breiter geplant, je mehr Nazi-Organisationen sich profilieren mußten. Männer, Frauen, Kinder wurden in die Pflicht genommen – für soziale Zwecke, die angesichts der Armut einzusehen waren. Auch mein Vater mußte als »Märzhase«, wie die im März 1933 in die Partei Eingetretenen genannt wurden, für die Wohlfahrt arbeiten, und er kam oft betroffen nach Hause, weil es uns ja im Vergleich zu denen, die er besuchen mußte, noch beinahe gutging.

In der Schule verabschiedete sich Golde Haller, die mit ihren Eltern nach Palästina ausreiste. Der Arzt Marcuse uns gegenüber, zu dem immer viele ärmlich gekleidete Patienten gekommen waren – er war Kassenarzt und bevorzugte niemand –, hatte die Praxis schließen müssen, und die Jungen verabschiedeten sich, weil sie nach Amerika auswanderten. Die Gardinenspannerin, die ihr Geschäft im selben Haus hatte, erzählte meiner Mutter von den reichen Geschenken, die ihr die Oma Marcuse gemacht hatte. (Aber sagen Sie's bloß keinem!) Zum Schuhmacher, Schuster sagten wir, ging meine Mutter jetzt abends, kurz vor Ladenschluß – zu bringen und zu holen war fast immer etwas. »Mit dem kann man reden!« war ihre Erklärung. Er saß so lange hinter Bergen von Schuhen, die zu flicken und zu besohlen waren, bis er am 22. April 1945 dem ersten russischen Bombenangriff zum Opfer fiel, der das Haus Nummer zehn einriß. Beim Kohlenhändler war's anders. Da war bald eine Flaggenhalterung an der Tür, und eine neue, blonde Frau hielt immer Versammlung, bis das Haus im November 1943 zusammenbrach. In Nummer zwei wohnte, Gerüchten nach, der Schauspieler Otto Gebühr, der später als Darsteller des »Großen Friedrich« in den Preußenfilmen der UFA berühmt werden sollte. Die Goldschmidts aus Aufgang römisch zwei zogen um. Meine Mutter hat sie noch oft besucht und ihnen Süßwaren abgekauft, ein Handel, mit dem sie sich durchzuschlagen versuchten, nachdem sie vorher, vor '33, ein Schokoladengeschäft gehabt hatten. Der Sohn des Hausverwalters trat der SS bei, raste stolz mit seiner schwarzen Uniform auf dem neuen Motorrad durch die kurze Straße. Ein hübscher Bengel, sagten die Leute, im Haus wußten alle, daß er der Adoptivsohn der kleinen, krummen Verwaltersleute war. Er ist 1941 bei Orel in Sowjetrußland gefallen. Andere traten der SA bei. Der Hausmeistersohn, ein langer, von der Tuberkulose ausgemergelter Bursche, war nun plötzlich wer. Er starb während eines Luftangriffs an einem Blutsturz im Luftschutzkeller, wir haben alle sein letztes Aufstöhnen gehört und das Weinen der Mutter, einer biederen Hauswartfrau schlesischer Herkunft. Nach dem Tod ihres Sohnes hat sie niemanden mehr angezeigt. Die Vertreter, die bis 1933/34 mit schiefgelaufenen, aber blankpolierten Schuhen von Tür zu Tür geklingelt hatten, um Rasierklingen und Schnürsenkel und Seife und Schuhcreme anzupreisen, waren nun endgültig von den NS-Frauenschaftshelferinnen und NSV-Helferinnen abgelöst worden, die Monat für Monat an bestimmten Tagen mit ihren Sammellisten an die Türen kamen. Frauen aus der Nachbarschaft, jeder kannte sie vom Einkaufen. Sie wußten bald, wer ein Hitlerbild – oder präziser – wer kein Hitlerbild in der Wohnung hatte, wer viel, wer wenig spendete, die Wohnungstüren waren denn auch von Monat zu Monat mit mehr bunten NSV-Marken (etwa handgroßen Aufklebern) besetzt. Die meisten dieser Frauen haben wohl niemanden angezeigt, nahmen den »Dienst« ernst, wollten etwas »tun«, waren Mißbrauchte einer »in Dienst genommenen« Gesellschaft. Aber jeder wußte, daß es keine unbeobachtete Privatsphäre mehr gab. Eine Baltendeutsche zog ein, und nach der Umsiedlung der

Baltendeutschen folgte ihr eine unübersehbare Familie mit Vater und Mutter, Geschwistern, Cousinen, Schwägern, Neffen, Onkeln. Der Mann, der sie geheiratet hatte, um seinen beiden verwaisten Kindern wieder eine Mutter zu geben, hatte bald keinen Platz mehr in seiner Wohnung, wurde immer elender und war als Luftschutzwart des Hauses überaktiv. Hoch anzurechnen ist ihm, daß er sich auch um die Familie kümmerte, die nicht in den Luftschutzkeller durfte. Ein paar Eifrige beschwerten sich lauthals über den Luftschutzwart, aber angezeigt haben sie ihn nicht. Die Söhne der Familie zogen aus, nachdem die Mutter gestorben war, sie hatten der über Achtzigjährigen nicht mehr antun wollen, das Zuhause aufzugeben. Ich fürchte, sie haben sich bei den Sammelstellen melden müssen, denn mit der Kriegserklärung an die USA im Dezember '41 waren die letzten Möglichkeiten zur Ausreise gestoppt, und es begann die brutalste Phase der Verfolgung der Zurückgebliebenen.

Doch ich bin schon zu weit voraus in der Zeit. Da waren aus den kleinen Veränderungen längst die großen Veränderungen geworden. Und es müßten die Sondermeldungssignale, die nun aus allen Wohnungen ertönten, weil inzwischen fast jeder »Volksgenosse« – so hießen wir anstelle von Bürgern oder Menschen – einen Volksempfänger hatte, zu hören sein, dazu das Dröhnen der Kampfflugzeuge und Panzer aus den Wochenschauen, das Sirenengeheul vor den Luftangriffen ...

Die kleinen Veränderungen: der Lateinlehrer in SA-Uniform, er zog sie auch nach dem sogenannten Röhm-Putsch nicht aus, der Geschichtslehrer in Parteiuniform, Hindenburg war gestorben, Hitler nun »der Führer«; er, der Geschichtslehrer, legte das Koppel zum Unterricht ab, ein breiter, steifer Ledergurt auf dem Pult; der Austritt aus dem Völkerbund, Görings Slogan »Kanonen statt Butter«; und »deutsch ist die Saar, deutsch immerdar«. Und wieder verabschieden sich welche der Klasse, nach Frankreich, nach England. Der Vater einer anderen ist Offizier geworden, und sie ziehen nach Glogau um. Wir lernen Lieder mit Texten, in denen die neue Zeit gefeiert wird. Aber zu den Schulferien vor Weihnachten singen wir mittelalterliche Kirchenlieder lateinisch, und zum jährlichen Schulfest im März zu Ehren der Namenspatronin Königin Luise werden preußische Singspiele vorgeführt, werden kernige Texte aufgesagt. Kleist und Clausewitz, Fichte und Turnvater Jahn werden wichtig (oder bleiben es?). Zur

Olympiade 1936 sollen wir am Bodenturnen der Berliner Schülerinnen auf dem Maifeld teilnehmen, unsere Turnlehrerin ist für alle Berliner Schülerinnen in dieser Sache verantwortlich. Wir beugen den Rumpf und schwingen die Arme und grätschen die Beine, ein paar tausend Mädchen in Weiß (die Schulferien waren vorverlegt worden, damit wir auch gut zu funktionieren übten!). Wir reden in den Umkleideräumen von Jesse Owens und seinen unerhörten Erfolgen. Ein Schwarzer – ist doch toll! Daß Jazz verboten war, wußten wir nicht, waren zu jung dazu. Ich fing damals an, von Städten zu träumen, wie ich sie mir wünschte, mit viel Grünflächen und einzelnen Zentren. (Wahrscheinlich hatte ich irgend etwas von Wright gehört. In diesen Städten fühlte ich mich später wohl.) Im Oktober/November meldete ich mich heimlich beim BDM (Bund Deutscher Mädchen – der Mädchenorganisation der Hitlerjugend) an. Warum? Genau beantworten kann ich das noch heute nicht. Ich weiß nur, daß ich mich ärgerte, wenn die Eltern immer nur schimpften anstatt zu handeln. Meine Mutter war sehr betroffen, als ich es ihr erzähle. Mein Vater sagte: Laß sie, da muß sie hindurch!

Ich werde auch bald in Konflikte geraten, weil ich Fragen stelle und es ekelhaft finde, auf dem Fahrdamm in Dreierreihen zu marschieren. Aber weil ich Oberschülerin bin, bekomme ich bald eine Mädelschaft anvertraut, die mir dann entzogen wird, weil ich in der sogenannten Schulung die Judenpolitik kritisiere. Meine Abmeldung ist mir also leichtgemacht. (Um der Wahrheit willen muß ich sagen, daß ich großen Zulauf hatte, weil in dem kleinbürgerlich-bürgerlichen Friedenau wohl in vielen Familien die Judenpolitik kritisiert wurde.) Ich bin nun fünfzehn. Die allzu vielen großen und kleinen Veränderungen dieser Jahre fügen sich mir nun schon wie Mosaiksteine zueinander. Die Wolffs, Freunde der Großeltern, haben sich verabschiedet, schreiben noch aus Prag. Die alten Levis sind gestorben. Denen ist vieles erspart, sagt mein Großvater. Er ist krank, krank an der Zeit, sitzt in der Sofa-Ecke und hat die Zeitung vor sich. Das Münchner Abkommen ist unterzeichnet. Sie lassen uns alle im Stich, sagt er. In der Schule sind Ostern einige abgegangen, die nicht mehr lernen dürfen. Die Bäckerei der Familie Leipziger, bei der wir Brot und Brötchen gekauft haben, seit wir in Friedenau wohnen, wird von einem anderen Bäcker übernommen. Nachdem die Scheiben eingeschlagen worden waren, habe ich Anneliese Leipziger, mit der ich die Jahre hindurch den gleichen Schulweg hatte, getroffen. Wir sind ein Stück weit gegangen – wie früher. Hoffentlich hat dich keiner mit mir gesehen, sagt sie, aber wir werden uns ja nicht mehr treffen, wir geben die Wohnung auf. Die kleinen Veränderungen, die großen Veränderungen. In der Schule haben wir schon 1936 im Physikunterricht vom Gaskrieg gesprochen und die Benutzung der Gasmasken erprobt. Der Hitlergruß statt des »Guten Morgen« ist eingeführt worden. Der Mathematiklehrer sagt weiterhin »Morjen« und wischt mit der rechten Hand durch die Luft. Andere, wie die graue Lehrerin, die Religion gibt, heben die Hand, und sie sagt dabei: Jetzt wollen wir beten; den Hitlergruß hat keiner gehört. In der Familie, in der meine jüngere Schwester immer im Juni zum Kindergeburtstag eingeladen wird (und ich hol sie dann ab und darf auch noch in dem alten Garten hinter der Goßnerschen Mission frisch gepflückte Kirschen essen), ist bald die Mutter, bald der Vater im Gefängnis. Bekennende Kirche. Wir gehen auch nach Dahlem mit ein paar Freundinnen, obgleich Pastor Martin Niemöller längst verhaftet ist. Ich habe keine Bindung an die Kirche, aber das bewegt mich doch, ich lerne Texte hören. Nachlesen kann ich sie nicht, zu Hause jedenfalls nicht.

Die kleinen, die großen Veränderungen. Die Aufmärsche, die Paraden. Und schließlich Krieg. Großvater erlebt den nicht mehr. Er hat ihn vorausgesagt, erinnern wir uns in der Familie. Aber wer hat ihn eigentlich nicht vorausgesagt? Mein Vater ist seit 1938 wieder festangestellt, wieder in Oberschöneweide, entwickelt wieder Großtransformatoren mit, meldet Erfindungen an. Der Rausschmiß aus der Partei steht ihm noch bevor. Nichtigkeiten. Auch wenn da unsere Bangigkeit ist, nachdem sie ihn abgeholt haben, und wir wissen doch, daß er nicht schweigen kann.

Die Angst vor dem Krieg ist gewachsen. Für die Generation der Eltern war ja der Erste Weltkrieg noch nahe. Mir hatte der Vater schon mit neun Jahren »Im Westen nichts Neues« zu lesen gegeben – noch in Oberschöneweide und für meine Entwicklung viel zu früh. Und hatte dann auch erzählt. Er hatte durch Gas seinen Geruchssinn verloren, war als 22jähriger in die Gräben gekommen. Ich konnte mir nicht vorstellen, was es bedeutet, nichts mehr zu riechen. Harmlos, dachte ich, andere Väter hatten keine Beine, andere waren blind. Erst als die Mobilmachung zum Zweiten Weltkrieg am 26. August 1939 bekanntgemacht wird, begreife ich, was es heißt, einen der Sinne zu entbehren, um eine Wahrnehmung, eine Wahrheit ärmer zu sein: Wir müssen noch einmal in die Ravensberge hinter Potsdam, es wird das letzte Mal sein!

Ein schwerer, heißer Augusttag, die Luft über den abgeernteten Feldern und den trockenen Wiesen flimmert. Diesmal strolche ich nicht mit meiner kleinen Schwester quer durchs Unterholz, Indianerpfaden nach, sondern wir laufen über die Nutewiesen, die falb sind vor Hitze. Wir riechen die Hitze, den Sommer – und daß etwas vorbei ist. Kann man das riechen? Die storre Erde, das Knistern der Kiefern, das Harz, das aus den Baumwunden tritt, die zu trockenen Birken, die graublättrigen Erlen, die abgeblühte Iris in den fauligen Gräben. Auf den Gleisen, die die Wiesen kreuzen, die Güterzüge, Panzer, Lkws, Soldaten. Abends kommen wir in die Stadt zurück, die so gelähmt ist wie am Morgen. Es kann doch nicht sein, begrüßt uns die Hauswartin. Und die kleine, rundliche Postinspektorin B., die sogar zum Hof raus flaggt, ruft es herauf, als wir die Fenster aufklinken. (An so einem Tag war ja mit Gewitter zu rechnen gewesen.) Es wird blinder Alarm sein, wir haben doch den Vertrag mit der Sowjetunion!

Blinder Alarm.

An den Stadtbahnhöfen haben wir die Abschiede gesehen, Väter, Söhne, Brüder – und die Blumenhändler mit den Gladiolen, Georginen und Dahlien in den Blecheimern. Die Männer hatten die kleinen Koffer zwischen den Beinen, die Kinder irrten überflüssig umher, durften sich Bonbons aus den Automaten ziehen, durften lärmen, sich kabbeln. Abschied. Frauen, Männer, Mädchen, Jungen. Krieg bedeutet das Ende der Hoffnungen. Hätte sie doch recht, dieses Fräulein B. im Parterre: blinder Alarm.

Ein paar atemlose Tage. Sehr heiß. Meine Mutter hat am 31. August Geburtstag. Das war immer das große Abschiedsfest vom Sommer gewesen, und meine Mutter, gesellig, erotisch, musikalisch, dabei ungemein kritisch und wach, liebte diesen Tag, so lange ich mich erinnern kann. Meine Schwester und ich lebten auf den Tag zu, wenn die großen Ferien vorbei waren.

Und wir haben uns wieder was ausgedacht, eine Aufführung, Klavier, Flöte. Und gezeichnet haben wir. Gut, daß das Fest stattfindet! (Meine Mutter hat immer verstanden, fast ohne Mittel, aber mit Phantasie Feste auszurichten.) Onkel Bruno aus Amerika ist auch noch dabei. Es gibt wieder, wie schon so oft, den Wörterstreit. Diesmal geht es um den Krieg. Wörter wie »Ehre« sind zu hören, »Vaterland« und »endlich wieder«. Onkel Bruno zerbricht wütend und betrunken einen Stuhl. Seid ihr verrückt? Wenn Krieg kommt, nehme ich noch morgen das Ticket über Genua.

Er hat es genommen. Die Nachricht ist da, als wir aufwachen. Die Schule hat geschlossen. Nachmittags Fliegeralarm. Es gibt noch keinen Luftschutzkeller. Wir treffen uns im Hausflur, manche haben Gasmasken mit. Die Polen greifen an, wird geredet. Bald vergessen durch die Siege und das Schmierenpathos Hitlers: »Mit Mann und Roß und Wagen hat sie der Herr geschlagen«, erklärt er nach der Niederwerfung Polens, dieser Halbgebildete!

Aber was können wir tun?

In der Mainauer Straße neun ist eine bayrische Hauptmannsfamilie eingezogen, auch eine Bürgermeisterswitwe. Ein Architekt arbeitet mit Werner March zusammen, eine Frau ist Mitarbeiterin im Bildungsministerium – Leute, mit denen wir reden können – aber nicht über Politik.

Zu begreifen, daß Faschismus auch in seiner nationalsozialistischen Übertreibung nicht bedeutet, daß alle Faschisten oder Nazis sind, ist meine Erfahrung in diesem Haus. Zu begreifen, daß Faschismus die Verweigerer übergeht, als seien sie nichts, ist meine Erfahrung in diesem Haus. Zu begreifen, wie blinder Gehorsam die wenig Begabten, die Unterprivilegierten und die Hochbegabten, Ehrgeizigen verändert, ist meine Erfahrung in diesem Haus. Zu begreifen, daß das Denken und Handeln der meisten manipuliert werden kann, ist meine Erfahrung in diesem Haus. Zu begreifen, was Ohnmacht heißt (hier ein bißchen helfen, da einen – vielleicht – durch Schweigen decken), ist meine Erfahrung in diesem Haus. Zu begreifen und nicht mehr vergessen zu haben, daß die Grenze zwischen Schuld und Mitschuld, zwischen Betroffensein und Opfersein nicht genau auszumachen ist, ist meine Erfahrung in diesem Haus. In irgendeinem Haus in einer kurzen Straße.

Ich weiß nicht, ob sie sich anderswo sehr anders manifestiert hätte.

Meine Geschichte in diesem Haus ist kaum ungewöhnlich: 1941 Abitur. Meine Großmutter war Weihnachten 1940 gestorben. Und da für meine Eltern die Kirchenkämpfe keine Rolle gespielt haben (mein Vater nannte sich ja Atheist), war der zuständige Pfarrer gebeten worden und sprach im Krematorium Wilmersdorf vom heroischen

Leben meiner Großmutter, weil sie 1870 geboren und 1940 gestorben war. Krieg als Lebensrahmen. Scheiße, hat mein Vater gesagt, die olle Frau hat doch nur immer an der Nähmaschine gesessen und Wäsche geflickt und Anzüge gewendet und die Kinder eingekleidet! Meine Mutter hat sich an dem Wort »Scheiße« gestört, aber nicht widersprochen. Denn zu der Zeit hatten sie ja Vater schon einmal abgeholt, weil er zum Sieg über Frankreich nicht geflaggt hatte (ein PG hat zu flaggen!), und hatten ihn aus der Partei ausgeschlossen und wieder nach Hause geschickt. Da war die politische Entfremdung zwischen den Eltern überwunden.

Drei Tage nach dem Abitur muß ich zum Arbeitsdienst. Hunderte von Müttern am Stettiner Bahnhof, viele Tränen, viele Umarmungen. Kommt gesund wieder! Für mich war das alles sehr plötzlich gekommen. Ich hatte einen Arbeitsvertrag bei Loewe unterschrieben als Arbeiterin. Dann brauchst du nicht zum Arbeitsdienst und verdienst gleich. Bist ja 'n Mädchen, heiratest ja doch! Ich war verzweifelt, redete aber mit niemandem außer mit der Klassenlehrerin darüber. Sie hat dann das Gespräch bei der Berufsberatung durchgesetzt, das meine Mutter ermutigt hat, dem Vater zu widersprechen. Der Arbeitsvertrag wurde gekündigt. Ich würde nach dem Arbeitsdienst studieren dürfen. Gespart hatte ich in den fünf Jahren, in denen ich Nachhilfestunden gegeben hatte, genug für die ersten Semester und würde weiter unterrichten, denn vom Vater wollte ich nichts bezahlt haben.

(Heute würde man sagen: ein erster geglückter Aufstand des Mädchens. Damals habe ich so etwas nicht gedacht, war nur umgetrieben von meiner Weltneugier.)

Im Arbeitsdienst in Hinterpommern dann doch Heimweh, nicht nach dem Haus, nicht nach der Straße, nicht nach den Mitbewohnern, nach der Mutter vor allem. Ich habe einen typischen Großstadtkindunfall beim Häckselschneiden, muß genäht werden, verschweige das aber in den Briefen. Erst allmählich lerne ich den Sommer erleben, wie ich ihn nie kannte, beim Misten, beim Kartoffellegen, beim Heuen, beim Bohnenpflücken, beim Brotbacken, beim Schweinefutterkochen, beim Ausscheuern der Milcheimer, beim Säubern der Schweinebuchten. An einem hellen Sommersonntag, dem 22. Juni, die Nachricht vom Einmarsch der deutschen Truppen in Rußland. Hitler ist wahnsinnig, schreibe ich auf einer Postkarte nach Hause, breite mein Wissen über Napoleons Niederlage aus. (Mein Vater hat mir die Karte später zurückgegeben.) Was tun? Wie sich wehren? Im Eßraum des Baracken-lagers wird eine Landkarte aufgehängt und der Vormarsch darauf markiert. Bald treffen die ersten Todesnachrichten ein. Das hilflose Schluchzen nachts. Wir sind 14 bis 18 Mädchen in je einem Baracken-raum. Alle hassen wir die Uniform, den Krieg... Später, im Winter '41 auf '42, die Zwangsverpflichtung ist um den sogenannten Kriegshilfs-dienst verlängert worden, arbeite ich beim Oberkommando der Wehr-macht in Schöneberg, habe täglich 150 bis 200 Mitteilungen an die Eltern von gefallenen Soldaten zu schreiben. Die Eltern kommen in das Dienstgebäude, wollen mehr über den Tod ihrer Jungen wissen, 18, 19, 20 Jahre alt wie wir, die wir die Nachrichten schreiben müssen, und haben doch nur die Meldungen von der Truppe, schmuddlig-graue Postkarten, verwaschene Tinte, der Stempel.

Der Wahnsinn der Hilflosigkeit.

Haben wir darüber gesprochen? Ich lebte ja wieder zu Hause. Ich weiß es nicht. Mutter hat mir manchmal ein Glas Buttermilch hingestellt, wenn ich vom Büro kam abends, das weiß ich noch.

Und dann im Frühjahr der Beginn des Studiums. Schwer vorstellbar im nachhinein – aber ich bin berauscht gewesen. Ich habe bei den Philo-sophen begonnen. Oberseminar, wer hier hören will, sollte fünf Seme-ster haben. Ich hatte Null Semester und blieb. Von Descartes bis Hegel, von Spinoza bis Ernst Mach und später, mit professoraler Empfehlung aus dem »Eisschrank« der Bibliothek entliehen, Karl Marx. Ich habe mich vollgelesen und schwer gearbeitet mit all den Nachhilfeschülern und mit den Zwangsverpflichtungen in den Rüstungsbetrieben wäh-rend der Ferien.

Und die Mainauer Straße?

Ohne die Zuwendung meiner Mutter wäre ich sehr verlassen gewesen. Mit ihr brauchte ich nicht zu reden, sie verstand auch so. Die Ängste, das lange, oft quälende Warten auf Feldpost, die Ratlosigkeit. Eines Nachts reißt sie uns Schwestern aus dem Schlaf, holt uns ans Fenster. Ein Lastauto, laufender Motor, sieben oder acht Häuser weiter werden drei Menschen von Uniformierten ins Auto gestoßen. Vergeßt das nicht!, sagt sie. Nicht helfen, nicht schreien zu können!

Im Luftschutzkeller wurde in den Pausen zwischen den Anflügen, dem Kreisen der Bombergeschwader über der Stadt geredet: über schlechte Versorgung, über den miserablen Schutz gegen die Luftan-griffe, über kalte Öfen, über das korkige Butterschmalz, über gefrorene

Kartoffeln und fauligen Weißkohl, über die bröckligen Braunkohlen (und wie man sie mit angefeuchtetem Zeitungspapier umwickelt zusammenhalten und dauerhafter brennen lassen kann).
Aber was wirklich einzuklagen war!?
Dieser Keller! Ein gewöhnlicher Kohlen- und Kartoffelkeller, mit einem Stück Stamm abgestützt nach dem Ausräumen, vor allem aber geweißt; draußen waren die Kellerluken vermauert worden, ein Durchbruch zum Nebenhaus war durch zwei Brandmauern geschlagen und mit einer Schicht Mauersteinen wieder geschlossen worden. Wir, die jüngeren Bewohner des Hauses, hatten diese Arbeiten unter Anweisung des Luftschutzwartes durchführen müssen.
(Viele trauten solchen Kellern nicht, mit Recht!, aber die U-Bahn mit ihren tiefen Tunneln war zu weit entfernt, um bei Voralarm von uns aus noch dorthin zu gelangen.)
Wer Faschismus begreifen will, muß den Alltag begreifen. Angst und vollgemachte Hosen und Erbrechen und Schnaps und das Aufeinander-Lauern: die Luftschutzkellergemeinschaft. Und wird verstehen, warum der Kriegsgeneration das Grundgesetz der Bundesrepublik einmal so viel bedeutet hat, daß sie es mit Klauen und Zähnen verteidigt hat, als es durch die Notstandsgesetzgebung vor rund zwanzig Jahren zum erstenmal radikal geschwächt werden sollte und geschwächt worden ist.
Ich habe immer Bücher mitgeschleppt, hatte die Mütze auf dem Kopf (ein eingebildeter Schutz) und las – Descartes, Spinoza. Erprobung des Denkens an der Wirklichkeit.
Die Nachrichten im Telextempo: zwanzig, hundert, fünfhundert Seiten lang Krieg, Zweiter Weltkrieg, täglich.
Sondermeldungen zuerst. Nachher ernste Rundfunksprecherstimmen. Ausgefilterte Information ohne Kritik. Und die Hysterie zuletzt. Ist das möglich?
Es war möglich. Die Lüge gab sich als Wahrheit aus. Der Massenmord wurde verschwiegen.
»Unser« Haus kommt in den Bombennächten davon. Eine Phosphorbombe im Hof, die Räumung des Hauses bis zur Sicherstellung. Ein kleiner Brand im Dachstuhl, rasch gelöscht. Wir haben alles das ja gelernt, ohne Lehre, ohne Gesellenbrief. Das Dach war immer wieder nackt, die Ziegel zertrümmert. Die Fenster waren immer wieder zersplittert, die Zimmer immer wieder von Splittern gespickt. Gezählt hat

das damals nicht. Aufräumen, die Fenster verpappen, Ziegelreste und Dachpappe zusammenfügen – wie oft geübt!

Und als die Häuser am Südwestkorso und eines in der Mainauer Straße herunterbrennen, die seltsame Euphorie, da oben auf dem Dach zu stehen, die Feuerorgien der Gardinen zu sehen, aufzupassen, daß keine Funken überspringen, keine Flammen nach dem Dachgebälk lecken. Feurio, Feurio! Diesmal sind wir davongekommen! Und der Feuersturm zerrt, wir müssen uns am Schornstein an die Eisensprossen klammern.

Als das Krankenhaus in der Bachstraße in etwa 250 Meter Entfernung getroffen wird, das Mauerwerk niederratscht, tiefe Depression. Das Krankenhaus war auch Entbindungsstation und voll belegt gewesen. Das rote Kreuz auf dem Dach hat keinen Schutz gewährt. Als der Kirchhof getroffen, die Mauer eingestürzt und die Gräber aufgerissen worden sind, kein Pathos. Die Toten hören ja nichts mehr.

Wir haben damals vom Geheul der Sirenen, vom Gedröhn der Luftangriffe umgeben gelebt. Mein Vater brauste oft auf, und es gab gefährliche Szenen im Luftschutzkeller, nur der Respekt vor meiner Mutter hat wohl ein paar Anzeigewütige zurückgehalten.
Widerstand ist das nicht gewesen, das nicht.
Ich weiß noch, als die Nachricht von der Hinrichtung der Geschwister Scholl in der Universität flüsternd getauscht wurde – da haben wir uns geschämt. Warum nicht wir, nicht ich? Es gab ja Seminare, in denen wir in jedem Augenblick die Gestapo erwarteten. Wollten wir Märtyrer werden? Warum dann nur das Geflüster, die Heimlichkeiten, die Gespräche, in denen wir uns abtasteten: Wer bist du? Was denkst du? Was weißt du?
Und wenn ich nach einem schweren Tagesangriff nach einem langen Fußmarsch durch die verqualmten, von Trümmern übersäten Straßen nach Friedenau zurückkam, der Würgegriff: Steht das Haus noch? Oder sind die Lastwagen aufgefahren, die Räumungstrupps am Werk, um nach Verschütteten zu suchen? Und erst an der Straßenmündung das Aufatmen. Nummer neun steht noch.
Angst? Nein, das ist das falsche Wort. Auf den langen, fürchterlichen Wanderungen durch die Stadt war es ein anderes, das Wort: Sinn. Was hat das alles für einen Sinn, das Sterben, die Zerstörung, der Haß, der Gehorsam? Wie sind wir da hineingeraten?

Eine Antwort hatten wir nicht, fand ich auch nicht bei den Philosophen.

Doch als ich nach einem der letzten, sehr schweren Tagesangriffe auf Berlin, der das alte Zentrum der Stadt vernichtete, aus einem fremden Keller, in dem ich untergekommen war, in den Feuersturm, die Staubböen hinaustrat, das Wissen – wie damals an dem heißen Augusttag auf den Nutewiesen: daß etwas zu Ende ist. Vielleicht unsere Geschichte. Vielleicht unser Denken. Und nicht einmal mehr erschrecken. Die Mainauer Straße wurde am 27. April 1945 erobert. Die Kastanien blühten so früh wie noch nie. Die Stalinorgeln waren von Steglitz her näher gerückt. Quer über den Südwestkorso schossen die Jungen vom Volkssturm auf die jungen Russen auf der anderen Straßenseite. In der Kaiserallee waren Deserteure gehenkt worden, das Pappschild um den Hals. Jenseits der Kaiserallee sollten sich in einigen Häusern Werwölfe eingenistet haben. Die SS-Verbände hätten sich zur Stadtmitte zurückgezogen, hieß es. Die Straßenbarrikaden aus Straßenbahnwagen, umgestürzten Bäumen und Mauern hielten den Vormarsch der Russen nicht auf.

Zwei russische Soldaten sahen flüchtig in den finsteren, stinkenden Keller, später folgten andere, wurde auch das Haus durchsucht. Die Vergewaltigungen der Mädchen und Frauen wurde zum Tagesgespräch. Und die Nachkriegsnot begann, noch ehe die Stadt Berlin am 2. Mai 1945 kapitulierte, noch ehe das Deutsche Reich am 8. Mai 1945 kapitulierte. Das Aufräumen begann. Die Toten wurden in den Vorgärten begraben, die Straßen wurden freigeräumt vom Schutt der Schlacht und den Hinterlassenschaften der wüsten Plünderungen der Berliner Bevölkerung Anfang Mai. Nach dem Ende nun also der Anfang.

Wenn ich mich hier an ein Geräusch erinnere, so ist es das geflüsterte Blabla an den hellen kühlen Maimorgen noch während der Ausgangssperre, auf Höfen, in Hausfluren, weil der Bäcker irgendwann Mehl bekommen soll oder eine Kartoffellieferung zu erwarten ist. Vereinzelt Schüsse und dazwischen die Flüsterstimmen der Frauen, alle mit Kopftüchern, viele mit Asche verschmiert. Sie wollen nicht glauben, daß Hitler tot ist. Und daß er noch geheiratet hat! Und daß Goebbels Selbstmord gemacht hat mit all den süßen Kinderchen, mein Gott! Das wird Propaganda sein, die sind entkommen, die kehren wieder, die lassen uns doch nicht so zurück!

Später am Tag das Quietschen der Wasserpumpen, die kaum mehr Wasser hergeben, und doch stehen da Hunderte und Hunderte den ganzen Tag über an mit den Eimern in der Hand um ein bißchen frisches Wasser.

Und über allem die dumpfe Stille nach den durchdröhnten Monaten und Jahren. Einige knien und säbeln mit einem Messer, einer Schere Fleisch von den Flanken und Bäuchen der gefallenen Pferde. Das Haus ist nun die Mitte der Welt, unser Umkreis der der Fußwege. Die täglichen Gerüchte, das tägliche Anstehen. Kohlrüben, Kartoffeln – vielleicht!

Die russische Besatzung ist für die nächsten Wochen organisatorisch vorbereitet. Auf Mannschaftswagen werden Mehl und Kartoffeln und später auch Fleisch angeliefert. Die Verteilung der Lebensmittelkarten im Haus wird meine erste Nachkriegsaufgabe. Meine Mutter und ich waren als Hausobleute gewählt worden von denen im Keller. Die Wahlen hatten auf Anweisung der den Stadtteil kontrollierenden Kommandantur erfolgen müssen. Die Lebensmittelkartenverteiler von vorher waren abzulösen. Die aufgedruckten Rationen sind minimal, und die Anlieferungen reichen kaum aus, aber das war vorher nicht anders. Überleben wird zur täglichen Aufgabe.

Die papiernen Verdunkelungsrollos können endlich abgerissen werden. Das Dach muß wieder notdürftig gedeckt werden, ein paar aus dem Haus helfen dabei, nun hat ja niemand mehr Verfügungsgewalt; doch ein Dach überm Kopf ist was wert, auch wenn der Mai und der Juni sehr trocken sind. Und so sind wir fünf oder sechs, nageln ausgehobene Türen auf das Dachgebälk, die Ziegelbrocken halten kaum mehr, wir stopfen Werg in die Löcher.

Und auf den Straßen kommen die ersten aus den Konzentrationslagern, den Zuchthäusern zurück, haben noch das gestreifte Zeug an, schleppen sich vorwärts. Und die am Straßenrand sehen an ihnen vorbei. Ist das das Ende? Ist das der Anfang?

Die Geschichte des Hauses geht weiter und ist die Geschichte vieler Häuser. Die 87 aus dem Luftschutzkeller rücken nun wieder auseinander. Es ist ja auch kaum mehr was miteinander zu reden. Allenfalls noch die Nachricht, daß ein Stück U-Bahnstrecke, ein Stück S-Bahnstrecke wieder befahrbar ist; daß die Amis und Tommys kommen sollen. Nichts von Hitler. Auch kein Erschrecken über das, was allmählich öffentlich wird. Und Hunger und Ruhr und Typhus.

Ich lebe noch ein Jahr in dem Haus. Der Obergefreite, den ich als Jungen kannte, ist aus der Kriegsgefangenschaft zurückgekommen, und wir heiraten. Die erste Hochzeit nach dem Krieg im Haus, in der Straße. Alle wollen sie gratulieren. Alle kommen sie zur Dorfkirche in Dahlem (die Kirche auf dem Friedrich-Wilhelm-Platz in Friedenau war durch Bombeneinwirkung unbrauchbar geworden, und die St.-Annen-Kirche, viele hundert Jahre alt, hatte eine junge, gute Tradition). Die Eltern, die Schwester bleiben in der Mainauer Straße wohnen. Die Winter, in denen das Wasser in den Steigrohren einfriert und das Eis durch die Wände schlägt und Vater wieder arbeitslos ist, weil die Fabrik in Oberschöneweide, in der er damals schließlich an seinen Arbeitsplatz im Konstruktionssaal hatte zurückkehren können, nun ausgeräumt ist – das steht uns alles noch bevor. Aber Mutter mit ihrer unwahrscheinlichen Fähigkeit, Feste zu feiern, Nachkriegsfeste mit Brombeerblättertee und Eichelkuchen, feierte ihren Geburtstag. Sie hatte uns durchgebracht, wußte sie. Sie war von einer Leichtigkeit, wie ich sie nur aus den zwanziger Jahren an ihr kannte. Sie hatte bestanden. Aber sie hatte sich erschöpft. Vater blieb nach ihrem Tod im Haus wohnen, bis er da mit dem Krankenwagen abgeholt werden mußte. Ich bin lange nicht mehr zu dem Haus gegangen. Aber ich sehe mich immer um nach unserm Balkon, wenn ich den Südwestkorso entlang stadteinwärts fahre, und mir fallen Augenblicke über Augenblicke ein, die mich mit dem Haus verbinden, in dem ich meine Lebenslehrzeit verbracht habe. In dem ich gelernt habe, daß wir unserer eigenen Enge ausgesetzt sind, wenn wir nicht versuchen, sie aufzubrechen. In dem ich gelernt habe, was es mit der Verfügbarkeit auf sich hat. In dem ich gelernt habe, daß erzwungene Gemeinschaft und Nachbarschaft nicht schon Nähe sind. In dem ich die Einsamkeit schätzengelernt habe und was es bedeutet, wenn nur ein Mensch einen versteht. Die Kastanien an der Ecke sind sehr hoch geworden. Die Fahrbahn ist von Autos fast verstopft.

Auf dem Balkon steht keiner und winkt. Und da, wo die kleine Gruppe SA-Männer 1933 ihr »Juda verrecke« gebrüllt hatte und zehn Jahre später die Häuser niedergebrannt waren – natürlich längst durch Neubauten ersetzt – und da, wo die Jungen auf dem Bauch liegengeblieben waren, das schmale Blutrinnsal auf den Steinen – erinnert nichts an die dumpfe Stille nach dem Ende der Schlacht. Die Autos und Busse fahren im Ampeltakt vorüber. Kinder spielen nicht mehr auf der

Straße, weil das zu gefährlich ist, und Holländer und Roller sind überhaupt nicht mehr üblich.

Unter der Lärmglocke der Stadt ist der Anfang so weit entrückt wie das Ende.

Gern würde ich einmal im Hof nach dem Flieder sehen und ob der Birnbaum noch trägt ...

Aber würden sie nicht die Fenster aufreißen, sich erregen, weil eine Fremde auf ihrem Hof nichts zu suchen hat?

(1985)

Brief an Bettine von Arnim

Meine liebe Bettine,
schon lange drängt es mich, Dir einen Brief zu schreiben, auch wenn
ich nicht weiß, ob er Dich erreichen wird. Und ich wähle das Du, ich
schreibe nicht Freifrau und nicht »von« und auch nicht Bettina, denn
ich habe so viele Deiner Briefe gesehen, sorgfältig archiviert inzwischen:
Du unterschriebst gern »Bettine«.
Wer ich bin, die Dir zu Deinem 200. Geburtstag am 4. April 1985
schreibt, einen Brief zurück in die Vergangenheit, einen Brief an die
Frau, die ich so verstehen gelernt habe wie selten eine Frau, muß ich
kurz erklären.
Mir ist Berlin so vertraut wie Dir, wenn sich die Stadt auch seit Deinem
Tod gewaltig vergrößert und verändert hat und Du die Straßen, in
denen Du mit den Deinen gewohnt hast, nicht mehr finden würdest,
weil sie den Untergang der Stadt nicht überstanden haben oder durch
den Wiederaufbau nicht mehr wiederzuerkennen sind. Ich muß Dir
das in diesem Brief nicht erklären. In Deinem geliebten Frankfurt
hättest Du die gleiche Mühe. Nur, daß aus Frankfurt nicht – wie aus
Berlin – zwei Städte geworden sind. Ich möchte Dir schreiben, wie sich
meine Freundschaft zu Dir entwickelt hat. (Ich schreibe genauso gern
Briefe wie Du.)
Von Dir habe ich zum ersten Mal durch meine Mutter gehört, die ihre
Pianistenlaufbahn für die Ehe und für uns Kinder aufgegeben hat. Sie
mochte Deine Beethovenschwärmerei, nein, Deine Einfühlung in seine
Musik, so sagte sie. Ich war elf oder zwölf Jahre alt, als sie mich damit
bekannt machte. Sie gab mir Klavierunterricht, und über dem Klavier
hing eines der Beethovenporträts, wie sie im 19. Jahrhundert allzu
häufig gemalt worden waren. Es hing ein wenig schief auf dem Nagel –
daran erinnere ich mich, weil sie so oft daran rückte. Die Nazis waren
damals übrigens schon an der Macht. Ich müßte Dir diese schlimme
Zeit beschreiben, aber da verweise ich lieber auf unsere Bibliotheken

und ein wenig auch auf meine Bücher, um den Brief nicht zu sprengen. Vielleicht hatten der alte Varnhagen und der alte Alexander von Humboldt – Deine Freunde bis zuletzt – nach dem Scheitern der 48er Revolution eine Ahnung von künftigem Unheil. Vorstellen konnte sich's jedoch wohl kaum einer aus dem 18. und 19. Jahrhundert. Und Franz Kafka, der es im frühen 20. Jahrhundert vorausgespürt hat, wollte ja nichts von seinen Aufzeichnungen veröffentlichen, so sehr muß ihn das Grauen gepackt haben. Wir, die wir in diesem 20. Jahrhundert leben, ja, Zeitgenossen des sauber geplanten Völkermords sind, können noch immer nicht begreifen, was da in den Menschen, die sich Deutsche nannten, vorgegangen ist und seitdem weltweit Schule gemacht hat. Daß der Mensch des Menschen schlimmster Feind geworden ist.

Bettine, diese wenigen Andeutungen machen mir bewußt, wie weit wir voneinander entfernt leben und wie nahe wir einander doch sind. Meine Frreundschaft zu Dir, die 1934 oder 1935 mit diesem Hinweis meiner Mutter begonnen hat, vertiefte sich wenig später, als ich mir aus der Stadtbücherei in Berlin-Friedenau »Goethes Briefwechsel mit einem Kinde« auslieh, ein Briefwechsel, fingiert oder nicht – das konnte ich damals noch nicht ausmachen (und ich habe erst später begriffen, wieviel an echter, an gedachter Leidenschaft Du damals durchlebt hast, als Du ihn schriebst, das Kind Bettine zu Füßen der Frau Rath Goethe). Deine Liebe und Distanz zu Goethe half mir in den Schuljahren im Zweiten Weltkrieg (schon wieder ein Begriff, den Du im Lexikon und in Geschichtsbüchern nachschlagen mußt!), meine gespannte Bewunderung zu Goethe zu ertragen, der unseren Deutschunterricht beherrschte. (Noch eine Informationslücke für Dich! Du weißt ja nicht, daß wir Mädchen in Deutschland seit 1919 zum Abitur und Studium und als Wählerinnen zugelassen worden waren, nachdem viele Frauen, deren Namen Du kaum schon gekannt hast, sich im 19. und frühen 20. Jahrhundert für die Rechte der Frauen eingesetzt hatten.)

Je länger ich über diesem Brief sitze, desto gewagter erscheint es mir, ihn abzuschicken, zu viele Erfahrungen, zuviel Geschichte trennt uns. Und doch will ich Dir erzählen, wie ich im Winter nach dem Zweiten Weltkrieg im vollgedrängten eiskalten Zimmer zum ersten Mal über Dich schrieb. Ich hatte dem Verlag, der mir im Herbst 1945 einen Vertrag gab, vorgeschlagen, ein Buch über die Dichterinnen seit Roswitha von Gandersheim zu machen, und ich hatte auch schon einen

Titel: »Sappho's Erbe.« Das Buch ist nicht erschienen, weil der Verlag die Lizenz von der amerikanischen Besatzungsbehörde erst kurz vor der Währungsreform erhielt und der Geldsturz den Verlag scheitern ließ. (Auch wieder Informationslücken en masse für Dich, denn für Dich war Amerika »die Freiheit« für die Revolutionsflüchtlinge. Du warst nicht unbeteiligt an der Entführung Kinkels aus der Spandauer Zitadelle, der dann mit Carl Schurz über Warnemünde nach Paris ausgereist ist. Noch dort, nach dem Staatsstreich Napoleons III., hat Carl Schurz seine Hoffnung auf Amerika formuliert, ehe er über den Atlantik reiste, um dort Abraham Lincoln zu unterstützen. Du weißt nichts von Präsident Wilsons Vierzehn Punkten zum Ende des Ersten Weltkrieges, Du weißt nichts von den Raketenbasen und atomaren Sprengköpfen aus Amerika, auch nichts vom realen Kommunismus. Das Jahrhundert, das uns trennt, hat die Dimensionen eines Jahrtausends.) Doch zurück zu meiner Annäherung an Dich, die mit dem Nichterscheinen der Dichterinnenporträts nicht aufgehört hat. Du hast sicher schon gemerkt, daß ich mein Leben nicht vom Schreiben trennen konnte – so wie auch Du, wie Achim von Arnim, wie Dein Bruder Clemens, Deine Freundin Karoline von Günderrode, wie Rahel dies nicht gekonnt haben. (Hier laß mich dazwischenschieben, wo ich schreibe: auf einer Lesereise, in einem kleinen Hotelzimmer, die Schreibmaschine auf den Knien, die elektrische Lampe – beides kennst Du nicht – ist schwach. Lesereisen für Schriftsteller hat es damals auch noch nicht gegeben. Ihr habt Euch vorgelesen, wann immer Ihr zusammen wart, in Deinem Salon »In den Zelten« zum Beispiel, vielleicht auch bei Deiner Großmutter Sophie Laroche in Offenbach. Ihr lebtet noch mit dem geschriebenen Wort, heute wird es nach seiner Verkäuflichkeit überprüft.) Ich will Dir auch erzählen, wo ich vor kurzem war, in Mutlangen, einem Nest in Schwaben (wie gern war Achim in Schwaben!). Dort haben sich junge Männer und Frauen auf passiven Widerstand gegen ein Mehr an menschheitsmordender Rüstung trainiert angesichts der Depots der amerikanischen Truppen. Du hättest mit ihnen genausogut reden können wie ich. Du warst ja auch immer auf der Seite der Opfer der Geschichte. Und wir haben berechtigte Furcht, daß die Menschheit dank ihrer eigenen Erfindungen nicht überleben wird. Du kannst mit diesen Sätzen nichts anfangen, Bettine, ich weiß. Du kennst ja nur die Anfänge der Industrialisierung und hast damals gegen das Elend in ihrem Gefolge aufbegehrt, als noch niemand ahnte, daß sich der Fortschritt gegen uns selber kehren und wie sich zeigen würde, daß wir die Maße und die Verantwortung des Menschen gegenüber den Menschen, der Menschen gegenüber dem Menschen zu lange vernachlässigt hatten. Ob es nicht zu spät ist, sie jetzt noch einzufordern, festzuschreiben?

Ach, Bettine, mit jedem Satz spüre ich, wieviel Wirklichkeit uns trennt – und verbindet. Du hast ja auch gegen das Vorgefundene rebelliert wie ich.

Doch ich schulde Dir noch ein paar Notizen, aus denen Du ablesen kannst, wie meine Freundschaft zu Dir gewachsen ist. Dabei war es ein normaler Vorgang im Autorenleben, ein Angebot, über Dich zu schreiben – unter Nutzung der jüngst erschlossenen Materialien, hieß das für mich. Eine Arbeit, die ich begann, als mein Vater im Sterben lag, eine Arbeit, nach deren Abschluß ich meine jüngste Tochter beinahe durch einen Unfall verloren hätte. Beides hat mit der Arbeit nichts zu tun und doch mit Dir und mir. Denn als Frauen und Mütter – Dir sind sieben Kinder geboren, mir vier – erfahren wir ja täglich die Zerbrechlichkeit des Lebens und seine Kostbarkeit. Und nie vergesse ich die Nacht nach dem Unfall Deines jüngsten Sohnes, in der er sterben mußte. Du saßest bei ihm, wie wir Frauen so oft, so hilflos an den Betten unserer Kinder sitzen. Und ich vergesse auch nicht Deine Briefe aus Berlin nach Wiepersdorf – wie oft klingen sie wie Hilferufe, weil Dich die große Familie umdrängte, weil Du die Schulsorgen mit den Söhnen teiltest, Krankheiten nicht ausblieben, Dich die späteren Schwangerschaften beunruhigten, obwohl Du immer wieder voller Hingabe für das neue Leben warst. Und wie Du darunter littest, am städtischen Kulturleben so wenig teilnehmen zu können, denn das Geld war immer sehr knapp. Ja, und als Du Dich endlich mit der Veröffentlichung Deines Goethe-Buches zu Ruhm und Ansehen und Umstrittenheit durchgesetzt hattest, als Dich die jungen Aufrührer der dreißiger Jahre verehrten und Du aufmerksam wurdest für die sozialen und politischen Mißstände in Preußen und in Berlin und Dich »engagiertest«, da fiel es Deiner Familie schwer, Dich zu verstehen. Am nächsten blieben Dir die Kinder Friedmund und Gisela. Sicher, Du hast nicht immer hin und her gewendet, was Du getan, veranlaßt, geschrieben hast, aber Du hast Deine ganze Leidenschaft aufgebracht, um das Unrecht, von dem Du wußtest, aus der Welt zu schaffen, um auf das Elend, das Du gesehen hast, hinzuweisen. Die Familie hat Dir das nicht gedankt. Neun Jahrzehnte mußten nach Deinem Tod vergehen, ehe die ungeordneten Zeugnisse Deiner zweiten Lebenshälfte gesichtet werden konnten. Eine Verehrerin und kluge und gütige Frau, Gertrud Meyer-Hepner, archivierte die Bestände vom Wiepersdorfer Dachboden. Ich gehörte zu denen, die nun vorfanden, was neu, was in all den Biographien, die über Dich geschrieben worden waren, nicht hatte reflektiert werden können. Lesend erkannte ich Dich, lernte Dich lieben. Aus solcher Nähe schrieb ich Dein Leben auf, erfand nichts hinzu, zitierte nur Sätze, die Du geschrieben hast (oder die über Dich und an Dich geschrieben worden sind), versuchte nicht, Dich mit mir zu identifizieren oder mich mit Dir zu identifizieren, denn mir lag an der historischen Wahrheit, auch wenn mir Deine Haut nicht zu weit und nicht zu eng war. Ich saß Dir auf der Schulter – nein, das hätte Dich gedrückt –, ich sah Dir über die Schulter, kritisierte auch und verstand Dich doch. Wir sahen uns beide mit weitgeöffneten Augen in der Welt Deiner Zeit um. Und so konnte, seit der Veröffentlichung der Biographie, das kleine verrückte Biest Bettine, das viele eher als lästig empfunden hatten, nicht mehr gelten.

Seitdem bist Du mir nahe geblieben, so daß ich zuweilen glaube, wir seien Zwillinge (trotz unseres Altersunterschieds von 138 Jahren). Du hast Eheschwierigkeiten gehabt und Achim doch mit all Deiner Hingabe geliebt; Du hast viel Lebenszeit auf Deine Kinder verwandt und darüber nicht geklagt, im Gegenteil, mit ihnen mitgelebt; Du hast die Demütigung erfahren, »nur« eine Frau zu sein, obwohl in Deinem Kopf und in Deinen Aufzeichnungen das Leben in der Sprache aufblühte; Du hast die Not des Vierten Standes und die Notwendigkeit der Revolution begriffen, die den alten feudalistischen Goldstaub endlich wegblasen sollte, Du hast Visionen von einer Menschheitszukunft gehabt und hast sie einzuklagen versucht –.

Ach, Bettine, ich könnte einen 200-Seiten-Brief schreiben. Ich könnte Dich fragen, wie war das, als Achim sich in Wiepersdorf vergrub und Du mit Butter handeln gehen mußtest unter Deinesgleichen? Wie war das, als Rahel starb, die Du als Ebenbürtige erkannt hattest – Du warst der letzte Besuch am Sterbelager, »minister of heaven« hat sie Dich noch genannt. Wie war das in den einsamen Wintern in Wiepersdorf, Du am Schreibtisch, immer am Schreibtisch für die in Not? Und wie war das, als Du mit Joseph Joachim im Tiergarten spazierengegangen bist und Ihr Euch Gedichte geschrieben habt, Du, die alte Dame, er,

der junge, geniale Musiker? Wie war das? Wie war das? Die Wege
würdest Du jetzt nicht mehr finden. Mauer und Reichstag und russi-
sches Mahnmal geben Zeugnis von der bewegten Geschichte seitdem.
Aber Liebe, Gespür für ein Genie fragt nicht nach Wegen.
Doch ich will Dich nicht mit Fragen quälen. Für mich ist es wichtig,
daß du so warst, wie ich zu sein versuche: Nicht angepaßt, empfindlich
für die, die draußen stehen, zornig gegenüber der aalglatten Routine,
wach für die Fingerspitzengefühle von Mensch zu Mensch, von den
Sorgen um die eigenen Kinder immer wieder erreicht, eifernd im
Protest, weil von der sozialen und demokratischen Verantwortung
überzeugt – und schreibend allein. Dabei nicht ungesellig, ein bißchen
verrückt, und immer bereit zu verantworten, was ich tue.
Der Abstand ist zu groß, als daß wir einander jemals die Hand geben
könnten. Und ich warte auch nicht auf eine Antwort von Dir. Wenn
ich Dich sehen würde, ich glaube, ich liefe Dir mit ausgebreiteten
Armen entgegen. Vielleicht würde ich Dir die Briefe der Günderrode
mitbringen, die Du nicht gekannt hast, obgleich Karoline nur durch
Dein Erinnerungs-und-Brief-Buch, für das Dir die Studenten mit
einem Fackelzug dankten, als Name überlebt hat; Christa Wolf hat die
Briefe, die Du nicht kennen konntest, weil Karoline sie vor Dir ver-
heimlichte, herausgegeben.
Wenn ich Dich sehen würde . . .
Bettine, Schwester, Freundin, anderes Ich – unser Gespräch über Jahr-
hundertgrenzen hinweg endet nur, wenn Jahrhunderte enden. Daran
mußtest Du noch nicht denken. Bleib Du mir nahe mit Deinem Mut!

Deine Ingeborg Drewitz

PS. Ich schicke den Brief nach Wiepersdorf in der Mark Brandenburg
nicht weit von Dahme, heute DDR, Postleitzahl: DDR-1701. Als ich
Wiepersdorf zum ersten Mal besuchte, waren Schlößchen und Gärten
noch recht verfallen, aber es lagen auf Deinem und Arnims Grab die
blauen Glockenblumen unserer märkischen Sommerwiesen. Jetzt sind
Schlößchen und Garten prächtig renoviert, und zu Deinem 200. Geburtstag wird sicher ein großes Blumenbouquet auf dem Grabstein
liegen. Ich werde nach blauen Glockenblumen suchen.
(1983)

Ich wünschte sie mir immer
am Klavier

Frauen in meiner Kindheit, meiner Jugend, Vorbilder? Bilder, wollte
ich so sein wie sie? Da war die Uralte, immer mit am Tisch, sabbernd
und in der Küche fürs Kartoffelschälen, Gemüseputzen und den Abwasch zuständig, aber manchmal konnte sie doch erzählen, allein in
ihrem Zimmer, das Kind auf dem Sofa, das mit Schonbezug verkleidet
war. Da war die Großmutter, immer an der Nähmaschine, Bettwäsche
flicken, Kleider, Mäntel verlängern, ein Kunstpelzsaum, und schon
hielt der Mantel zwei Jahre länger. Sie konnte gut kochen und nahm
mich zum Einkaufen mit, ich mußte nur an den Straßen warten und
bin doch einmal fast in ein Auto reingerannt. Sie wußte aber auch
Märchen, und wenn ich auf einer Hutsche zu ihren Füßen saß, war ich
geborgen. Aber ein Vorbild – nein, ich hatte sie gern, das ist was
anderes. Und die Mutter? Ich wünschte sie immer am Klavier, auch
später noch, als sie mir Unterricht gab und es gar nicht die Zeit für
Klavierunterricht war, Vaters Arbeitslosigkeit und dann bald auch die
Nazis, die sie haßte. Und wie sie immer seltener ans Klavier kam und
immer öfter unterwegs war und auch ihren Freundinnen, mit denen sie
sonst durch dick und dünn gegangen war, nichts davon sagte. Sie
sorgte sich um Menschen, die damals keine Menschen mehr sein
durften. Ein paar Andeutungen, mehr nicht. Doch, sie war mir Vorbild
und ist es geblieben. Ganz anders als die Freundinnen, die doch,
unverheiratet und irgendwo in Büros, viel besser angezogen waren,
viel mehr von der Welt kannten. Sie lud sie mit den Männern ein, die
die Freundinnen irgendwo kennengelernt hatten und auf die sie hoff-
ten. Aber nie wurde was draus. Und sie nahm die Freundinnen auf
nach der Ausbombung. Sie hielt immer Wort. Sie konnte an keinem
Bettler vorübergehen, sie konnte keinem Bittenden etwas abschlagen.
Und als wir, sie und ich, nach der Eroberung Berlins zu Hausobleuten
gewählt wurden, kümmerte sie sich um die Heimatlosen, um die, die
verschüttet gewesen waren, um die Mütter und Frauen, die ihre Söhne

beim Kampf um die Stadt verloren hatten. Sie zehrte sich auf. Klavier spielte sie lange nicht mehr. Und als der Frost der Nachkriegswinter, der in die Häuser drang, ihre Hände entzündete und sie der Arbeit zusehen mußte, litt sie an der Ungeduld. Als sie sich endlich hätte erholen können, wie sich die meisten erholten, war sie ausgebrannt, verbraucht.

Ich habe mich oft gefragt, warum ihr Leben, das sie so begabt und hoffnungsvoll begonnen hatte als junge Pianistin in der Philharmonie, als junge und in ihre Kinder verliebte Mutter so in der Anonymität zerronnen ist, uns, ihren Kindern, eine Wunde, die lange nicht hat heilen können. Nein, nicht das habe ich mich gefragt, sondern wie sie das ausgehalten hat, wie sie das gelebt hat, wie sie lächeln gelernt hat – und immer verstehen. Ich weiß noch, kurz vor ihrem Tod wurde sie zur Schöffin gewählt, Nachkriegszeit, Nachkriegstäter, Mord, Diebstahl wie eh und je. Es regte sie auf, daß sie nicht helfen, sondern urteilen mußte. Da hätte man doch fast jedem die Hand geben müssen, sagte sie, und ihn weiter führen.

Ich hab' es noch nicht geschafft, so zu werden wie sie. Selbstlos bis zur Selbstverleugnung. Ich hab' es noch nicht geschafft, so geduldig zu werden, auch wenn sie wußte, daß ihre Geduld ausgenutzt wurde. Andre sagen, sie hätte sich durchsetzen müssen in der Ehe und gegen den Mann an. Ich habe es auch zu ihr gesagt, als ich sechzehn, siebzehn war. Da habe ich noch nicht gewußt, daß sie den Verzicht schon angenommen hatte. Da habe ich noch nicht gewußt, daß es auch guttun kann, nur für andere zu leben. Da habe ich noch nicht gewußt, was das heißt: zuhören können.

Wenn ich die Bilder ansehe, die ich von ihr habe, die Schülerbilder, vierzig, fünfzig Kinder gestaffelt aufgereiht, da fällt sie auf mit ihrem Lächeln (die meisten sehen doch verkniffen aus); wenn ich die gestellten Fotos vor Pappmachésäulen in einem Fotoatelier ansehe, wie sie damals üblich waren, und wie sie's nicht schafft, wie eine Dame auszusehen, und wenn ich die Familienbilder ansehe und die mit ihren Freundinnen, und die sehen so fordernd und selbstgewiß aus, aber sie ist doch die Mitte der Bilder, auch wenn sie ganz an der Seite steht, dann begreif' ich etwas, das wir so ganz vergessen haben: die Fähigkeit, Liebe zu geben. Ich weiß nicht, ob die der Frau vorbehalten ist, ich möchte eher meinen: nein. Sie ist unabhängig vom Geschlecht. Sie ist eine Gnade, auch ein Wort, das wir nicht mehr benutzen, eine Gabe, die der Mensch nicht wegwerfen kann, dem sie geschenkt worden ist, (auch wenn sie ihn quält).

Frauen als Vorbild. Für mich war es die Mutter, auch weil sie sich stark machte gegen den Vater, um meine Schulausbildung durchzusetzen. Für ihn war ein Mädchen ein Mensch zweiten Ranges. Für mich war es die Mutter, die sich einsam trotzig den Nazis widersetzte. War sie es, die verzeihen konnte, die den Freundinnen nicht nachtrug, daß sie das Nazigerede bis hin zur Parteimitgliedschaft mitgemacht hatten. War sie es, die für die emigrierten Freunde ihrer Eltern die erste Adresse war, als es wieder Post aus der Welt draußen gab.

Was ist das, ein Vorbild? Gibt es nur eines? Sicher bin ich Rosa Lusemburg und Ricarda Huch und Käthe Kollwitz gleichermaßen verbunden, der politischen Intelligenz und dem Mut, der historischen Klugheit und dem Mut, der künstlerischen Eigenheit und dem Mut. Und es sind andere zu nennen, mit denen ich mich später auseinandergesetzt und über Generationen hinweg befreundet habe, die mich angeregt und irritiert haben. Aber die Kraft des Vorbilds ist doch die Prägekraft, die einen in der Kindheit und Jugend formt.

Komm, sagte meine Mutter, und zeigte mir im Berliner Tiergarten im Rosengarten eine Blüte. Komm, sagte sie und zeigte mir in Moabit die Blutflecken auf den Straßen nach den Straßenschlachten vor 1933. Komm, sagte sie und zeigte mir die Kohlbeete in den Laubengärten, davon kann man leben. Komm, sagte sie und ging mit mir in Wohnungen und Kellerwohnungen, in denen jüdische Familien in den frühen dreißiger Jahren noch zu überleben versuchten. Komm. Aber sie nahm mich auch in Konzerte mit. Ich weiß noch, einmal in der Singakademie waren kaum zwanzig Leute da. Komm, sagte sie, komm, ging durch das Trümmer-Berlin, weil da ein Mensch verloren war.

Komm. Und doch war das nie ein Befehl, nie eine »pädagogische Maßnahme«, hatte sie nie Erklärungen bereit. Denn sie vertraute uns Kindern, uns Heranwachsenden. Sie war sicher, daß wir Augen hatten zu sehen, Ohren zu hören.

Was ich von ihr gelernt habe, paßt in keine Grammatik, in kein Lehrbuch.

Jahre hindurch habe ich geglaubt, meine Mutter habe sich zerstören lassen, habe sich aufgegeben, weil sie die Ziele, Wünsche, Hoffnungen ihrer Jugend aufgegeben hatte. Jahre hindurch habe ich mich mit quälendem Mitleid an sie erinnert, habe gerechnet, sie hätte doch, hätte doch ... Bis ich begriffen habe, daß sie ein Leben gelebt hat (und es kommt wohl gar nicht darauf an, daß man sagen kann: mein Leben), das in seiner Bescheidenheit und Farblosigkeit reich war, auch wenn sie's nicht klug genutzt, wenn sie die Welt nicht einen Millimeter weitergebracht hat. Oder doch, sie hat uns, ihre Kinder, mit der Geduld vertraut gemacht. Ich seh' sie, wir stehen auf einer Spreebrücke, kalter Winter, Eisschollen. Wenn das Eis reißt, werden die gemauerten Ufer Schaden nehmen, sagt sie. Mein Gott, so hat sie Geduld gelernt.

IV.
Die Wahrnehmung
der Wirklichkeit

Kalenderblätter, Berlin 1945

Noch immer Luftminen jede Nacht und auch über Tage. Stadtteil um Stadtteil wird ausradiert, steht auf den Flugblättern, die mit den Bomben zusammen abgeworfen werden. Im Uhrzeigersinn? Gegen den Uhrzeigersinn? Wer fragt schon noch! Die Front zieht sich um Berlin zusammen. Irgendwann muß es doch zu Ende sein. Wann nur? Männer und Kinder sind längst zum Volkssturm gezogen, heben Schützengräben aus und errichten Panzersperren, erst in den Vororten, dann weiter stadteinwärts. Aber die Stadt- und Ringbahnzüge halten den Fahrplan ein. Ein heißer Frühling. Die Forsythien blühen schon Ende März. Alle Gesichter sind durchscheinend. Überleben ist nicht einmal mehr ein Wort. Die Kinos sind übervoll, Binding und Storm, stille Seen, Wälder, Blubo. Bei Alarm wird die Vorstellung nach dem Angriff fortgesetzt, wenn das Kino noch steht.
Der Stadtplan zerfällt in Bezirke. Erobert. Noch nicht erobert. Stalinorgeln in Steglitz. Einschläge in Friedenau. Die Stadtbahnzüge fahren nun nicht mehr. Der Bäcker verbäckt den letzten Sack Roggenmehl. Freie Brötchen. Wir stehen Schlange im Hausflur, während die Vorhut der Russen vom Kirchhof herüberschießt. Jungen in schlotternden Uniformen hasten an uns vorbei, als wir mit den Brötchen im Netz aus der Haustür treten. Fanatisch (oder verzweifelt?) werfen sie sich in die Knie, schießen quer über die Straße, hasten weiter, drüben die Russen, hier sie. Einer greift das Brötchen, das du ihm hinhältst. Morgen liegen Jungen und alte Männer mit den Gesichtern auf der Böschung des Südrings. Die Kastanien haben alle Kerzen aufgesteckt.
Sirup und Öl fließen in den Rinnstein. Plünderung. Einer schleckt den Sirup, einer pinkelt in den Sirup. Die Gesichter sind grün, die Hände glänzen vom Öl. Manche erbrechen sich. An den Wasserpumpen steht ihr vier, fünf Stunden an. Welche erzählen prahlend von der Vergewaltigung (was ist das schon!), andere haben sich das Leben genommen. Die Amseln bauen zum zweitenmal Nester in diesem Frühjahr. In den

Müllgruben wühlen die Ratten und feiern Vermehrung. Der Führer hat sich nach Argentinien gerettet! Der kommt wieder! erzählen dicke alte Frauen. In der Hauptstraße haben sie noch 'n paar Jungens gehängt, die türmen wollten. Mein Gott, die Eltern! Unser hat's letzte Mal im Februar geschrieben! Nicht denken, erzählen. Während Panjewagenkolonnen auf Laubacher und Schloßstraße nach Süden ziehen, nach Sachsen, ob das wahr ist? Aus den beschlagnahmten Wohnungen ist trunkenes Singen zu hören, Balalaikasentimentalität. Wo immer Pferde gefallen sind, kauern welche und schneiden Fleischstücke aus den geblähten Bäuchen.

Typhus. Ruhr. Ein neuer Magistrat hat sich gebildet. Wer stirbt, wird in einem Laken, einer Decke, einem Sack zum Kirchhof geschleppt. In Vorgärten und auf Höfen soll nicht mehr begraben werden. Über den Südring fahren Züge mit Beutegut. Die zweiten Gleise werden abmontiert. In der Mark soll das Vieh abgeschlachtet sein. Hunger. Tausende pressen sich in die S-Bahnzüge, die irgendwo auf Teilstrecken wieder fahren, klettern auf die Dächer. Tausende bleiben zurück. In der Mark ist nicht ausgesät, heißt es. Oder die Saat in Panzerschlachten niedergewalzt. Die Amis! habt ihr gehört? Kommen über die Potsdamer Chaussee, Unter den Eichen, Schloßstraße, Rheinstraße, Hauptstraße. Wer hat noch die Kraft, nur aus Neugier dahinzugehen? Wir schleifen Kartoffelsäcke, wenn's irgendwo Kartoffeln gibt, wir schleifen verkohltes Holz aus den Ruinen. Immer stürzen welche ab, die sich zu hoch hinauf gewagt haben. Auch den Südwestkorso kommen Amis entlang. Kräftige Neger in den aufgeklappten Panzertürmen. Würden gern winken, rufen. Aber der Befehl heißt No fraternisation! Daß sie den Negern wieder den ganzen Dreck zeigen! sagt ein alter Mann. Die kleine blondierte Friseuse steht in der Ladentür und wirft Kußhände.

Vater baut aus Kistenbrettern und einem rostigen Kinderwagengestell einen Handwagen und streicht ihn mit einem Rest Farbe silbergrau. Sieht schön aus, sagt er und streicht auch die Klosettbrille silbergrau. Wir haben alle die Ruhr, und Vater spuckt Blut. Seit er quer durch die Stadt bis zur Oberspree gelaufen und auf dem Fabrikhof verhaftet worden ist, weil Ingenieure abtransportiert werden sollen und er doch zwischen denen, die den Maschinenpark aufluden, hilflos umhergeirrt ist und sein Reißbrett mit den letzten Konstruktionszeichnungen nicht hat finden können, und seit er, wir wissen nicht wie, wieder nach Hause gekommen ist, hat er einen Tick, sagen wir.

Rings um die ehemaligen Luftwaffenkasernen in Dahlem Zehntausende. Sitzen auf den Beeten in den Gärten, auf Bordsteinen, Türschwellen – do you speak English? – warten. Manche haben schon den Fragebogen. Mitglied. Nichtmitglied. Schuldig. Unschuldig. So viele Organisationen hat es also gegeben. So viele Möglichkeiten zur Mitläuferschaft! Die Amis brauchen Hauspersonal. Wie viele lügen da: No no no? Die Amis brauchen Kohlenträger, Heizer, Köchinnen, Kindermädchen, Stubenmädchen mit 1 A Fragebogen natürlich. Der Geruch von Currywurst hängt verführerisch über Dahlem. Endlich bist du an der Reihe, schiebst das Papier über den Tisch, stammelst was Englisches. Eine in prall sitzender Uniform mustert dich mit verkniffenen Augen. Too small, sagt sie, I think you are ill! The next please! Du taumelst nach Hause, kannst kaum noch die Treppen hochsteigen und winkst ab, als Mutter fragt, ob sie dich, hoffentlich doch! genommen haben.

Die Schwestern ziehen über Land. Welche aus der Straße haben gesagt, wo gelbe Futterrüben reif sind. Die Schwestern graben sie aus und drehen die Strünke ab. Die Säcke füllen sich, und sie kauen. Der Sand knirscht zwischen den Zähnen. Sie sind Felddiebe, aber sie kauen, kauen, bis sie satt sind. Und es ist ein seidiger Septembertag. Überleben ist nicht mehr nur ein Wort. Plötzlich steht ein junger Russe neben ihnen, hat Gefallen am roten Pullover der Jüngeren und drängt beide lachend und mit der Pistole in der Hand auf den Landauer, von dem er abgesprungen ist. Er knallt mit der Peitsche, der Rappe ist kaum zu halten. Dieti ilrajut nadworje, fällt den Schwestern ein, einer dieser Sätze, die sie in diesem Sommer gelernt haben, in dem die Kinder nicht draußen spielten. Beim Aussteigen hilft der junge Russe. Eine Frau mit einem Kopftuch gibt ihm das Zeichen, daß er den Wagen in den Hof fahren soll, schiebt die Schwestern ins Haus und zur Veranda in den Garten hinaus. Lauft, was ihr könnt, flüstert sie, anderes kann ich nicht für euch tun! Nachher gegen Abend, als sie die Bahnstation sehen, singen die Schwestern zum erstenmal in diesem Jahr.

Oktober. November. Es gibt wieder Post. Todesnachrichten. Die Radiomeldung vom August verdichtet sich, immer noch eine Nachricht ohne Bildkraft. Am 6. August wurde die erste Atombombe – eine ganze Stadt in einer Minute –, das Geflüster verdichtet sich, das quälend Unvorstellbare wird zur Gewißheit: Gaskammern, Mord an Millionen Juden.
Die städtische Oper eröffnet im Theater des Westens mit Fidelio. Alle frösteln in den Mänteln. Viele weinen.

Oder war es anders? War das Jahr '45 schon das Jahr des Anfangs, das Jahr der Erlösung? »Die Hitler kommen und gehen, aber das deutsche Volk, der deutsche Staat bleiben bestehen – Stalin«, stand auf den nach der Kapitulation Berlins am 2. Mai hastig aufgestellten Anschlagbrettern zu lesen. Hitler war tot, viel zu spät. Die Millionen Toten des Krieges waren noch nicht addiert. Das Land war verwüstet, die Städte zerstört, die große Flucht hatte eingesetzt. Die moralische Katastrophe drang kaum schon durch das Elend ins Bewußtsein der Deutschen. Die Lügen der Nazis, die Perversität ihrer Verbrechen waren vom Schmerz verschüttet, der kaum eine Familie ausgelassen hatte. Die Zukunft hatte keine Konturen, aber die reinen Wörter: Brüderlichkeit, Toleranz, Frieden, waren noch gültig, hatten noch Hoffnungswert. Schon in der ersten Woche nach dem 8. Mai wurden Lebensmittelkarten ausgegeben, Anrecht auf Minimalrationen, aber die Versorgung der großen Stadt war vorbereitet. Schon Mitte Mai wurden die Schulen wieder eröffnet und Russisch als Pflichtfach eingeführt. Geschichtsunterricht sollte es nun für ein paar Schülergenerationen nicht geben. Die Soldaten mit den Kittelblusen und den breiten Achselklappen schenkten den Kindern klebrige Bonbons, die sie aus schmuddligen Tüten polkten, auch Papyrossis. Die kleinen Angestellten und die kleinen Beamten, die keine PGs gewesen waren, fegten den Ziegelschutt von den Schreibtischen, die Arbeiter, die keine PGs gewesen waren, halfen beim Verladen der Maschinenparks. PGs, Mitglieder der SA, SS, NSKK und anderer für schuldig befundener NS-Organisationen wurden zu Aufräumkolonnen zusammengestellt, und die Alten und die Kinder vom Volkssturm zogen in Gefangenenkolonnen durch die Straßen. Wieder funktionierte das Denunziationssystem, das die Nazis entwickelt hatten. Mitläufer zeigten Mitläufer an. Fabrikherren, Filmstars, höhere Funktionäre von Partei und anderen Organisationen hatten die Stadt im April auf der noch offenen Fünfer Straße Richtung Hamburg verlassen. Es gab nicht mehr arm und reich. Die Spar- und Bankkonten waren gesperrt. Im Westen, hieß es, wäre es anders. Gab es Gerechtigkeit?

Im Stadtparlament waren vier Parteien vertreten, der Alliierte Kontrollrat nahm seinen Sitz in Berlin, die Alliierte Kommandantur kontrollierte die deutsche Verwaltung, von August an erschienen in allen Sektoren (damals waren es noch drei) soeben lizenzierte Tageszeitungen, im September wurde der Festakt für die Opfer des Faschismus gehalten, und Weihnachten wurde in überfüllten Kirchen und Gemeindesälen gebetet. Brüderlichkeit, Toleranz, Frieden ... aber das deutsche Volk, der deutsche Staat bleiben bestehen. Die Kohlenplätze der Besatzungsmächte wurden scharf überwacht. Doch der Winter war milde, nur ein paar Schneetage. Die in den Wohnungen erfrieren sollten, hatten noch ein Jahr Wartezeit. Bis zur Spaltung des Stadtparlaments, bis zur Blockade der halben Stadt sollten noch drei Jahre vergehen. Der weiche Schanker breitete sich aus, auch Syphilis. Gegen Typhus wurde erst im nächsten Sommer geimpft. Frauen in Männerhosen klopften die Ziegel aus den Trümmerhaufen kantig und schichteten sie, groteske Bemühung im Angesicht der Zerstörung. Frauen erfanden Kartoffelschalengerichte, Frauen sammelten Eicheln in den Parks und den geringen Eichenbeständen der Wälder. (Vier Jahre lang wurde Eichelmehl mit verbacken.)

Oder war es noch anders? Waren da nicht die Romane und Gedichte, die von Hand zu Hand gingen, auf grauem Papier, schlecht gesetzt, lange verbotene Autoren, die wieder zu lesen, neu zu lesen Tradition und Anfang verband? Oder die Konzerte in den halbzerstörten Wohnungen? Oder die Theater, ungeheizt, Stätten der leidenschaftlichen Auseinandersetzung mit dem Tod, mit dem Leben, selten genug schon mit der eigenen Zeit, mit der eigenen oder der kollektiven Schuld.

Was war das damals: Zukunft? Auf den Trampelpfaden zwischen den Ruinen ahnte niemand die Asphaltbahnen und Hochstraßen voraus; zwischen den Brennessel- und Johannisblumenhalden gab es den Traum von den gläsernen Türmen nicht, zwischen denen wir heute leben, in denen wir heute arbeiten. Am Teltowkanal, an der Havel, im Wedding, in Kreuzberg und Neukölln gab es die Grenze nicht, die heute die halbe Stadt umschließt. Karlshorst und Pankow, aber auch Potsdam, Leipzig, Plauen, Dresden, Zittau, Rostock waren erreichbare

Ziele, zu Fuß vielleicht oder mit dem Fahrrad und später auch mit dem Personenzug. Die Stadt war noch eine Stadt mitten im Land, eine arme, eine ausgepowerte Stadt. (Noch nach acht Jahren würde ein Viertel der Arbeitsuchenden arbeitslos sein.) Warum blieb man? Warum bliebt ihr? Warum blieben wir, als die reinen Wörter keinen Klang mehr hatten? Als die Romane und Novellen und Gedichte und Balladen und Theaterstücke uns genugsam beschäftigt, aber unser Leben nicht eingelöst hatten? Als der Zweifel an der Verläßlichkeit jeder Mitteilung wuchs? Fünfundzwanzig Jahre, die besten Jahre des Lebens, wie man sagt. Natürlich Gräber, natürlich Einbußen, aber die Kinder wuchsen heran. Viele Freunde zogen aus der Stadt weg, andere leben im 10 Jahre lang unerreichbaren Teil der Stadt. Die Zufahrten zu unserer, der westlichen Stadt, könnten von Dante erfunden sein, aber die Grundstücke in der Stadt sind teuer, die Mieten hochgeschnellt. Niemand spricht mehr von Brüderlichkeit, und Toleranz ist verdächtig geworden, denn Frieden hat sich als Slogan für Machtkampf entlarvt. Die Stadt, diese halbe Stadt Berlin ist ein strategischer Ort, ein absurder Ort, ist eine Reise wert.
Warum bliebt ihr? Warum sind wir geblieben?
Wegen der Berliner Philharmoniker? Wegen der Theaterspielpläne? Wegen der interessanten Galerien? Wegen der vier Wände, in denen ihr euch eingenistet habt? Oder weil ihr hier zu Hause seid? Jede Antwort ist banal und ungenau, weil sie taub macht statt hellhörig für die Slogans und Phrasen und Ideologien, von denen der Äther schwirrt. Damals als die Nachrichten sich verdichteten: Hiroshima und Auschwitz und Maidanek und Treblinka und Buchenwald und Dachau und – hinter der Hand geflüstert: Workuta, aber auch Bautzen – damals war Fidelio noch Trost. Es kommt auf uns an, sagten wir, auf jeden von uns. Und das war unsere Hoffnung. Das war endlich unsere Hoffnung. Vielleicht denken wir deshalb an jenes Jahr wie an einen Anfang zurück, der uns abhanden gekommen ist.
(1970)

Und ich weiß, daß ich damit nicht allein stehe . . .

*Dankrede anläßlich der Verleihung
der Carl von Ossietzky-Medaille*

*Unvergeßlich ist mir ein Gespräch mit meiner Mutter im Februar
1945;* die Ostfront seit Januar ständig zu hören, die Luftangriffe un-
vermindert, die Lebensmittelversorgung miserabel, die Nachrichten
von der großen Flucht, das geballte Elend nur noch mit Apathie zu
ertragen, die Menschenlandschaft Berlin eine Elendslandschaft. Und
sie fragt: Kannst du das glauben, was sie von den Gasöfen sagen?
Das *können* doch Menschen nicht tun! (Und sie war keine, die die
Augen zugehalten hatte. Ihre jüdischen Freunde waren emigriert, sie
hatte geholfen, wo sie konnte, sie hatte sich nicht mit den Nazis eingelassen.)
Ich weiß noch, daß ich sehr zögernd antwortete: *Vorstellen* kann ich
mir's auch nicht.
Vorstellen. Glauben. Wörter, die die ungenaue Information bezeugen.
Wir wissen heute, daß damit Politik gemacht werden kann, nicht nur
faschistische Politik. Ich weiß seit damals, daß ich mich nicht mehr mit
ungenauer Information habe zufriedengeben wollen. Und weiß doch
auch, wieviel an Ungenauigkeit uns, auch mich, bis heute bestimmen
und daß es unmöglich ist, das zu ändern in der stündlichen Flut von
Informationen, die der einzelne nicht einmal aufzunehmen, geschweige
zu sortieren fähig ist. Weiß, wie leicht wir darauf mit Apathie, mit
Gleichgültigkeit zu reagieren versucht sind, auch ich. Und daß ein
Aufpicken von Einzelheiten, ein Herausfiltern von Teilzusammen-
hängen dem legendären Versuch des Kindes gleicht, das das Meer mit
einem Becher ausschöpfen will.
Und doch, wie klein ist der Schritt von der Ratlosigkeit, in die uns diese
Situation täglich von neuem bringt, zur Negation von Verantwortung.
Denn wer kann schon verantworten, was er nicht genau weiß? Nicht
übersehen kann?
Das Gespräch mit meiner Mutter, das Nicht-Vorstellbare, wie es sich
uns Deutschen 1945 in seiner ganzen Brutalität enthüllte, sind für

mich – und ich denke, für viele meiner Generation, die wir damit zu leben hatten, daß im Namen von uns Deutschen der Völkermord perfektioniert und ideologisch verfochten worden war – seit damals, als wir gerade begannen, Erwachsene zu sein, *Triebkraft und Unruhe* gewesen. Wir mußten allerdings sehr schnell lernen, wie wenig wir vermochten, nicht nur, als wir das schwierige Geschäft der Demokratie zu lernen hatten; nicht nur, als wir die Spannung im Konfliktfeld zwischen den Großmächten auszuhalten lernen mußten; nicht nur, als wir die Ungebrochenheit reaktionärer Kräfte in der Bundesrepublik entdecken und uns gegen sie wehren mußten; nicht nur angesichts der Konfliktlage in der Welt, die in fast anderthalb hundert Kriegen seit 1945 immer wieder aufgebrochen ist und aufbricht; nicht nur angesichts der Entwicklung der Waffen, der Versehrung der Erdoberfläche, der Hungerkatastrophen, der Folterregime, der chemischen Verseuchung der Atemluft; nicht nur – nicht nur. Wir mußten begreifen, daß wir noch an unserem Arbeitsplatz in Konflikte und das Elend anderer Regionen verstrickt waren und sind.

War uns aber die Ausflucht ins Zusehen, ins Treibenlassen gestattet? Ist sie's? Die Generation unserer Kinder hat uns in den Jahren der Jugendrevolte angefragt, hat uns als Generation angeklagt. Wie haben wir reagiert? Konnten wir reagieren? Rannen uns nicht die Jahre wie Sand aus der Eieruhr und wollten wir unsere Ruhe haben? Und wie reagieren wir auf die zehn Jahre jüngere Nachkriegsgeneration mit ihrer ratlosen Geschäftigkeit und ihrem Ausscheren? Leisten wir uns ihre Angst? Ihre Untergangsstimmung? Es ist leicht und ist sicher auch falsch zu sagen, daß alles so nicht hätte kommen müssen, weil es industrielle und historische Entwicklungen verkürzt, die Krisen des Nachkolonialismus in der Dritten Welt verniedlicht. Es ist nicht leicht zu fragen: Was können wir tun? und das nicht bloß rhetorisch zu meinen. Denn obgleich für uns alle deutlich ist, daß die Konzeption für das Zusammenleben der Völker grundsätzlich überdacht werden muß und wir, wenn auch selektiv informiert, jede Brutalität für denkbar, ja, für real halten müssen, haben wir doch, jeder einzelne an seinem Platz, kaum die Möglichkeit einzugreifen und haben uns die Philosophen dieses Jahrhunderts die Analysen verfügbar gemacht, *die Prophetie, den Zukunftsentwurf jedoch ausgespart,* von Ernst Bloch abgesehen, der die Permanenz der Hoffnung historisch nachgewiesen und die wechselnden Utopien auf die ur-christliche Konstante zurückzuführen vermocht hat, die radikale Chancengleichheit also als denkbar, als immer anzupeilendes Ziel benannt hat.

Antrieb; Zielvorstellung und dazwischen eingehängt das tägliche Leben. Das Gespräch im Februar 1945, noch abwehrend, schaudernd auch: Das können doch Menschen nicht tun. Die denkbare radikale Chancengleichheit für die nicht mehr vorstellbaren Menschenmilliarden. Und dazwischen die täglichen, die kleinen Möglichkeiten, das unvorstellbar Wirkliche zu verhindern, das vorstellbar Unwirkliche, die Utopie nicht aus den Augen zu verlieren. Ein Balanceakt zwischen dem, was ist, und dem, was sein könnte. Ich versuche ihn fast täglich. Und ich weiß, daß es nicht wenige sind, die ihn täglich versuchen. Ein Balanceakt, der einen nicht ans Ziel gelangen läßt und von dem, was ist, nur ein paar Millimeter weit wegkommen läßt. Ein bescheidener Versuch, ich weiß es. Unser aller Ungeduld rührt daher, daß wir nur so wenig vorankommen auf das angepeilte Ziel zu. Daß wir auf der Stelle treten, zurückgeworfen werden, ermüden, verhöhnt werden.

Was aber wäre, wenn wir den Balanceakt nicht versuchen würden? Wenn wir in der Bundesrepublik die Grundrechte nicht immer von neuem einfordern würden, uns nicht um die Scheiternden und Gescheiterten kümmern würden, nach- und neofaschistische Entwicklungen nicht aufzeigen würden, negative Auswirkungen der Politik und der Wirtschaft nicht beachten würden, Rechtsbeugungen übersehen würden, wenn wir nicht Stellung nehmen, Demokratie nicht beim Wort nehmen würden? Was wäre, wenn wir das Drogenelend, die Aussteiger, die sozial Benachteiligten, die Unterprivilegierten nicht beachten würden? Wenn wir unmotivierten Haß, tägliche Pression einfach hinnehmen würden? Was wäre, wenn wir Lügen Lügen sein lassen würden, falsche Aussagen nicht widerlegen, manipulative Informationen, propagandistische Schönfärberei hinnehmen würden?

Frage nach Frage ließe sich so aufreihen. Jede meint uns, braucht unsere Antwort, unser Verhalten. Und jedem wird einfallen, wo er nicht geantwortet, nicht reagiert hat, weil er müde war, keine Zeit hatte, keine rechte Lust, weil er nicht durchschaut hat, worum es ging, oder auch, weil er ja damit nichts strukturell verändert, die Angst nicht unwirksam macht, das Rüstungspotential hier wie dort nicht mindert, das Elend in der Welt nicht verringert, ja nicht einmal seinen faschistisch daherredenden Nachbarn eines Besseren überzeugt.

Ich denke, ein solches Eingeständnis ist so ehrlich wie die vielen kleinen Balanceakte, das millimeterweise Vorankommen auf das zu, was sein könnte. Denn gäbe es den Zweifel nicht, hätte auch das Gegen-den-Zweifel-Anleben nicht die Funktion der Selbstbehauptung, nicht die leidenschaftliche Wärme der Tat. Die Spannung zwischen Reflexion und Aktivität ist es, die die Starre der Anpassung aufbricht.

Vielleicht ist damit umschrieben, was mich immer wieder antreibt, mich zu engagieren – und ich weiß, daß das oft genug mit einem leisen Vorwurf in der Stimme angemerkt wird: Aber mich macht Gleichgültigkeit zornig, Nichthinsehen traurig. Ich versuche hinzusehen. Ich versuche zuzuhören. Ich versuche, dem Gescheiterten Mut zu machen und sein Recht so ernst zu nehmen wie meines. Ich versuche, nichts zu beschönigen, nicht mit den Wölfen zu heulen. Ich versuche, die Erwartungshaltung der ganz Jungen zu bekräftigen, und wenn einer keinen Ausweg mehr sieht, zu ihm zu halten. Und ich weiß und erfahre es immer wieder, daß die Versuche, Mitmensch zu sein, fehlschlagen, weil meine Kraft nicht ausgereicht hat, meine Geduld zu kurz gewesen ist. Aber wenn eine junge Frau, ein junger Mann nach Jahren des Berufsverbots endlich eingestellt ist, wenn einer nach 15, 16 Haftjahren sich draußen zurechtfindet, wenn es gelingt, den Haß gegen eine Gruppe aufzubrechen, weil die Ursache des Hasses erkennbar geworden ist, wenn es möglich geworden ist, den Irrwitz eines Gesetzes, einer Verordnung, einer Maßnahme aufzudecken, so ist das Selbstverständliche gelungen.

Ich denke an das Gespräch mit meiner Mutter im Februar '45 zurück, an das Grauen vor dem unmenschlichen Möglichen, an unser beider Ausweichen in eine nicht mehr gültige Wunschvorstellung vom Menschen: »*Vorstellen* kann ich mir's auch nicht.«

Seither weiß ich, daß ich mir alles vorstellen können und doch die damals nicht mehr gültige Wunschvorstellung vom Menschen, die seither immer gefährdete Wunschvorstellung vom Menschen *dagegenhalten* muß. Wir sind alle der Logik des Leninschen Satzes »Vertrauen ist gut, Kontrolle ist besser« verfallen. Der Raster der Kontrollen liegt unserer Wirklichkeit auf, das Mißtrauen, das den verbissenen Egoismus fördert, das uns Selbstzensur üben läßt, uns staatshörig macht, anstatt den Staat als unsere Sache anzusehen. Ich möchte den Satz verändert für mich in Anspruch nehmen: »Kontrolle ist gut, Information ist besser, Vertrauen ist am besten.«

Und ich weiß, daß ich damit nicht allein stehe, sondern nur einem heftigen Bedürfnis gerade in der jungen Generation, aber doch auch unter den Älteren Ausdruck gebe. Die große Zahl sehr aktiver Initiativen, die sich der verborgenen und halbverborgenen Mängel unserer Gesellschaft annehmen, ihnen Öffentlichkeit schaffen, die sich der Randgruppen unserer Gesellschaft annehmen, die sich für die emanzipatorischen Bemühungen in der Dritten Welt einsetzen, das Elend, den Hunger, die Seuchen hier öffentlich machen, hier Hilfsgruppen aufbauen, die jungen und älteren Bürger unseres Landes, die sich für die Inhaftierten, Gefolterten überall in der Welt einsetzen, die Initiativen, die auf die Opfer von Mißlichkeiten unserer Rechtsprechung hinweisen, die das Grundgesetz beim Wort nehmen, die nüchtern auf das Vernichtungspotential hinweisen, das in der Welt vorrätig ist und ständig vermehrt wird, sind keine Versammlungen von Narren, nehmen die Aufgabe ernst, das Gewissen unserer Gesellschaft zu sein. Handeln an Ort und Stelle und jetzt. Handeln, weil sie nicht aufgehört haben zu hoffen, daß mitmenschlich leben chancengleich leben heißt: weil sie nicht aufgehört haben zu hoffen, daß die Utopie der Bergpredigt, die Erwartung von 1789 und 1848 und 1919 (in Deutschland), die Utopie, dank der Lateinamerika lebt, Südafrika nicht zur Ruhe kommt, die in den Slums, den Favelas, in den Gulags, in den Steppen und Sümpfen, über die die Milizen herrschen, überleben wird. Handeln an Ort und Stelle und jetzt, weil sie nicht aufgehört haben zu hoffen, die Flucht in den Selbstmord, die Flucht in die faszinierend schwindenden Träume, die die Drogen schenken und nehmen, die Flucht in die enge Zufriedenheit von Sonntag zu Sonntag und Urlaub zu Urlaub, die Flucht in den widerspruchslosen Gehorsam der Angepaßten, die Flucht in den befohlenen kollektiven Haß zu überdauern.

Wo immer einer von uns – vielleicht ich – mit denen zusammenkommt, die so noch zu hoffen fähig und willens sind, ist die Spannung zwischen dem, was ist, und dem, was sein könnte, nicht erloschen.

Kaum würde ich meiner Mutter heute noch antworten: »*Vorstellen* kann ich mir's auch nicht.« Aber weil es so ist, weil Menschen so verfügbar geworden sind, müssen wir nach den Menschen suchen, die nicht verfügbar sind, die mit uns neu anzufangen versuchen, immer wieder.

(1980)

Die Angst des Prometheus

Natürlich ist die Sage schön und deutbar, gebläht vom Pathos menschlichen Selbstbewußtseins, durchblutet von der Trauer und dem Schöpferglück, ohne die die europäische Geschichte anders verlaufen wäre, lärmend vom Hochmut, der uns allzu vertraut vorkommt – und wer weiß denn schon noch vom stillen Epimetheus, dem unscheinbarsten und vielleicht doch morgigsten der drei Titanenbrüder? Müßten wir heute nicht tiefer in der ungeschriebenen Geschichte graben, um die Entdeckung des Feuers auf dem Wege der Menschwerdung zu orten? Ist es die Angst des Prometheus, die die Sage nicht überliefert? Oder die Angst des Epimetheus, des Beobachtenden? Oder die Angst des dem Leben zugewandten Zeus, der den Hochmut des Prometheus straft, weil er die Gefahren der freigesetzten schöpferischen Intelligenz ahnt? Es ist unsere Angst.

Dabei ist alles so schnell gegangen, nannte sich Fortschritt, brachte Erleichterungen, ließ die Erdbevölkerung überquellen, machte die Erde der prometheischen Phantasie untertan. Es ist alles zu schnell gegangen. Und hat seinen Ursprung in Europa, in der Kontinuität, ja, Kausalität der sich hier ablösenden Kulturen, Kulturvölker, Herrschaftsformen, die sich in anderen geschichtlich faßbaren Räumen der Erde so nicht wiederfindet.

Gewiß, der Historiker kennt die Brüche, die Nahtstellen, die Störungen der Kontinuität, aber er kann nicht übersehen, daß die Emanzipation des namenlosen Menschen innerhalb der gottzentrierten jüdischen Überlieferung im frühen Christentum durch das Zusammentreffen mit der menschzentrierten Spätantike die Emanzipation der Menschen zur immer neuen geschichtlichen Motivation in Europa gemacht hat, ein faszinierender moral- und geistesgeschichtlicher Vorgang, der in den Christianisierungsfeldzügen zur Grausamkeit pervertiert, der in der intellektuellen Ekstase der Renaissance fast wieder in die spätantike Menschenverherrlichung überkippt. Und seither, *ratio*-gebändigt, auf die in Frankreich vorangetriebene Aufklärung und Revolution von 1789 und schließlich die spekulative Harmonie des deutschen Idealismus hinzielt.

Da erst – genaugenommen ein paar Jahrzehnte früher mit der beginnenden Industrialisierung – wird die fast zweitausendjährige Kontinuität untergraben, gebiert die menschzentrierte Philosophie und Religiosität in Europa ihren schärfsten Widersacher, erkennt ihn noch nicht, begreift ihn noch als Fortsetzung ihrer emanzipatorischen Tradition und setzt ihn so ein, wie sie immer ihre Widersacher eingesetzt hat: zur Stabilisierung der Macht des emanzipatorischen Humanismus. Der Widersacher ist der technische Fortschritt: die Freisetzung der physikalischen und chemischen Energien der Erde, die Freisetzung der handwerklich-technischen Intelligenz des Menschen. Ein überwältigender Vorgang.

Immerhin war das Ende der zweitausendjährigen Kontinuität europäischen Denkens erkennbar geworden und hat Nietzsche die Krise benannt, ohne ihr eine für die Realität taugliche Zukunftsvision entgegensetzen zu können. Er schleudert das Ich in die Freiheit ohne Kontinuität, hinterläßt den Riß in der europäischen Denktradition. Marx hingegen setzt die sozialökonomische Analyse der (inzwischen etablierten) Industriegesellschaft anstelle der Philosophie ein, um die emanzipatorische Tradition nicht verlorenzugeben. Ist auch die Tauglichkeit der Marxschen Analyse für die Sozialisierung der Emanzipation unbestritten, so ist es auch unbestritten, daß sie den technischen Fortschritt nicht zu binden vermocht, ja, ihn durch die Freisetzung sozialer Energien eher beschleunigt hat.

So ist nun die Ratlosigkeit angesichts der Erfolge des technischen Fortschritts unübersehbar. Ratlosigkeit nicht nur, weil das Zurückgreifen auf emanzipatorische Wertvorstellungen der Aufklärung und des deutschen Idealismus unmittelbar nichts bringt. Ratlosigkeit vor allem, weil es uns nicht gelingt, ein neues Menschenbild zu entwerfen. (Sicher, wir feiern den Widerstand, weil er gefeiert werden muß; aber noch greift jeder Widerstand auf die tradierten Werte zurück. Noch hat der Widerstand keine Utopie.)

Wie sollte, wie könnte, wie müßte sie denn aussehen? Eine Utopie, die den Menschen die Leistungen des technischen Intellekts einholen, überholen läßt. Die ihm Pari bietet. Die stark genug ist, die Menschen darin zu bestärken, daß Fortschrittsverzicht notwendig ist; daß Leistungsstreß und Fortschrittsoptimismus Nullwerte sind; daß Lebensqualität, die nicht nur aus Autokilometern und überfüllten Stränden und Discolärm und Hotelzellen besteht, entdeckt werden muß; daß Verantwortung in die Privatzonen übergreift.

Aber das alles klingt noch verdammt nach den Slogans, die Regierungen, Gewerkschaftsführungen und Kirchenführer verbreiten. Stimmt das denn? Und reicht es? Vom Konsumverzicht zu sprechen ist beinahe schon Mode. Aber jeder weiß, daß es eine Modelüge ist, weil der Konsum die hochindustrialisierten Wirtschaften stabilisieren hilft und die sozialistisch strukturierten Wirtschaften konsumorientiert geführt werden müssen, um nicht »außen vor« zu bleiben.

Wie nun reagieren? Abwartend planend wie die Ökonomen, die die Überlegenheit des geballten Kapitals bis zum äußersten nutzen werden? Oder helfend, engagiert für die sozial Betroffenen, der human-christlichen Tradition gemäß? Oder mit dem Entwurf einer möglichen Zukunft, die nicht mehr von Prometheus' Feuer allein bestimmt wird? Also andere, gar nicht ich-konzentrierte Wertvorstellungen akzeptieren, weiterdenken? Die permanente Emanzipation und den galoppierenden technischen Fortschritt auf ihre Widersprüchlichkeit hin benennen? Verzicht auf Verantwortung zusammen sehen? Über die Morbidität des Ich (auch in der europäischen Kunst und Literatur) nachdenken? Das Sozialgefälle erkennen und wegarbeiten, nicht nur durch Wohlstandsangleichung (wie in Tarifauseinandersetzungen nun schon Routine), sondern durch Freisetzung von Verantwortlichkeit, durch Abbau des Ich-Verschleißes?

Lernen, begreifen, daß das Feuer des Prometheus nicht blindlings genutzt werden darf, wie die Katastrophengefährdung bei der Nutzung der Atomenergie immer wieder beweist. Und die Ratlosigkeit annehmen als Chance. Als Offenheit für Entwicklungen, die nicht europäisch gesteuert sind.

Eine dürftige Auskunft, ich weiß. Aber vielleicht gestützt durch die in unserer Denktradition vorbereitete Fähigkeit zur Toleranz – das heißt doch auch: zum Erstaunen. Ob es denn etwa möglich sein kann, die sehr verschiedenen Wertvorstellungen, die den Menschen beschreiben, nebeneinander gelten zu lassen?

Was besagen die unterschiedlichen Entwicklungen, auch Fehlinterpretationen? Daß die Entartung der Emanzipation des Ichs in die Wohlstandshysterie mit ihrer Nachtseite des sozialen und psychischen Elends

Sehnsüchte offengelassen hat, genauso wie der durchgeplante Sozialismus Sehnsüchte abgeschnürt hat, die zum Binnendruck sozialistischer Gesellschaften werden.

Kann es denn sein, daß wir lernen müssen, das Ich nicht mehr so wichtig zu nehmen? Kann es denn sein, daß die europäisch-prometheische Tradition am Ende ist? Daß die Selbstvergewisserung des Menschen nicht mehr ausschließlich Ichbezogen ist? Daß die Radikalität des Urchristentums neu benannt werden muß, weil hier ein Gesellschaftsentwurf gegen Tradition und vorgefundene gesellschaftliche Realität behauptet worden ist? Daß es neu benannt werden muß, wenn Menschen gemeinsam ausscheren, nicht auf der Flucht in die Idylle, aber ins Nein zur Realität?

Wie soll, wie kann die Utopie aussehen? Wir müßten den Gedanken an die Völkerfamilie neu beleben, wie er im Vormärz in den europäischen revolutionären Bewegungen geläufig war. Wir sollten die Gleichung »Erfolg ist Ich-Identität« überwinden. Wir sollten uns mit den außereuropäischen Kulturen ohne Ich auseinandersetzen. Wir leben ja längst so.

Wir sollten lernen, daß Europa und also auch wir am Ende einer zweitausendjährigen Kontinuität angelangt sind. (Nimmt man Prometheus' Auseinandersetzungen mit Zeus beim Wort, mindestens am Ende einer viertausendjährigen Kontinuität.) Wir sollten lernen, daß unsere Verantwortung, die wir eingegangen sind, auch Verzicht mitmeint. Resignation ist das nicht.

Vielleicht aber das, was Prometheus nicht bedacht hat, als er den Menschen ihre Unabhängigkeit vorzeigte: daß unter der Euphorie der Neugier, der Wißbegier, des Gelingens, daß unter dem Hochmut der eigenen Kraft die Abgründe des Versagens, des Sterbens unausgeleuchtet geblieben sind, der nichtgebändigte Leben-Sterben-Rhythmus: das immer neue Anfangenmüssen. Und daß das eine nicht meßbare, nicht wägbare Kraft ist.

(1979)

Die Wahrnehmung der Wirklichkeit

Ich könnte es mir leichtmachen und Zitat nach Zitat aufreihen, Manifest nach Manifest, denn die Wahrnehmung der Wirklichkeit ist in der Geschichte der Literatur belegt – und ist doch immer umstritten, die Wahrnehmung der Wirklichkeit ist in der bildenden Kunst der Jahrtausende belegt und doch immer umstritten. Die Wahrnehmung der Wirklichkeit – das heißt ja doch, die Art und Weise unseres Sehens, unseres Wissens benennen und in Zusammenhang mit der Wirklichkeit zu bringen, oder noch genauer: die Wirklichkeit der Wahrnehmung erst als wirklich zu erfahren. Wie lange galt das ptolomäische Weltbild? Wie schwer hatten es Kopernikus oder Giordano Bruno? Wen außer den Physikern hat die Aufhebung der Festigkeit der Substanz durch die Erkenntnis ihrer atomaren Beschaffenheit erreicht und erregt, ehe die Erkenntnis der ungeheuren Energie der kleinsten Teile beim Spaltungsvorgang technologisch nutzbar und zugleich zur Menschenvernichtung brauchbar gemacht worden ist? Die Verfeinerung der Wahrnehmungsinstrumentarien hat die Wirklichkeit seit dem Beginn der Neuzeit mehr verändert als die in Jahrtausenden sich langsam vortastende Neugier der Astronomen, der Seefahrer, der Eroberer auf dem Rücken der Pferde und der Kamele und Elefanten, der Händler auf den großen Straßen der Erde, deren Erbauer wir nicht kennen. Das Abenteuer der Entdeckungen hat die Menschheit jung gehalten, wenn auch Kulturen gealtert sind; denken wir nur an die uns noch zeitnahen Himalaya-Expeditionen, an die Polarforschung. Die Neugier, die sich heute auf den Weltraum richtet, bedarf anderer Voraussetzungen und ist ohne Mathematik und hochentwickelte Technologie, ist ohne das Zusammenspiel von Wissenschaft, Technik und instrumentalisierten Menschen in der Raumkapsel nicht zu befriedigen. Von der Finanzierung will ich in diesem Zusammenhang nicht sprechen, denn finanziert mußten auch die Polarforschung und die Reise des Kolumbus werden.

Neugier und Gewinnlust sind immer wieder eine Partnerschaft eingegangen.

Neben der realen, der objektiven Wahrnehmung der Wirklichkeit, die uns das Studium von Erdkarten über einige Jahrhunderte hin veranschaulichen kann, ist die reflektierte, die objektive Wahrnehmung der Wirklichkeit von den vor-schriftlichen Kulturen mit ihren Mythen, ihren Kulten bis zur Pop-art, Op-art, bis zur Neuen Innerlichkeit oder den Wilden oder den Neuen Realisten immer gleichrangig und über Jahrtausende hin vorrangig gewesen, weil sie als kollektiv subjektive Wahrnehmung gesellschaftliche Strukturen, zwischenmenschliches Verhalten und das Wissen vom Tod reguliert hat.

Der Mensch schafft sich also wahrnehmend die Wirklichkeit um. Was Wunder, daß er sich immer wieder als Herr der Welt gesehen und aufgespielt hat und aufspielt! Und andererseits bis zur völligen Auslöschung, ja Vernichtung in Frage stellt, denken wir an Hinduismus, an Buddhismus, denken wir aber auch an die menschenverachtenden Herrschaftsstrukturen aller Epochen, denken wir an Arrangements der modernen Kunst, ein Balken, ein Stuhl, ein Turm aus leeren Konservendosen, aus Autowracks; Abbilder der Wirklichkeit, die die Wirklichkeit in ihrer brutalen Menschenfeindlichkeit entlarven.

Was bedeutet die Einsicht für uns? Erschreckt sie uns? Demütigt sie uns? Stellt sie uns in Frage? Und wie begegnen wir ihr? Müssen wir ihr denn begegnen oder genauer entgegnen?

Denken wir doch einigen Wahrnehmungen der Wirklichkeit nach! Da ist der Politiker, dessen private und berufliche Wirklichkeit kaum kongruent sind. Privat ist sein Familienleben zum Klischee verkümmert, das für Fotos und Sympathiegewinnung taugt, seine berufliche, politische und parteipolitische Arbeit läßt es einfach nicht zu, über die mögliche Vereinsamung seiner Frau, über die Probleme, die seine Kinder dank seiner Bekanntheit haben, nachzudenken. Er ist zu verallgemeinern gewohnt. Und wenn Gustav Heinemann gesagt hat, ich liebe meine Frau, so hat er, jedem Pathos abhold, die offizielle Sprache entlarven wollen, die ihm abverlangt hätte, die Liebe zum Vaterland, zur Bundesrepublik auszusprechen, obgleich das Wort *Liebe* wahrhaftig untauglich ist, die Eingebundenheit in das Land der Herkunft, in seine Geschichte und seine Zukunft präzis zu benennen. Verantwortlich für, betroffen von, geformt durch wären genauer. Zudem hat der Politiker zu reagieren, die Wirklichkeit also am Parteiprogramm, an der Diskussion innerhalb der Fraktion, am Regierungsentwurf, am Reagieren und Agieren der Staatsmänner in den Nachbarstaaten, in den Weltstaaten, an der Börsenentwicklung, der Bevölkerungsentwicklung zu prüfen. Seine Wirklichkeit, obgleich auf Wirklichkeit und Verwirklichung gerichtet, ist an Entwicklungsstrukturen, an Schaubildern, Kurven, Geheimberichten orientiert. Und je aufgeschlossener er für die Differenzen und Divergenzen zwischen politischer Abstraktion und bestehender Wirklichkeit ist, desto entschiedener wird er sich als Politiker verhalten.

Ganz anders wird ein arbeitsloser Jugendlicher die Wirklichkeit erfahren, die er aus seinem eingeengten Alltag abliest: Geldmangel, Ziellosigkeit, Störung der so notwendigen Selbstvergewisserung, Leben in enger Wohnung oder auf der Straße, in Discos, Kinos, in den Hörsälen der Volkshochschulen, auf Sportplätzen, vom Geschlecht umgetrieben, König auf dem Motorrad – wenn er sich eines leisten kann, im Kino ausgelöscht, im Arbeitsamt und in den Anstellungsbüros der Firmen Bettler. Er muß sein Wirklichkeitsbild mit den Klischees aufladen, die ihm angeboten werden, denn er kann sie nicht packen, nicht gestalten, nur immer wieder herausfordern. Und das arbeitslose Mädchen? Wohin sind die Träume vom eigenen Leben, vom Beruf, vom ersten verdienten Geld, vom Stolz gegenüber den Jungen, von der Unabhängigkeit von der Familie geraten? Wie leicht ist es da, in die Rolle zurückzufallen, die der Frau über Jahrtausende hin fast ausschließlich bestimmt war? Wie leicht wird da Liebe zur sexuellen Behauptung und bleiben die Ängste zurück, aber auch die Hoffnungen, das Selbstvertrauen, der Stolz – wie sie etwa der Weltraumfahrer schon in seiner Ausbildung und beim härtesten Training braucht, um durchzuhalten, wie er sie erlebt, wenn die Fernsehaugen der Welt auf ihn starren, und er doch nur den Alltag in der Kapsel zu bestehen hat, weltenentrückt an die Welt gebunden, von der aus die Umlaufbahn, die Messungen, das eigene Befinden gesteuert werden. Wenn der Planet Erde kaum mehr auszumachen ist, wo ist da Wirklichkeit? In den Hirnen und Apparaturen der Steuerungszentren oder in der engen Kapsel, die die Schwerelosigkeit vergessen läßt?

Und wie erlebt der Mathematiker die Wirklichkeit, die sich in berechenbare Unendlichkeiten zusammenzieht und dehnt? Hat er überhaupt ein Partikel Intelligenz und ein Partikel Empfindung frei, um sich die hungernden Waisenkinder in Uganda, in Somalia, um sich die Not der Mütter, die verkümmerte Babys gebären, vorzustellen? Weiß er, was es heißt, schwach vor Hunger zu sein, nicht mehr denken, berechnen, abstrahieren zu können, weil das Hirn Nahrung braucht, weil *Denken Luxus* und Millionen von Menschen schon deshalb versagt ist? Wie erfährt ein Beamter in einem kleinstädtischen Rathaus die Wirklichkeit? Der Streuner, der dort in der Mittagspause um ein Papier bittet, das ihm eine Suppe gewähren könnte, ist der Störer, der Anti-Christ, der die »heilige Ordnung« der städtischen Verwaltung durcheinanderbringt und deshalb ins Unwetter hinaus getrieben wird. Oder ein Beamter, der Lebenstag für Lebenstag die Steuern aus den Formularen der Steuerzahler errechnet? Sein Ehrgeiz muß auf die Genauigkeit gerichtet sein und enthebt ihn vielleicht des Neides auf die Viel-Verdiener. Hat er noch Raum in seinem Leben, das Blütenwunder eines Gänseblümchens, die zärtliche Eleganz einer Katze, die täppische Neugier seines Kindes, die Verklemmung seiner Frau als *wirklich* zu erfahren? Oder entschließt er sich zum Scheitern, zum Scheitern der Beziehung, zur Adaption von Klischees? Und wie erleben die Arbeiterinnen, die Arbeiter, die am Band sitzen, um die immer gleichen Handgriffe zu tun, die Wirklichkeit? Wie erfahren sie ihre Freizeit? Erschöpft, bedrängt, verplant oder vom Freiheitsrausch besessen, den der Alkohol nicht freisetzen kann?

Wirklichkeit. Wahrnehmung der Wirklichkeit. Nehmen die Herren im Kreml, die unterschiedlichen Präsidenten im Weißen Haus, die vom Vietnamkrieg zerstörten und moralisch kaputten US-Soldaten, die russischen Soldaten in Döberitz bei Berlin, die den Westlern so freundlich und fremd zuwinken, die Wirklichkeit wahr, wie sie ist? Gibt es das denn, die Wirklichkeit, wie sie ist? Gibt es das denn, *unser aller Wirklichkeit?* Ist nicht der Guerillero in El Salvador von einer ganz anderen, vielleicht utopischen, dabei so notwendigen neuen sozialen Wirklichkeit besessen? Und gibt die zwölfjährige Inderin, die an einen Mann verkauft wird, nicht jede Wirklichkeit auf außer der der Unterdrückung durch die Schwiegermutter, der erlernten Demut gegenüber dem Mann, dem hilflosen Lächeln, wenn sie nicht geliebt wird? Wie sieht ein Lehrer, ein Schüler in Sankt Pauli oder im Wedding und Kreuzberg die Wirklichkeit? Brennt sich ihm nicht der tägliche Rassenkonflikt tiefer ein als das Faszinosum der alten, verkommenen Industriestadtviertel? Kann er den Haus- und Grundstücksbesitzer, der Sorgen wegen der Verschuldung hat, überhaupt verstehen? Trennen ihn nicht Welten von den Rosengärten und Marmorentrées? Und wie sieht die Wirklichkeit für die aus, die Woche für Woche in den Zentren der Städte schweigend für den Frieden demonstrieren? Wie für die, die als Demonstranten im Polizeigriff abgeschleppt werden? Wie sieht die Wirklichkeit aus? Was ist die Wirklichkeit? Wie nehmen wir sie wahr?

Wir alle zehren von Kindheitserinnerungen, dem selbstverständlichen In-der-Wirklichkeit-Sein, weil die Wirklichkeit noch meßbar, noch eingegrenzt ist und weil die Sinneswahrnehmung des Kindes ungestört von Erinnerung und Reflexion den Kreis zu schließen fähig ist. Und wir wissen, daß die Einschränkung der Wirklichkeit auf ein Blickfeld uns im späteren Leben notwendig wird, weil die Totale der Wahrnehmung nicht möglich ist – und auch unerträglich sein würde; daß jedes Ich seine Perspektive, seine Erinnerung, seine Erfahrung, seine Wunschvorstellung vor die Linse der Wahrnehmung schiebt – die Linse verschattet, um sich zu schützen, d.h. allerdings auch: manipulierbar wird.

Es bleibt nachzudenken, wie dem abzuhelfen ist, etwa durch Erziehung zu äußerster Aufmerksamkeit, durch breitgefächerte Information, durch die Ermutigung, das Schattenfeld auf der Linse zu verkleinern (und nicht nur, weil wir uns heute und hier in einer »pädagogischen Provinz« befinden, also der Aufklärung vertrauen, der Emanzipation des Menschen zum verantwortlichen Ich das Wort reden, obgleich es den Anschein hat, als seien wir an die Grenzen der Emanzipation des Menschen geraten).

Es bleibt die Wirklichkeit zu entdecken – im Mosaik oder im Chaos der Wahrnehmungen. Oder: die Wirklichkeit in Frage zu stellen, weil sie in Millionen und Abermillionen Wahrnehmungen zersplittert. Es bleibt die Spannung zwischen dem in Bibliotheken, auf Mikrofilmen, in Computern gespeicherten Wissen, das sich ständig vergrößert und zugleich verfeinert, und die schwingende Substanz aus tanzenden Gestirnen, Elektronen und Neutronen, die Veränderbarkeit der Gene, die Eingriffe ins Individuum, ins Atom, in den Weltraum ermöglicht, noch ehe es mitteilbar und mitgeteilt und den Ethik-Codices der verschiedenen Gesellschaften die Verbindlichkeit nimmt. Die sind zueinander ja gar nicht so fremd, wie sie im politischen Kräftespiel, in den Kämpfen um Macht, Vormacht, Herrschaft, Weltherrschaft erscheinen, weil sie aus Epochen vor der technologischen Perfektionierung, dem technologisch perfekten Ge- und Mißbrauch wachsenden Wissens stammen und sich in den Jahrtausenden der Menschheitsgeschichte nur wenig verändert haben. Es hat sich im 20. Jahrhundert erwiesen, daß der Zweifel an der Stabilität der Ethik-Codices ihre Gültigkeit außer Kraft gesetzt und damit die großen, von Menschen ausgelösten Verheerungen gebracht hat. Daß die Ordnungen, die sich die Menschen gegeben haben, als sie die Wirklichkeit noch mit ihren eigenen Sinnen wahrzunehmen fähig waren, deshalb aufs äußerste gefährdet sind, weil die menschliche Neugier und Intelligenz die Wahrnehmbarkeit der Wirklichkeit der Wahrnehmungsfähigkeit der Sinne entzogen hat.

Alle neuen und alten Mythen, von denen heute die Rede ist, ja, alle neuen und alten Ideologiemuster sind Versuche, die Spannung zwischen der Wahrnehmbarkeit der Wirklichkeit und der Fähigkeit der Menschen, die Wirklichkeit wahrzunehmen, zu verringern. Aber können wir den Geltungsverlust ethischer Codices angesichts der perfektionierten Wahrnehmbarkeit der Wirklichkeit und ihrer technologischen Verfügbarkeit für die, die um die Macht pokern, überhaupt noch einholen?

Heißt Wahrnehmung der Wirklichkeit heute nicht: Wahrnehmung der großen, der entscheidenden Störung in der Menschheitsgeschichte, die uns kein Zurück in die Mutterleibswärme der Mythen gönnt? Heißt Wahrnehmung der Wirklichkeit heute nicht: Herausforderung, die wahrnehmbare und verfügbare Materie WIRKLICHKEIT an den ethischen Codices zu überprüfen, anstatt fatalistisch, skeptisch, resignativ und passiv widerstehend unsere Ohnmacht zu bekunden? Also der lieb-vertrauten alten Aufklärung die neuen Erfahrungen, die äußerst verfeinerte Wahrnehmbarkeit und ihre technologische Nutzung, die zum Mißbrauch im Machtpoker geradezu verführt, die ethischen Codices entgegenzusetzen, was aber wohl auch heißt, ihnen wieder Glaubwürdigkeit zu geben, um sie als dritte Kraft im Machtpoker als GEGENKRAFT einzusetzen?

Heute ist, zumindest in Europa, doch auch in den nordamerikanischen Staaten, gewiß, daß das Auseinanderklaffen der jungen technologischen Entwicklung etwa ab 1820 und die Vernachlässigung der reflektierenden Humanwissenschaft eine, oder die Ursache der Bedrohung der Wirklichkeit ist. Der Existenzialismus hat nach Schopenhauer, Kierkegaard und Nietzsche darauf zu antworten versucht. Zu individuell selbstbewußt – vielleicht –, so daß er in drei philosophiefernen Jahrzehnten blaß geworden ist. Dennoch war der Existenzialismus nicht nur das Fundament der deutschen Nachkriegsliteratur und ist nicht einfach außer Kraft zu setzen, sondern schärfer zu formulieren. Wie verdammt nahe ist er der Neuen Theologie, wie erschreckend nahe der hochmittelalterlichen Mystik, wie nahe der barocken Spätmystik, wie präzis benennt er die Trotzhaltung der jungen Generation dieser Jahre, die ja die Kongruenz der Wahrnehmbarkeit der Wirklichkeit und der Wahrnehmung der Wirklichkeit sucht, weil sie Verantwortung, zu leistende Verantwortung sucht.

Die Mutterleibswärme der Mythen, der Schauder des todgeweihten Kindes im Mutterleib darf – oder nein: sollte – nicht die letzte Vision der Menschen sein. Die Wirklichkeit wahrzunehmen nötigt, die Kaputtheit und das Ungeheuerliche menschlicher Intelligenz wahrzunehmen, um die Potenz menschlicher Selbstverpflichtung, wie sie aus den Ethik-Codices aller Zeiten ablesbar ist, wieder zu aktivieren, nicht blauäugiggestrig, sondern sensibilisiert für die Wahrnehmbarkeit der Wirklichkeit heute.

(1984)

V.
Engagiert leben

Deutsche Ängste

Als ich noch in die Schule ging, wollten sie meinen Vater abholen. Er hatte zu einem Hitlersieg nicht geflaggt. Es war der Sommer des Frankreichfeldzuges, flaggen war an der Tagesordnung. Aber mein Vater war im Ersten Weltkrieg in Frankreich gewesen, Muschkote, so sagte er. Und er hielt nichts von Hitler und nichts von seinen Siegen in Frankreich. Warum er schließlich nicht mitgehen mußte, weiß ich nicht. Es gab kein Gesetz, daß einer flaggen mußte, und die Denunziation war wahrscheinlich nicht stichhaltig genug gewesen. Ein paar Jahre später wurde mein Vater von der russischen Militärpolizei verhaftet. Mai 1945. Er war zu Fuß quer durch das zerstörte Berlin zu seiner, das heißt zu der Fabrik gegangen, in der er gearbeitet hatte, war über den schmalen Steg balanciert, der die Spree zwischen den Industrievorstädten Nieder- und Oberschöneweise anstelle der gesprengten Brücke überspannte, hatte die geborstene im Wasser der Spree liegen sehen und den Flußmöwen vielleicht zugewinkt, ich weiß nicht, er mochte Flußmöwen sehr. Er hatte sich kümmern wollen, was aus seinem Reißbrett geworden war, was aus dem Großtransformator, der in Arbeit war, und hatte in den fensterlosen Hallen und Büros nichts mehr gefunden außer Trümmern. Er wurde vorm Fabrikgelände verhaftet, auch wenn er sich als Konstrukteur ausweisen konnte, der dort gearbeitet hatte. Oder vielleicht deshalb. Ingenieure und Konstrukteure wurden damals in die UdSSR geholt, um das Land wiederaufzubauen. Mein Vater kam frei, weil er Tb-verdächtig war und trug dann ein paar Monate später – laut Attest nicht krank, die Amis waren da sehr ängstlich – für sie Kohlen aus, so korrekt und kopfscheu, daß er nicht eine Kohle nach Hause brachte, die in den ersten Nachkriegswintern mit Gold und Familienschmuck aufgewogen wurden. Ein paar Jahre später konnte er wieder in »seiner Fabrik« arbeiten, die nun volkseigen war, ein Grenzgänger, der mit schlechter Währung bezahlt wurde, aber wie Zehntausende täglich zwischen dem Westen und

Osten Berlins hin und her pendelte. Und der nur einmal, am 17. Juni 1953, nicht zu seiner Fabrik gelangte.

Warum ich das erzähle, wenn ich von den »deutschen Ängsten« spreche? Die Geschichte eines eher durchschnittlichen Mannes, der zum Helden nicht taugte, aber auch nicht zum Drückeberger, der, auf sein Leben gerechnet, ein Drittel seiner Arbeitsjahre arbeitslos war, weil einer, der seine Intelligenz zu verkaufen hat, genauso abhängig ist wie einer, der die Arbeit seiner Hände verkauft. Eine unscheinbare Geschichte, die daran erinnert, daß die Menschen in Deutschland in diesem Jahrhundert immer wieder erniedrigt worden sind, schuldig geworden sind, Verdammte sind. Niemande sind. Sind sie deshalb mit ihrem Versagen 1933–1945 nicht recht fertig geworden, auch wenn sie nicht *die* Verbrecher waren, die heute, senil geworden, in den noch laufenden Prozessen mit so viel Geduld behandelt werden, gleich, ob sie nun dreitausend oder zehntausend Leben auf dem Gewissen haben? Denn es scheint doch so, daß das Gewissen nicht mehr gälte, die geduckte Haltung zur Gewohnheit geworden ist. Ist sie es wirklich? Der gestirnte Himmel über mir, das Gewissen in mir – wer liest noch Kant?

Und damit bin ich beim Thema.

Bin ich ein Nestbeschmutzer, wenn ich sage, daß die Deutschen in der Bundesrepublik die 12 Hitlerjahre nicht als die moralische Katastrophe ihrer Nation akzeptiert haben? Über die Deutschen in der DDR kann ich nicht urteilen, ich weiß nur, daß die 12 Jahre da auch nicht mehr wichtig sind, daß die SED sich den vielen kleinen Nazi-Mitläufern sehr zeitig geöffnet hat, um keinen Groll aufkommen zu lassen. Bin ich ein Nestbeschmutzer, wenn ich sage, daß die Deutschen sich mit der Demokratie so schwer tun, weil sie die Toleranz nicht geübt haben (in ihrer Geschichte selten Gelegenheit hatten, sie zu üben), ohne die Demokratie nun einmal nicht möglich ist? Daß sie aus altgewohnter Staatsverherrlichung Angst haben, jemand könnte ihrer Demokratie einen Kratzer beibringen, als wäre die das Auto vor der Tür.

Die junge Generation, die vor 9 Jahren gegen die geduckte Haltung der Eltern aufzubegehren begann, von wenigen integren Lehrern vor-bereitet, brachte ein anderes Verständnis von Demokratie ein; sie hatte gelernt, das Grundgesetz zu lesen, die historischen, die ökonomischen, die politischen Zusammenhänge in der gegenwärtigen Welt, aber auch die, in denen Hitlerdeutschland hatte gedeihen können, auch die,

die die Nachkriegsjahrzehnte bestimmt hatten, zu erkennen. Gewiß, ihr Urteil war nicht fertig, aber ihre Urteilskraft war ungebrochen, ungebeugt; sie war ungeduldig wie jede junge Generation. Und doch sind nur wenige auf den Weg des Terrorismus geraten, als die zum Statussymbol gewordene bundesdeutsche Demokratie sie hat abprallen lassen.

Es ist hier nicht der Ort, geschichtliche Parallelen aufzuzeigen, an das Überkippen von Revolten und Revolutionen in den Terror zu erinnern, das unabhängig vom Erfolg der Revolten und Revolutionen zu sein scheint. Im Gegenteil: Es muß festgestellt werden, daß der Terrorismus dieser Jahre nicht national lokalisiert werden kann, sich die historischen Parallelen also beinahe verbieten, und auch der Terrorismus in der Bundesrepublik nicht mehr unmittelbar nationalgeschichtlich zu definieren ist wie die Studentenrevolte noch. Daß er also ein neues Phänomen ist, das in der weltweiten Informationsverdichtung eine, in der Polarisierung der globalen Mächte eine andere Ursache hat; daß ihm aber noch immer vorrangig traditionell, nämlich durch die Gesetze und den Polizeiapparat der einzelnen Staaten begegnet wird; also unterschiedlich von Staat zu Staat, von Nation zu Nation.

Und hier geraten wir an die deutschen Ängste.

Die Stabilisierung der Bundesrepublik war ja in den 50er Jahren unter dem Vorzeichen des Antikommunismus erfolgt. Das Dollarkapital, das wesentlich zum raschen Wiederaufbau der Bundesrepublik beitrug, verlangte seinen ideologischen Preis. Der Artikel 15 des Grundgesetzes geriet in Vergessenheit, während die DDR zur gleichen Zeit mit Reparationsleistungen gesamtwirtschaftlich überfordert war und Rückschläge durch die rapide Sozialisierung erlitt, die mit einer scharfen ideologischen Dogmatisierung Hand in Hand ging und die Perversionen des Stalinismus auf den sozialistischen deutschen Staat übertrug. Der bundesdeutsche Antikommunismus traf also auf offene Ohren und verhinderte die bewußte Überwindung der Nazi-Ideologie. Sicher gehört der Begriff Kollektivschuld, auf dessen Ungenauigkeit schon der erste Bundespräsident Theodor Heuss hingewiesen hatte, zu den Fehlargumentationen der die Deutschen umerziehenden Besatzungsmächte und wurde dann auch sehr schnell vom McCarthyismus zugedeckt, so daß sich die kleinbürgerliche Nazi-Ideologie nur um ein paar Grade abzuschwächen brauchte, um sich als emotionaler Antikommunismus in der täglichen Realität der zwei deutschen Staaten wieder zu verfestigen. Wer die politische Lethargie des Ohne-mich in den 50er Jahren beobachtet hat, wer die Gleichgültigkeit gegenüber der Gewerkschaftsarbeit miterlebt hat, ist nicht überrascht von der allergischen Reaktion dieser Kriegsgeneration auf die Studentenrevolte. Er ist auch von der Angst vor der Verfassungsfeindlichkeit nicht überrascht, die sich im Ministerpräsidentenerlaß zu den sogenannten Berufsverboten niedergeschlagen hat und die neuerlich auch im 14. Strafrechtsänderungsgesetz nachzulesen ist, das am 16. Januar '76 das Bonner Parlament passiert hat.

Ich kann die Texte der entscheidenden Paragraphen als bekannt voraussetzen. Hier wird der Versuch gemacht, Straftatbestände vorzuverlegen, die Intellektuellen zu disqualifizieren wie schon einmal in diesem Jahrhundert in Deutschland. Hier wird die Ermessensfreiheit des Richters eingeschränkt und wird er in die Rolle des Zensors genötigt, die ihm das Grundgesetz nicht zugebilligt hat. Ähnlich wie in der Praxis der Berufsverbote wird darüber hinaus auf das Funktionieren der Denunziation vertraut, also eine negative Soziabilität gefördert.

Die Abhebung des Kunstbegriffs, die Sonderstellung der Wissenschaft, wie sie in Absatz 3 des § 88 ausformuliert worden ist, verlangt die richterliche Entscheidung über das, was Kunst, was Wissenschaft ist – ist also keinesfalls eine Konzession an das Grundgesetz, als die sie sich scheinheilig gibt, sondern bringt den Entwicklungsprozeß in der Kunst und Literatur zum Stocken, der in den letzten anderthalb Jahrzehnten die Kunst- und Literaturszenerie ähnlich verändert hat wie schon einmal in den frühen zwanziger Jahren: die Öffnung der Künste und der Literatur ins soziale und politische Engagement; der Ausbruch der Künste aus der traditionellen Rezipientenschicht; die Diskussion, das Mittun als Teil der Kunstvermittlung und der Auseinandersetzung mit Kunst, wie sie sich etwa im Straßentheater, in der Pflastermalerei, in der Nutzung von Protokollen und Originalaufnahmen, in der Nutzung von Umgangssprache und Alltagsproblem darstellen. Die Abhebung des Kunstbegriffs macht jeden kleinen Kunstfunktionär (und davon gibt es im längst nicht mehr mäzenatischen, sondern verwalteten Kunstbetrieb in der Bundesrepublik Tausende) zum Duckmäuser oder Denunzianten, sein Kunstverständnis zum Maßstab des zu Fördernden und den Ruf nach der Polizei zu einem fast automatischen Reflex. Sie schafft ein provinzielles Kunst- und Literaturklima, über das nur wenige Ausnahmepersönlichkeiten in der Kunst- und Literaturpflege hinausragen, und sie setzt das richterliche Kunstverständnis als maßgeblich ein, was nichts gegen den Kunstverstand einiger Richter, aber alles gegen den des Berufsstandes sagt. Die im Verband deutscher Schriftsteller organisierten Schriftsteller in der Bundesrepublik haben sich deshalb deutlich gegen das 14. Strafrechtsänderungsgesetz erklärt.

Ebenso haben die Schriftsteller im PEN und im VS immer wieder gegen die Berufsverbotspraxis, die nicht einmal gesetzlich festgemacht ist, protestiert, weil beides Untertanenverhalten provoziert, die Unfähigkeit zur demokratischen Toleranz stabilisiert, anstatt sie abzubauen. Weil beides dazu beiträgt, die Substanz des Grundgesetzes zu mindern und den einzelnen zur Selbstzensur, zur Unwahrhaftigkeit nötigt.

Sicher, wir kennen die Zensurmaßnahmen, wie sie in anderen Staaten praktiziert werden, und haben lange genug unsere vom Grundgesetz beschriebene Freiheit genutzt, um sie zu kritisieren. Warum eigentlich die Entrüstung in der Bundesrepublik, daß nunmehr die Kritik uns trifft, weil diese im Grundgesetz beschriebene Freiheit gemindert worden ist? Rechtfertigt der Terror, der sich in der Bundesrepublik im Verhältnis zur Welt in Grenzen hält, eine solche Minderung? Oder schlägt hier die obrigkeitliche Verachtung des Bürgers, der obrigkeitliche Zweifel an seiner Mündigkeit durch, eine obrigkeitliche Verachtung des Bürgers, die auf deutschem Boden Tradition hat?

Es wäre falsch, vom Wiederaufleben des Faschismus zu sprechen, wenn auch faschistoides Verhalten in einer Unzahl von Fällen der Berufsverbotspraxis dokumentiert worden ist und schon vor dem Inkrafttreten des 14. Strafrechtsänderungsgesetzes in der Berufspraxis der Schriftsteller, Künstler und Journalisten nachzuweisen ist. Die politische Beinahe-Patt-Situation in der Bundesrepublik setzt die Anpassungsmechanismen in Gang, die der aufmerksame Zeitungsleser ebenso feststellen kann wie der Rezipient der Programme der technischen Medien. »Rot« ist längst nicht mehr nur beim Springer-Konzern ein Schimpfwort, der Name von Marx wird nicht mehr unbefangen ausgesprochen, die Disqualifizierung von kritischer Kunst und Literatur stellt eine andere Form von Zensur dar, die auf den Markt unmittelbar einwirkt. Das Mißtrauen gehört wieder zum deutschen Alltag, anonyme Briefe kursieren, der Rufmord wird zum Mittel der Abqualifizierung politisch Andersdenkender, der kritischen Schriftsteller und Künstler, der mutigen Bürger. Die Strafbarkeit der Noch-nicht-Tat, die das 14. Strafrechtsänderungsgesetz einführen wird, ermutigt die moralische Inferiorität der Mehrheit, die die Demokratie noch für den Wagen vor der Tür hält, nicht aber für den Auftrag an jedermann, Verantwortung für jedermann zu übernehmen.

Die deutschen Ängste sind wieder gegenwärtig, der Ruf nach der Polizei sitzt wieder locker, die Verdächtigung, links zu sein, gewinnt wieder negativen Stellenwert, das Gehechel hinter der Hand kann wieder eines Menschen Zukunft vernichten. Gerade weil nicht zugegeben wird, daß ein Zensurgesetz geschaffen wird (14. Strafrechtsänderungsgesetz), gerade weil die Berufsverbote nicht erst gesetzlich verankert worden sind, sind der anonyme Denunziant, der kleine Beamte aufgerufen, der deutsche Kleinbürger, der sich von Verhaltens- und Denkweisen der Nazi-Zeit noch nicht freigemacht hat, auch wenn er vielleicht kein Nazi war, wenn er später geboren ist.

Von deutschen Ängsten sprechen heißt aber auch von denen sprechen, die den Mut haben, ihnen standzuhalten, und die andere zum Standhalten ermutigen, die, wenn schon angefeindet, klar genug sehen, daß die deutschen Ängste überwindbar sind, wenn die Deutschen nur nicht immer wieder die falschen Erzieher hätten.

(1976)

Warum leben wir in einer Routine-Demokratie?

Als nun auch Reiner Kunze vor wenigen Wochen aus der DDR hat ausreisen müssen, fragte meine Tochter: Und wohin können wir ausreisen, wenn es soweit ist? Keine rhetorische Frage, denn sie weiß, was für anonyme Grußbotschaften ins Haus kommen. Sie kennt die verschiedenen Varianten der Verleumdung, denen ich zuweilen ausgesetzt bin, weil ich Partei nehme für die, die in der Bundesrepublik und West-Berlin als Linke abqualifiziert werden. Denn es ist immer noch suspekt, links zu sein, ja es ist sogar schon suspekt, sich für »Linke« einzusetzen, wenn ihnen Unrecht geschieht. Und wer gar die Kritik von »links« als *Kritik* bewertet, gilt als hoffnungsloser Spinner.

Das alles scheint noch kein Anlaß zur Klage – und wenn man die Trends bei den Wahlen in den verschiedenen europäischen Staaten beobachtet, durchaus ein mitteleuropäisches Phänomen. Nur wird gerade im europäischen Vergleich deutlich, daß anderswo der politische Gegensatz nicht in fanatischen Haß umschlägt, sehen wir von der südeuropäischen Szene mit ihrem steilen Sozialgefälle einmal ab. Aber auch in den südlichen, sozial gefährdetsten Zonen Europas gibt es die Perfektion des Hasses nicht, die in der Bundesrepublik funktioniert, die scheinheilige Hüter-der-Ordnung-Haltung, die die Berufsverbote ebenso sanktioniert wie die Bürgerkriegsübung von Brokdorf, wie vor zehn Jahren den Todesschuß auf Benno Ohnesorg.

Warum ist das so? Und wie weit müssen wir in der Geschichte zurück, um diese Haltung zu belegen?

Genügt es, an den Vormärz, an das perfekte Informantennetz, das Metternich zugearbeitet hat, zu erinnern? Ist nicht schon ein halbes Jahrhundert früher die Verfolgung der deutschen Jakobiner anzuzeigen? Ist die Geschichte der Abqualifizierung der vielen Aufstände der sozial Benachteiligten nicht bis ins frühe Mittelalter hinein, lange vor den Bauernkriegen, nachweisbar? In der geschichtlichen Überlieferung, die nach der Alphabetisierung, also etwa zeitgleich mit dem

Beginn des Industriezeitalters in Mitteleuropa, für die Mehrheit der Bevölkerung dingfest gemacht wurde, kommen sie nicht vor. Und man muß schon in den Chroniken suchen, um zu begreifen, daß die Aufstände sozial benachteiligter Bevölkerungsgruppen die gleiche Kontinuität haben wie die Machtkämpfe der Feudalaristokratie. Doch ist die einseitige geschichtliche Überlieferung kaum spezifisch deutsch und erklärt den Provinzialismus des Nationalgefühls nicht, der den deutschen »Untertan«, den Heinrich Mann anklagt, den Nazi-Deutschland in der Perversion ad absurdum geführt hat, charakterisiert. Der einmalige euphorische Augenblick in unserer Geschichte vor der Gründung der beiden deutschen Staaten 1949 machte die Überwindung des Untertanengeistes denkbar. Die Zerstörung aller Werte legte die Verantwortung jedes einzelnen bloß. Der 8. Mai 1945, an dem Nazi-Deutschland kapitulierte, hätte ein Datum sein können, das eine Wende signalisiert. Ein geschichtliches Vakuum, in dem die demokratische Tradition jäh gegenwärtig war.

Wer heute noch fragt, warum sich das so rasch geändert hat, warum die demokratische Tradition so rasch wieder zu einer unter anderen wurde, übersieht das politische Konfliktfeld Mitteleuropas, das 1945 abgegrenzt worden war, die politische Abhängigkeit der beiden 1949 entstandenen deutschen Staaten.

Die Entwicklung in der Bundesrepublik mit dem rasch adaptierten McCarthyismus und der Fast-Null-Reaktion auf das Verbot der KPD darf nur kritisieren, wer zugleich die stalinistische Praxis in den ersten Jahren der DDR beachtet, darf nur der kritisieren, der die Bedeutung des ökonomischen Gefälles zwischen den beiden deutschen Staaten nicht bagatellisiert. Das hier wie dort zerschlagene industrielle Potential wurde in der Bundesrepublik dank des Marshall-Planes sehr rasch wieder aufgebaut und modernisiert, während die Industrie in der DDR sich in Reparationsleistungen fast erschöpfte, ohne Aufbauhilfen zu erhalten. Das ökonomische Gefälle wurde zur Hauptursache der DDR-Flucht in den fünfziger Jahren und stabilisierte ein bundesdeutsches Selbstbewußtsein, dessen Irrationalität uns heute noch erschreckt. Die systematische Pflege der Amerikabewunderung ließ ein kritisches Amerika-Bild kaum entstehen, der Schrecken über den Atombombenabwurf über Hiroshima und Nagasaki, der die Ostermarschierer auf die Straße trieb, blieb in der deutschen Bevölkerung fast ohne Echo. Was näher lag, die Schwierigkeiten in der DDR, bestimmte die Haltung der Bevölkerung, bestätigte den Anti-Kommunismus, den die Nazis zum Glaubensbekenntnis stilisiert hatten, nachdem er die Weimarer Republik durchfiebert hatte.

Die in den Zuchthäusern der DDR, die Flüchtlingsströme aus der DDR und schließlich der Mauerbau verdrängten im Bewußtsein der Bevölkerung in der Bundesrepublik die Auseinandersetzung mit den Verbrechen Nazi-Deutschlands.

Das Wirtschaftswunder-Selbstbewußtsein, das auf der gewiß bewundernswerten Arbeitsleistung der deutschen Bevölkerung in den fünfziger und frühen sechziger Jahre basierte, hatte den Demokratisierungsprozeß in Formalitäten auflaufen lassen, wie sie schon im Betriebsverfassungsgesetz von 1952 erkennbar geworden waren. Es band die Gewerkschaftsarbeit anders als im übrigen Westeuropa an die Interessen der Unternehmer. Die Gewerkschaftsarbeit blieb in den fünfziger Jahren unpopulär ebenso wie die Arbeit der politischen Parteien, sicher entschuldbar und entschuldigt durch den Überdruß an der Scheinpolitisierung des Alltagslebens in Nazi-Deutschland. Doch so hatte die Parteiendemokratie Zeit, sich zu etablieren. Georg Kiesingers Ausspruch »Wir sind wieder wer« deckte haargenau den neuen provinziellen Nationalismus ab. Daß in einem solchen Klima der Selbstzufriedenheit die Notstandsgesetzgebung zum erstenmal unter den Intellektuellen einen breiten Widerstand fand, aber das Parlament doch unbeschadet passieren konnte, bleibt anzumerken.

Denn die Politisierung, die mit dem Mündigwerden der Nachkriegsgeneration einsetzte, wird schon damit als eine Politisierung »von oben«, von den Intellektuellen aus, erkennbar, die sich im Scheitern der Studentenbewegung an der Arbeiterschaft bestätigte. Wer im Trauerzug für Benno Ohnesorg mitgegangen ist, erinnert sich der bösen Zurufe von Bauarbeitern, und wer der Spiegelung der Rezession von 1967 in der Öffentlichkeit nachgeht, findet erstaunlich matte Reaktionen.

Die Osteraufstände nach dem Mordanschlag auf Rudi Dutschke blieben Aufstände der Studenten. Die Demonstrationen gegen den Vietnamkrieg blieben Demonstrationen der Intellektuellen. Die Proteste gegen den Ministerpräsidentenerlaß von 1972 blieben vorerst den Schriftstellern vorbehalten, bis sich Betroffene, vornehmlich junge Lehrer, zu Wort meldeten. Die Proteste gegen das 14. Strafrechtsänderungsgesetz blieben Proteste der Intellektuellen und der Künstler. Die

Wählerschaft reagierte und reagiert mit der Hinwendung zu den Rechtsparteien.

Warum also die ständige Verschärfung der Kontrollmechanismen, die allergische Reaktion auf Proteste, die Anwendung der Zensurparagraphen gegen linke Buchhandlungen und Verleger, die geplante Einführung der chemischen Keule für die Polizei, die politische Einschüchterung durch die raffinierte Anwendung des Ministerpräsidentenerlasses, international längst als Berufsverbotspraxis benannt und verurteilt, die Einübung in den Bürgerkrieg gegen Bürgerinitiativen, die Verschleierung der Entsorgungsschwierigkeiten für die geplanten Kernkraftwerke, die Verschleierung der nuklearen Zusammenarbeit z. B. mit Südafrika? Warum die Verharmlosung der Drogenszene, die ungenaue Information über den Strafvollzug?

Die Fragen lassen sich vermehren, ohne durch den Hinweis auf die Anarchistenszene beantwortet zu werden, die ja nicht die Bundesrepublik allein betrifft und durchaus nicht verharmlost wird, wenn man daran erinnert, daß die ersten Schüsse von Polizisten abgegeben wurden. Das erste Opfer einer zur Kritik erwachenden Generation war ein Student, der sich informieren wollte, Teilnehmer einer Demonstration.

Nein, die Allergie gegen Kritik muß andere Ursachen haben. Das Verstummen der demokratischen Auseinandersetzungen in den fünfziger Jahren muß andere Ursachen haben als nur die Anstrengung des Wiederaufbaus. Die tägliche Beobachtung der DDR, die noch frische Erfahrung vom Vormarsch der russischen Truppen, die noch frische Erfahrung von Flucht und Ausweisung aus den Ostprovinzen ließ die Millionen Opfer des Hitlerregimes vergessen, ersetzte den emotionalen Nationalismus durch einen neuen Anti-Kommunismus, der den Anti-Kommunismus der Nazi-Jahre mit Erfahrungen aufgeladen fortleben ließ. Daß die nationale Identität – falls sie in Deutschland je bestanden hat – durch den Nationalsozialismus ad absurdum geführt worden war und die deutsche Bevölkerung in ein moralisches Vakuum hineingerissen hatte, blieb verdrängt. Selbstmitleid statt Selbstbesinnung ließ die demokratische Struktur nicht einwachsen. Das Verhältnis zum Staat blieb, durch die Persönlichkeit Adenauers stabilisiert, das des Untertanen, nicht des mittätigen, mitdenkenden Bürgers. Das Wirtschaftswunder-Selbstbewußtsein verstopfte das moralische Vakuum. Daß neben vielen einzelnen erst die nachgewachsene Generation die Kraft hatte, die Verlogenheit dieser Routinedemokratie aufzudecken – nicht umsonst nannte sich die Bewegung der Jungen »Außerparlamentarische Opposition« –, ist nun mehr als zehn Jahre her, zehn Jahre, in denen die Parteien in Regierung und Opposition nicht vermocht haben, die Kritik der Anti-Routine-Demokraten aufzuarbeiten. Daher die Allergie. Daher die ängstliche Reaktion auf Kritik, daher die Abstriche am Grundgesetz, daher der Polizeischutz für die Routine-Demokratie, daher die gestörte Öffentlichkeit, das Splitten der Bürgerinitiativen, daher die schieläugige Aufmerksamkeit auf die Tragödien in der Menschenrechtsbewegung in den sozialistischen Staaten.

Eine unheilbar kranke Routine-Demokratie?

Ich denke, wir sind hier, weil wir nicht an die Unheilbarkeit der Demokratie glauben und darum die Routine-Demokraten anfragen, ihre allergischen Maßnahmen anzweifeln, weil wir beklagen, wie die demokratischen Routiniers demokratische Grundrechte allzu leichtfertig außer acht lassen; weil wir verhindern wollen, daß sich der latente Faschismus biedermännisch als Anti-Kommunismus tarnt, während er sich in der Demokratie einnistet; weil wir betroffen sind von der Schwerfälligkeit der Wählerschaft, die die Einbuße an demokratischen Grundrechten hinnimmt, sich in die Privatsphäre zurück und aus der Verantwortung drängen läßt, die Demokratie den Routiniers überläßt. Weil wir nicht aufgeben, auf die zu setzen, für die Verantwortung nicht nur ein Wort, jedenfalls keine Routine ist. Weil wir nicht emigrieren wollen, selbst wenn der Verfassungsschutz über uns wacht, solange wir noch den Mißbrauch, die Beschneidung demokratischer Grundrechte aufzeigen und vielleicht stoppen können.

(1977)

Abschiebung

Eine Anmerkung

Abschiebung – was für ein unmenschliches Wort! Abschieben – etwas Willenloses, also wohl ein Ding, einen Gegenstand bewegen, von dem, der schiebt, wegbewegen. Aber eben nicht nur wegschieben, beiseite schieben, sondern entfernen, abrücken, so daß der Bezug des Dinges, des Gegenstands zu dem Schiebenden abbricht. Doch es ist nicht von Gegenständen, von Dingen die Rede – sondern von Menschen. Von Menschen, die in der Bundesrepublik und West-Berlin leben und die man nun nicht mehr dort haben, nicht mehr sehen, mit denen man (also wir) nichts mehr zu tun haben will (wollen).

Viele sind als Gastarbeiter gekommen, wir haben sie vor noch gar nicht langer Zeit auf den Bahnhöfen gesehen, wenn sie aus den Sonderzügen stiegen, hilflos, fremd mit dem verschnürten Pappkarton als Habe und gleich auch selber Habe der Vertragspartner, der Kleinunternehmer, der großen Unternehmen, miserabel untergebracht zuerst, Baracken, eine Wasserleitung für zwanzig, für fünfzig Menschen. Und es hat lange genug gedauert, bis die Unterkünfte verbessert wurden, bis viele ihre Frauen nachkommen ließen und sich Wohnungen nahmen in den Altstadt- und Sanierungsvierteln der Industriestädte. Sie haben gearbeitet, die meisten als Ungelernte, sie haben verdient, gespart, haben das Mißtrauen ihrer deutschen Kollegen ausgehalten, haben ein paar deutsche Sätze und deutsche Sitten gelernt, haben sich gefreut, daß ihre Kinder in den deutschen Schulen nicht nur die fremde deutsche Sprache gelernt haben – und stehen nun wieder auf den Bahnhöfen und den Flughäfen, ein paar verschnürte Koffer um sich, die winzigen, in Deutschland geborenen Kinder um sich. Die Verträge sind abgelaufen, oder sie sind vorzeitig ausgezahlt worden. Was wartet zu Hause auf sie? Wer wartet auf sie?

Doch ihnen gilt das Wort »Abschiebung« nicht, obwohl es für sie nicht möglich ist, weiter in der Bundesrepublik zu bleiben ohne Arbeitsvertrag und die daran gekoppelte Aufenthaltsgenehmigung. Sie gehen so freiwillig, wie sie gekommen sind: von der Not getrieben. Aber wer sich nicht treiben lassen will, wer nicht zurück will in die hoffnungslos unterentwickelte Heimat, in die Arbeitslosigkeit dort, wer »schwarz« zu arbeiten versucht, macht sich strafbar und wird bei irgendeiner Razzia gefaßt, in eines der Abschiebelager gebracht.

Denken wir aber auch an die, die am Leben in der Fremde gescheitert sind, sich in der Arbeit nicht bewährt haben, straffällig geworden sind! Es gibt viele Gründe für ihr Scheitern: Da hat ein Betriebsleiter zu viele Gastarbeiter »eingekauft« und hat die Verträge nicht einhalten können, da ist einer mit den Verständigungsschwierigkeiten nicht fertig geworden, hat durchgedreht ohne Frau, hat in der Unterwelt unserer Städte üble Geschäfte gemacht, mit Drogen gehandelt oder ist in eine Bande hineingeraten – die in den Gefängnissen einsitzenden Ausländer haben das Versagen in der Fremde hinter sich. Sie werden abgeschoben, wenn sie die Haft verbüßt haben. Und was wartet zu Hause auf sie? Wer wartet auf sie? Sie werden in Lagern zusammengepfercht, bis die Sammeltransporte zusammengestellt werden. Stückgut. Ware. Selten genug dringt Nachricht nach draußen. Die ungünstige Lage auf dem Arbeitsmarkt ist die Garantie für das Desinteresse an ihnen. So war es schon einmal nach der Auflösung der Fremdarbeiterlager des Hitlerreiches! Daß die Wand aus Gleichgültigkeit zuwuchs über dem Elend, das von Deutschen veranlaßt worden war. Und es ist keine Entschuldigung, wenn heute allenthalben in den westeuropäischen Industriestaaten ähnlich verfahren wird!

Darum müssen wir aufbegehren, müssen fragen, wie mit denen umgegangen wird, die einmal zu uns ins Land gekommen sind, mit, aber auch ohne Arbeitsvertrag, angelockt von dem Arbeitsangebot, voller Hoffnung, den Slumgürteln der Großstädte am Rande Europas zu entkommen, dem Hunger auf verkarsteten Äckern zu entkommen, Menschen ohne Habe, aber mit der Kraft ihrer Arme.

Sicher müssen wir auch fragen, was ein Staat mit den Menschen tun soll, für die seine Wirtschaft keine Verwendung mehr hat, auch wenn sie einmal hergeholt, unter Vertrag genommen worden sind, als ihre Arbeitskraft gebraucht wurde und sie durch ihre Arbeit Steuergelder eingebracht, Sozialleistungen auch für ihre deutschen Arbeitskollegen mit erarbeitet haben. Es sind die entscheidenden Fragen an die Industriegesellschaft: die Fragen nach der Verantwortung für den einzelnen Menschen, die Fragen, die ihre Inhumanität bloßstellt. Die Fragen, die

die Studenten aus den Ländern der Dritten Welt stellen, die sie veranlassen, die politischen und sozialen Verhältnisse in ihren Heimatländern der wenig informierten deutschen Öffentlichkeit bekanntzumachen. Und wenn dies nicht in die jeweilige politische Konzeption paßt, werden sie ebenso abgeschoben wie die Fließbandarbeiter, ohne Rücksicht auf die Strafgesetze in ihrem Heimatland, ohne Rücksicht auf ihr Leben, das sie mit ihrer Aufklärungsarbeit aufs Spiel gesetzt haben. Was kann die Bundesrepublik für die sozial entwurzelten Ausländer, für die unbequemen Ausländer, die nicht schweigen können, tun, anstatt sie in den Abschiebelagern zusammenzutreiben?

Was können wir tun, um der »Abschiebung« zu begegnen? Ist es denkbar, daß ein System der Patenschaften entwickelt wird? Daß Bürger der Bundesrepublik und West-Berlins sich ideell und finanziell für die Zeit unmittelbar nach der Abschiebung einsetzen, um denen, die nicht ausreisewillig sind, die Wiedereingliederung in ihrem Heimatland zu erleichtern? Um ihnen in der Ratlosigkeit der Illegalität, in die sie ohne Arbeitspapiere geraten sind, beizustehen?

Eine solche freiwillig übernommene Hilfeleistung könnte von Fall zu Fall die Unmenschlichkeit lindern; das Versagen der industriegesellschaftlichen Entwicklung hebt sie nicht auf. Aber sie könnte und sollte aufmerksam machen auf die Vorgänge hinter einem unmenschlichen Bürokratenwort, das uns eigentlich längst hätte alarmieren sollen.

(1979/80)

Engagiert leben

Variationen zum Thema

1

Die Leute sagen das so hin, mokant. Na, die engagiert sich aber! Ihr Blick verrät, was sie denken. Und hinterm Rücken und durch das Telefon die Einkreisung. So eine ist das! So eine.

2

Nein, engagiert lebt sich's nicht bequem in diesem Land. Anonyme Anrufe, Drohbriefe und Postkarten. Am schlimmsten aber doch die flüsternde Einkreisung. Und warum?
Ich habe mich für das Recht von Häftlingen eingesetzt, das im Grundgesetz beschrieben ist.
Ich habe mich gegen die Verteufelung des Kommunismus ausgesprochen.
Ich habe die Berufsverbotspraxis kritisiert.
Ich habe die zensurale Praxis (ohne Zensurgesetz) kritisiert.
Ich habe mich um die Sorgen der Gastarbeiter gekümmert.
Ich habe auf die soziale Situation der Mehrzahl der Schriftsteller in der Bundesrepublik hingewiesen und sie zu bessern versucht.
Darum also . . .

3

Ich engagiere mich nicht um des Engagements willen. Ich hasse Betriebsamkeit und Emsigkeit, zu der das Engagement den Engagierten oft genug verführt, weil zu wenige die Not der vielen mittragen. Ich plane mein Engagement kühl, auch wenn mich die emotionale Betroffenheit antreibt, weil es nicht darauf ankommt, etwas zu tun, zu sagen, sondern wie es zu tun ist, wem es zu sagen ist,

wann und wie. Ich trainiere mich in Gelassenheit, was nicht leicht ist
gegen die eigene Ungeduld an. Weil Hilfe, Abhilfe oft gar keine
Zeit läßt.

4

Sie schreiben doch! Genügt das nicht zur Selbstvergewisserung? Aber
mein Herr, meine Dame, Kollege, Kollegin, du oder Sie! Sich für
andere einsetzen ist doch keine Selbstvergewisserung, sondern ist auf
den anderen, auf die anderen, auf die Betroffenen gerichtet.
Und erwarten Sie Dank?
Die Frage verstehe ich nicht.
Dankt Ihnen denn niemand? Zum Beispiel, wenn Sie etwas für ihn
erreicht haben?
Das schon, aber es ist nicht wichtig. Wichtig ist's, wenn ein Gefangener
Mut zu sich selber faßt; wenn ein Berufsverbot aufgehoben wird; wenn
ein Zensurfall öffentlich wird; wenn die Gastarbeiterkinder nicht
länger benachteiligt sind. Wichtig wäre das Ende der Kommunismus-
verteufelung, die Entschärfung des Hasses gegenüber den Andersden-
kenden. Wichtig wäre die Verbesserung der sozialen Situation der
meisten Schriftsteller.
Sie müssen ziemlich viel Zeit haben. Unsereiner – ja, unsereiner hat
doch genug mit dem täglichen Kram zu tun! Und dann nicht mal
Dankeschön. Und wann schon mal 'n Erfolg!

5

Engagiert leben – für mich bedeutet das: Zielvorstellungen von einem
möglichen besseren Zusammenleben der Menschen haben, die emanzipatorischen Strukturen der Demokratie nicht verhärten lassen, den
emanzipatorischen Sozialismus gegen die hierarchische Technokratie
verteidigen. Mit der Kraft menschlichen Widerstands rechnen, um
antiemanzipatorische Entwicklungen aufzuhalten. Mit dem Mut zum
Verzicht rechnen, wenn es um die künftige, die Überlebensordnung
der Menschheit geht.
Denn wir sind im 20. Jahrhundert politisch nicht kreativ gewesen,
haben die Ideen des 19. Jahrhunderts einzubringen versucht, haben sie
nicht an der eigenwüchsigen wissenschaftlich-technischen Entwicklung

überprüft, so daß wir von der Kausalität der Technologie überholt worden sind. Die Entwicklung des einzelnen zu sich selbst – dieses erste oder dritte Versprechen von 1789 – haben wir vernachlässigt. Dem gilt mein Engagement.

6

Deshalb betrete ich immer wieder die politische Arena. Deshalb wage ich, mißverstanden und angefeindet zu werden; die publizistisch verbreiteten und die demagogisch verbreiteten Bosheiten, die mich meinen, nicht in mich aufzunehmen, weil sie Gifte sind.
Die Grenzkontrollen (einschließlich Abschrauben der Radkappen an meinem Auto) auf mich zu nehmen, wenn ich die halbe Stadt West-Berlin verlasse, um die andere halbe Stadt Berlin zu besuchen; die Kontrollen an den Toren der Gefängnisse, das Warten vor verschlossenen Türen, das Frösteln in kalten Besucherzellen für selbstverständlich hinzunehmen;
in dunklen Hinterzimmern zu diskutieren, Leid zu erfahren; über Akten zu sitzen, die Verwirrungen bloßlegen;
in verqualmten Sälen gegen nichtfunktionierende Mikrofone anzureden;
in schwammverseuchten Treppenhäusern an Türen zu klopfen, von denen die Farbe blättert;
zuzuhören, weil keiner mehr zuhören will;
Briefe zu schreiben, nachts, nach der Arbeit, Briefe an Häftlinge, Briefe an Verstörte, Briefe an Behörden und Ministerien;
mit den Zerbrochenen, Gekrümmten, Verformten mit-zu-fühlen, mit-zu-denken.
Weil ich hoffe, daß die Träume vom Menschen und seiner Freiheit nicht vergeblich gewesen sind. Weil ich sicher bin, daß Demokratie und Sozialismus keine Gegensätze sind, sondern (beides ausgelaugte Wörter) neu gedacht, neu versucht, neu gesucht werden müssen.

7

Aber Sie schreiben doch, leben, um zu schreiben, schreiben, um zu leben. Lenkt Sie's denn nicht ab, wenn Sie sich so auf andere, hilflose Leben einlassen?

Da muß ich zögernd antworten. Doch, es lenkt mich ab, wenn mir's nicht gelingt, den Riegel vor dem anderen Leben ein wenig wegzustoßen. Es lenkt mich ab, wenn ein Berufsverbot aufgehoben und in der nächsten Instanz wieder verfügt wird. Es lenkt mich ab, wenn ein Freund, den ich schätze, sich ganz allmählich mit der Selbstzensur einläßt.

Aber es ermutigt mich, wenn einer die Resignation überwindet, nach der Haftentlassung über die Widerstände hinweg zu leben beginnt. Es hilft mir, wenn ich mit einem Brief, einem Telefonat, einem Telegramm erreiche, das Behördengestrüpp, in dem sich einer verfangen hat, zu durchschlagen.

Denn ich weiß, daß mein Leben als Autorin ein Luxus ist (bei aller Anpassung und dem sozialen Risiko), weil es mir erlaubt, den eigenen Gesetzen nachzuhorchen, Flüchtiges festzuhalten, den Antrieb zu formen, ihm nachzukommen. Weil ich mir eine Freiheit habe schaffen können, die mir Verantwortung auferlegt.

Und nutzen Sie den Lebensstoff, den das Engagement Ihnen aufdrängt?

Nicht unmittelbar – aber jede Erfahrung schlägt Wunden, die nur schreibend vernarben.

Und haben Sie nicht Angst, sich aus den Augen zu verlieren im Wachsein für andere?

Dann wäre ich doch unfähig, mich für sie zu engagieren.

(1980)

VI.
Gespaltenes oder
doppeltes Leben?

Das kleine Mädchen, das ich war

»Ich fuhr Holländer, Roller, saß rittlings auf Mauern, baute mir aus Stühlen ein Motorrad. Wünschte mir einen Matrosenanzug, es wurde natürlich ein Matrosenkleid, aber ich knöpfte die Matrosenjacke verkehrt herum.«

So einfach ist das: An der Hand der Großmutter – festgepreßt, denn »dieser Wildling hätt' ein Junge werden sollen, nicht zu bändigen«, so sagen sie. So einfach die Abwehr gegen Haarschleifen, hübsche Kleider, von der Großmutter genäht. Dreiangel, zerschundene Knie, abgestoßene Schuhe, Turnen auf Klopfstangen, über Maschendrahtzäune klettern, bei Ausflügen davonlaufen, Stöcke suchen, Pirschgang spielen. Und als ein Baby erwartet wird, wünschen, daß es kein Junge sein wird (Neidgefühl, vorweggenommen). Über das Schwesterchen aber jubeln.

Ich habe mich oft gefragt, warum ich mich gegen das Mädchensein gewehrt habe. Ich war ja doch fünf Jahre lang das einzige Kind in der großen Familie, zwischen Eltern, Großeltern und Urgroßmutter, verwöhnt von allen, herausstaffiert. Aber bockig. So nannten sie's.

Wie oft kauerte ich unterm großen Eßtisch, um nicht dazuzugehören! Stand hinter der Gardine, um allein auf die verkehrsreiche Straße zu sehen. Die Straße, die mich abschnitt von der Welt draußen. Zu viele Unfälle ereigneten sich an unserer Ecke mit der Straßenbahnhaltestelle in der Straßenmitte. Draußen sein, das hieß immer: eine Hand um meine gepreßt. Und auf dem Hof die beobachtenden Augen hinter dem Küchenfenster.

Der Wunsch nach Freiheit, nach Übermut vielleicht? Aber den kennen doch Jungen in Großstadtquartieren auch. Waren es doch solche Sätze wie: Hätt' ein Junge sein sollen? oder: Ein Mädchen tut das nicht? War's, daß mich Puppen langweilten?

Als ich fünf war und die kleine Schwester noch nicht anrühren durfte, fing ich an, auf Pappe Menschen zu zeichnen und auszuschneiden. Immer waren es Jungen, denen ich Geschichten zudachte, mit denen ich spielte, auch noch in der Schulzeit. Denn die lebendigen Jungen waren ja Gegner in den Bandenkämpfen auf dem Schulweg. In der Schule waren Jungen und Mädchen säuberlich voneinander getrennt, hatten ihre eigenen Eingänge, ihre eigenen Flure, den durch einen Drahtzaun geteilten Pausenhof. Und getrennte Schulfeste in der Turnhalle.

Nein, ich war nicht gern Mädchen. Es fällt mir schwer, irgendeine Erinnerung bis zu meinem zehnten Jahr festzumachen, in der ich mich als seiner selbst bewußtes Mädchen wiederfinde. Ich fuhr Holländer, Roller, saß rittlings auf Mauern, baute mir aus Stühlen Motorrad mit Beiwagen, wünschte mir sehnlichst eine Schülermütze und bekam zu Silvester eine aus Papier. Wünschte mir einen Matrosenanzug, es wurde natürlich ein Matrosenkleid, aber ich knöpfte die Matrosenjacke falsch herum. Ich hätt' gern Hosen getragen, aber die gab es für Mädchen noch nicht, statt dessen einen Samtmantel, von der Großmutter genäht, und einen Hut, voller Widerwillen zum Fotografieren aufgesetzt.

Schlimm war die Handarbeitsstunde, die im dritten Schuljahr eingeführt wurde. Ich bastelte viel lieber mit Pappe und Schere und Kleister, »erfand« einen Filmapparat, baute Schlitten und Häuser und Möbel. Damals wurde einem Mädchen noch kein Bastelzeug geschenkt, aber die Arbeiten mit Pappe haben mir Stunden bereitet, die ich noch heute zurückrufen kann, von denen ich weiß, ob draußen ein Schneeunwetter war oder ein Frühlingstag. Und das Vergnügen, Geschichten aufzuschreiben, das ich im ersten Schulwinter entdeckt hatte, ließ mich vollends vergessen, ob ich ein Mädchen oder ein Junge war.

Sicher ließe sich das Verhalten der Erwachsenen, zwischen denen das Kind aufwuchs, analysieren. Später habe ich von der Enttäuschung meines Vaters erfahren, als es um meine Schullaufbahn ging, die er »dem Mädchen« nicht zugestehen wollte; habe ich verstanden, daß schon das Kind wahrgenommen hat, wie das Eigenleben der Mutter in der Ehe zu kurz kam.

Bleibt die Dominanz der alten Frauen in dem Großstadthaushalt zu bedenken – die Männer kamen ja nur zum Essen heim, und ihr Draußensein war dem Kind Verlockung. Vaters lange Arbeitslosigkeit war dann aber eine Niederlage, so jedenfalls wurde sie in der Familie erfahren.

Ich – oder nein, das Kind, das damals ich sagte, ich dachte, wollte anders sein als die Frauen, für die es wichtig war, daß der Teller leer gegessen wurde, daß die Röcke mit mehreren Säumen genäht wurden, um drei, vier Jahre zu passen, daß Haare ordentlich gekämmt waren, die Strümpfe kein Loch hatten und das Kind knicksen lernte. Die ihm »den Bock schon austreiben« wollten. Das Kind wollte auch anders sein als der Vater, dessen Zornesausbrüche und Schläge es fürchtete, ohne schon zu begreifen, daß hier einer mit seiner Verzweiflung nicht fertig wurde.

Und das Kind erwartete auf den Tag genau: den 11. März 1934, wenn es 11 Jahre, 2 Monate und 1 Tag alt sein würde: die Verwandlung in einen Jungen. Die fiebrige Vorfreude noch mit zehn, auch wenn das Kind mit niemandem davon sprach außer mit den erfundenen, aus Pappe geschnittenen Figuren. Der Tag ging vorüber, das Kind erlebte ihn zu Hause, weil es als Diphtheriebazillenträger 8 Wochen nicht in die Schule gehen durfte. Ein wenig Traurigkeit blieb zurück. Irgendwann im Sommer schrieb es einen hitzigen Liebesdialog. (Das Manuskript existiert nicht mehr.) Aber damit war nun etwas zu Ende.

Nein, so einfach ist das nicht: An der Hand der Großmutter – festgepreßt, denn »dieser Wildling hätt ein Junge werden sollen, nicht zu bändigen«. Nichts von fehlender Zuwendung und dennoch Penisneid. Vielleicht die Angst, auf eine Rolle festgelegt zu werden, die dem Kind nicht lag, zu der ihm einige Fähigkeiten fehlten. Vielleicht auch nur die Behauptung der kindlichen Bisexualität in einer Umwelt, die darauf durch Herkunft und Erziehung nicht vorbereitet war. Denn wie sehr das Kind die Seinen brauchte, die Geborgenheit nicht missen wollte, weist mir die Erinnerung an die abendlichen, in die Träume einmündenden Wünsche nach, an den Satz: Mög keiner vor mir sterben! Erinnerung an die Angst, mit all den erfundenen Figuren und Geschichten doch allein zu sein.

(1981)

Frau und Mann –
emanzipatorische Lernprozesse

Wenn wir ehrlich sind, ganz geheuer ist es uns nicht, wenn wir
»Emanzipation« sagen und die Emanzipation der Frauen meinen.
Natürlich wissen wir alle, was wir unsern Töchtern wünschen, und
sind bereit, ihre Ausbildung zu fördern. Darin unterscheiden sich nicht
so sehr die Generationen der Großeltern und Eltern, als vielmehr die
Eltern, die Mütter, die Väter aus den noch immer so unterschiedlichen
sozialen Schichten, nur daß der Meinungsschnitt nicht oben und unten
trennt, sondern konservative und progressive Mütter und Väter.
Dennoch erfährt jede, jeder, die oder der in einen intensiven Arbeitsprozeß eingebunden ist, wie hilfreich es im Familienverband ist, wenn
ein Mensch, Frau oder Mann, nicht so fest im Arbeitsplan eingeengt ist
und verbraucht wird, daher also zuhören kann, Banalitäten fernhalten
kann, das tägliche Leben in Ordnung halten kann. Wenn wir »Emanzipation« sagen, denken wir an eine Partnerschaft, die über die Aufteilung der Alltagspflichten hinausgeht und mit Toleranz kaum genau
benannt ist, weil Toleranz zu schnell in Gleichgültigkeit umkippt.
Emanzipation setzt also wohl Lernprozesse voraus, die wir, Getrie-
bene der hochindustrialisierten Gesellschaft, vergessen haben, weil die
Familien längst keine Arbeitspartnerschaften mehr sind, weil wir nicht
mehr eingeübt sind, aufeinander zu reagieren.
Ist es dringend und an der Zeit, das Paar neu zu bedenken?
Ich erinnere mich an eine rührend-sanfte Plastik im Barockpark von
Ledeburg auf Seeland/Dänemark: Adam und Eva, beide kaum zwan-
zigjährig, nach dem Sündenfall. Adam sieht ratlos auf den angebissenen
Apfel. Eva beugt sich beschwichtigend, ja fast begütigend über ihn. Es
muß dies der Augenblick nach der Erkenntnis sein, schon die Stimme
im Ohr, die auf das harte Leben jenseits des Paradieses verweist. Und
das Paradies war Kindheit, war Spiel, war Selbstgewißheit ohne Reflexion. Nie habe ich die unterschiedliche Antwort von Mann und Frau
auf die Entdeckung der anderen überzeugender dargestellt gesehen: die

Kraft in der Haltung dieser schmalen Frau, die schon die Härte im Nehmen, die künftige Geduld ausdrückt, auf die der Mann, jäher reagierend und darum hilfloser, wenn ihm etwas zerstört wird, angewiesen ist. Ich erinnere mich aber auch an ein altes Paar, beide in den hohen Achtzigern, beide gepflegt, übersteif. Der Mann zieht sich nach Tisch zurück an seinen Schreibtisch (was wird er noch arbeiten?), die Frau hält trotz eines Knochenbruchs und Schmerzen die Rolle der Gastgeberin durch: Konversation, Häuslichkeit – dem Mann ist die Welt jenseits des Tisches aufgegeben. Ich erinnere mich an die vielen Rollen, die die Frau, provoziert durch den jeweiligen Partner, spielen kann. Die Rollenauswahl der Männer ist geringer. Das erweist jede Biographie.

Spielt der Mann also nur sich – oder identifiziert er sich mit der einen Rolle, die er gefunden hat? Und ist die Fähigkeit der Frau, viele Rollen zu spielen, ohne sich in ihnen zu verlieren, noch ein Nachklang der Zeit vor der Emanzipation, also eine Fähigkeit zur Anpassung, wie sie sich in Gettosituationen entwickelt? Ein emotionales und Intelligenzreservat? Beantworten läßt sich das nicht genau. Rückblicke auf matriarchalische Kulturen benötigen zu viele Wenn und Aber, um etwa den Gegenbeweis zu erbringen. Ob nun Turandot oder Salome oder Klytemnästra die Grenzbereiche unserer maskulinen Kultur verkörpern, mag für den Kulturhistoriker nicht uninteressant sein, für die Frauen sind sie Rollen, die im Zweikampf der Geschlechter eingesetzt worden sind.

Denn was ist das Paar? Kaum die lächelnde Einigkeit auf Hochzeitsfotos. Und auch nicht das Vater- und Mutterglück unterm Weihnachtsbaum. Jene Eva, die ihrem Adam gut zuredet, jene alte Dame, die ihrem Mann noch die Rolle seines Lebens läßt, obwohl *sie* die klein gewordene Ehewelt in Ordnung hält, sagen mehr. Die Frau scheint durch die Aufgabe, das Leben weiterzutragen, zäher, aber auch toleranter, weniger an ihr Ich, mehr an die Zukunft gebunden.

Aber hat nicht der Mann diese Zukunft seit jeher entworfen? Und ist nicht die technisierte Welt, in der wir leben, fast ausschließlich sein Werk? Und ist es denn schon absehbar, ob die Frau etwas zu dieser technisierten Welt beitragen, ob sie sie zu verändern bereit und fähig ist oder sich derzeit noch darin zurechtzufinden, dagegen zu wehren versucht? Nicht, weil sie unvermögend zur Technik ist, sondern durch die Aufgabenspaltung im Industriezeitalter, die sie in Handlangerdienste abgedrängt hat.

Wenn nicht alles täuscht, läßt die hochtechnisierte Welt den Mann nicht mehr frei, ist der Rollenzwang für ihn zur einzig möglichen Selbstdarstellung geworden, der seine Phantasie verengt, seine Intelligenz forciert und seine Persönlichkeit zugunsten der Rolle, der Karriere beschädigt hat, gleich ob im System der freien oder der sozialistischen Marktwirtschaft. Während die Frau, die sich Geburten und Aufzucht der Kinder leistet, noch einmal die Spielräume betritt, noch einmal die Ungebundenheit der Intelligenz probiert und sich, wenn auch nur für wenige Jahre – allerdings sind es die vitalsten ihres Lebens – auszuschließen übt. Die Erfahrungen dieser Jahre aber verändern ihr Verhältnis zur Karriere, was nicht Verzicht auf Teilnahme an den außerprivaten Prozessen heißt. Doch die Distanz des Zuwartens gibt ihr Überlegenheit (wenn sie sie nicht verharmlost), und sie kann, wenn sie sich diese Überlegenheit bewußtmacht, auf den Mann zurückwirken.

Das hört sich fast hochmütig an, wenn auch in den 200 Jahren, in denen die Technik Europa ganz, die Welt aber weitgehend umgeprägt hat, kaum schon viel von diesem notwendigen Hochmut der Frauen zu spüren war; wenn sie, zu sehr beschäftigt mit den Widerständen gegen ihre soziale und intellektuelle Emanzipation, kaum schon als Gegenkraft wirksam geworden sind. Jedoch hat die biologische Revolution, die im letzten Drittel des zwanzigsten Jahrhunderts in Europa und den USA vor allem wirksam geworden ist, den Frauen eine solche Unabhängigkeit geschenkt, daß sie in die Lage gekommen sind, aus eigener Kraft und Fähigkeit Einfluß zu nehmen, eben weil sie sich nicht mehr nur anpassen müssen, sondern selbst darstellen können. Weil der Zweikampf der Geschlechter in eine neue Phase getreten ist, in der die Frau den seltsamen Vorsprung entlassener Sklavinnen hat – die unverbrauchte Intelligenz, den unroutinierten Lebenswillen. Weil die Chance, die Partnerschaft, das Paar neu zu erproben, gegeben ist.

Wie stark Frauen sind, wie sie immer auch in ihrer Stärke gesehen, erlebt und gestaltet worden sind, ließe sich an Tausenden von Bildern der Eva und der Maria nachweisen. An eines will ich erinnern, ein großes Beispiel von der Kraft der Sanftheit: Michelangelos vierzig Tage vor seinem Tode begonnene und nicht vollendete stehende Pietà (aufgestellt im Palazzo Sforza in Mailand). Es ist nicht der rohbehauene

Stein, der uns rührt, sondern die Selbstverständlichkeit, mit der sie den toten Jesus nach der Kreuzabnahme aufrecht hält, ohne Verkrampfung und mit kräftigen, schmalen Händen. Und wir kennen ja die geschäftige Situation und die Rituale der Klage nach der Kreuzabnahme, die sie nicht zu berühren scheinen. Ein Augenblick, in dem ihre erotische Hingabe die mütterliche Trauer überwindet. Wir kennen aber auch die strengen Frauen, die Ecclesia, die Synagoge, die Justitia; welch ein Respekt zeichnet jede ihrer Darstellungen aus! Wir kennen die Frauen der griechischen Mythologie, aber auch die grausam gerechte Kali und die lebenspendende Parwati und das wohl schönste Bildnis der Zweiheit im Einssein der Geschlechter im großen Schiwa-Bildnis im Felsentempel auf der Insel Elephanta vor Bombay, das Schiwa und Parwati auf der Höhe des Lebens vereint, sie mit den Symbolen der Fruchtbarkeit, er mit den Symbolen des Kampfes ausgestattet, während das dritte, geschlechtslose Gesicht zwischen beiden geradeaus, in den Raum (oder die Raumlosigkeit), die Zeit (oder die Zeitlosigkeit) blickt. Ob auf dem indischen Subkontinent, ob im mediterranen Europa, ob in afrikanischen Mutterkulturen – die Kraft der Frauen ist in der Kulturgeschichte der Menschheit nie angezweifelt worden, wenn auch die Einschätzung der weiblichen Erotik wechselt. Dennoch: Die Polarität der Geschlechter ist eines der zentralen Themen der Dichtung, der bildenden Kunst der Jahrtausende.

Und dann jäh Ibsens »Nora«, 1880 uraufgeführt, heftig umstritten (so daß sich Ibsen für spätere Aufführungen sogar zu einem anderen, versöhnlichen Schluß bereit fand) – ein Protest gegen die Buchführung, gegen die bürgerliche Ehe. Was war, was ist da vorangegangen?

Hatte sich nicht – während der fast 2000 Jahre der Ausbreitung des Christentums und des Machtzuwachses der Kirchen, die das patriarchalische Weltbild der Wüstenreligionen gefestigt haben, während der anderthalb Jahrtausende der Ausbreitung des Mohammedanismus, der anderen Wüstenreligion, die die Frauen ganz rigoros absentierte – denn doch das Bild der starken, klugen Frau erhalten, die nicht nur als Mutter, als Geliebte verehrt und geschützt werden mußte? War nicht der Marienkult in der katholischen Kirche fast zu einem Mutterkult geworden, der vergessen ließ, daß ja auch der Mann Jesus auf seinen Wanderungen durch das Land am Jordan immer wieder versucht hatte, die patriarchalische Messiasrolle aufzubrechen?

Wann also die Buchführung? Die bürgerliche Ehe?

Es ist falsch, allein die Stabilisierung der Familie in der Folge der Reformation dafür verantwortlich zu machen, daß die Frauen unterdrückt wurden, zu schweigen lernten. Denn schon die Eheverträge des Früh- und Hochmittelalters schreiben in Europa Rechts- und Besitzverluste für die Frau fest (noch heute kennen wir solche Verträge z. B. in der Republik Irland), die Eheverträge in allen anderen Kulturen einmal ausgespart, denn die sind vom eurozentrierten Emanzipationsprozeß nicht oder doch kaum erreicht worden (und nicht zum Segen, sondern oft zum Unglück der Frauen).

Die Einführung der Reformation hat vielmehr vorbereitet, daß die Teilnahme an Bildung und vor allem Bibellektüre nicht mehr nur den Frauen der Aristokratie vorbehalten war; daß nicht mehr nur das Kloster, sondern die Familie zum Ort der Religionsausübung wurde. Die Aufwertung der Frau im christlichen Pfarrhaus (das zum Modell der bürgerlichen Familie wurde) hat ihr zwar kaum schon Rechte, aber Pflichten gebracht, die bis zum Einbruch der Industrialisierung nicht nur ihren erzieherischen Einfluß, sondern auch ihren Selbstwert gefestigt haben – leider nicht ohne den Zuwachs an Prüderie und Antisexualität. Und als der Kindesmord als Verzweiflungstat der ledigen Mutter erkannt und in der deutschen Sturm-und-Drang-Dichtung zum zentralen Thema wurde, hat das eine Verhärtung der gesellschaftlichen Normen sichtbar gemacht, die nicht mehr hingenommen werden konnte. Sicher, es hatte Frauenzünfte gegeben, es gab die Schlüsselgewalt der Hausfrau, aber:

»Geh an Orte, wo neue Gegenstände, Werte und Menschen dich berühren, die Blut, Leben, Nerven auffrischen. Wir Frauen haben dies doppelt nötig; indessen der Männer Beschäftigung wenigstens in ihren Augen auch Geschäfte sind, die sie für wichtig halten müssen, in deren Ausführung ihre Ambition sich schmeichelt; worin sie ein Weiterkommen sehen, in welcher sie durch Menschenverkehr schon bewegt werden: wenn wir nur immer herabziehende, die kleinen Ausgaben und Einrichtungen, die sich ganz nach der Männer Stand beziehen müssen, Stückeleien vor uns haben. Es ist Menschenunkunde, wenn sich die Leute einbilden, unser Geist sei anders und zu anderen Bedürfnissen konstituiert, und wir könnten z. B. ganz von des Mannes oder des Sohnes Existenz mitzehren. Diese Forderung entsteht nur aus der Voraussetzung, daß ein Weib in ihrer ganzen Seele nicht Höheres kannte als gerade die Forderung und Ansprüche ihres Mannes in der

Welt: oder die Gaben und Wünsche ihrer Kinder: dann wäre *jede* Ehe, schon bloß als solche, der höchste menschliche Zustand: so ist es aber *nicht:* man liebt, hegt, pflegt wohl die Wünsche der Seinigen: fügt sich ihnen; macht sie sich zur höchsten Sorge und dringendsten Beschäftigung: aber erfüllen, erholen, uns ausruhen, zu fernerer Tätigkeit und Tragen, können die uns nicht: oder auf unser ganzes Leben hinaus stärken und kräftigen.«

Ein Brief Rahel Varnhagens an ihre Schwester Rose Asser aus Karlsruhe vom 22. Januar 1819, so ausführlich zitiert, weil er ein Lebensgefühl ausdrückt, das sich in vielen Briefen von Frauen aus dem achtzehnten und frühen neunzehnten Jahrhundert wiederfindet, die das Korsett, in das die bürgerliche Ehe sie zwängte, nur noch schwer ertrugen. Daß Rahel so schreibt, die Radikalität ihrer Sätze, erklärt sich aus der Tatsache, daß sie kinderlos ist, Jüdin ist, die so spät noch und ohne Mitgift von Karl von Varnhagen geheiratet worden war – daß sie also die Abhängigkeit und das Ausgeliefertsein als Frau doppelt und dreifach erfahren hatte. Das öffentliche Bewußtsein war in den Großstädten Europas (und also auch in Rahels Berlin) darauf vorbereitet. Die Frauen hatten den Anspruch auf Bildung und Teilnahme am öffentlichen Leben, den Anspruch auf ihr eigenes Ich ebenso erkannt wie die Einengungen durch Ehe, Familie, Sitte, die sie daran hinderten, selbstbewußt und frei *ich* zu sagen.

Sicher, die Entwicklung dahin ist nicht linear verlaufen; die Französische Revolution hatte ihren Anteil daran, aber auch die Gottschedin in Leipzig, die Neuberin mit ihrem Theaterkarren; Moses Mendelssohn, der seinen Töchtern entgegen dem Brauch in jüdischen Familien Bildung vermittelte, aber auch Friedrich Schlegel, der in der »Lucinde« (1799) die Erotik feierte; die Pariser Salons hatten ihren Anteil daran, aber auch die mütterlich wirkende, politisch so kluge Maria Theresia in Wien, Sophie La Roche, Germaine de Staël und die Frauen der Jenenser Romantik. Und dennoch wird der Kampf um die Emanzipation der Frauen erst im Vormärz – und mit Vehemenz nach dem Scheitern der Revolution – einsetzen, zweisträngig als Kampf um die bürgerliche Emanzipation mit dem Ziel, den Bildungsanspruch der Frauen und ihren Anspruch als Bürgerin, als Homo politicus mit dem Ziel des Wahlrechts, durchzusetzen; und als Kampf für soziale Emanzipation, die der brutale Alltag des vierten Standes, des Proletariats, in den rasch wachsenden Industrien dringend machte.

Es soll in diesem Zusammenhang nicht auf Erfolge und Rückschläge, auf Positionskämpfe und die Divergenzen zwischen feministischem und humanistischem Emanzipationsanspruch hingewiesen werden. Wichtig ist innerhalb der europäischen Industriegesellschaften, daß sich Frauen als Schriftstellerinnen mit ihrem Engagement für die Frauen durchsetzten wie Luise Mühlbach, Louise Aston, Fanny Lewald, Luise Otto-Peters, so daß Robert Prutz (1870) notieren kann, »daß die Frauen eine Macht in der Literatur geworden sind«.

Noras Ausbruch ist also vorbereitet, ja kommt auf dem Theater sehr spät und nicht mit dem politischen Anspruch, den Robert Blum in den »Sächsischen Vaterlandsblättern« schon 1843 mit der Frage nach der »Teilnahme der weiblichen Welt am Staatsleben« gestellt und den August Bebel 1879 mit der Veröffentlichung »Die Frau und der Sozialismus« formuliert hatte. Zu spät, um als Kampfansage zu gelten, und doch zeitig und wirkungsvoll genug, um die Beinahe-Entmündigung der Frauen in der bürgerlichen Ehe öffentlich zu machen, die Verkümmerung von Sexualität und die zweierlei Moral der Geschlechter zu beklagen, kam Ibsens »Nora« denn doch zur rechten Zeit und blieb gewiß nicht ohne Wirkung auf die Erfolge der Frauenbewegung in den nächsten Dekaden.

Die Künste, die Autoren reagierten ja zögernd auf die neuen Fragen, sieht man von Theodor Fontanes »Effie Briest« (1895) und der tapferen, trockeneren »Mathilde Möhring« (1891) ab. Die Feier der Sinnlichkeit, die Entdeckung der Verführerin Frau im ersten Jahrzehnt des zwanzigsten Jahrhunderts, die Feier der sexuellen Ekstase in den zwanziger Jahren (nachdem in Deutschland endlich auch die formalen Ziele der Frauenbewegung 1919 mit dem Wahlrecht und dem Recht auf die gleichen Bildungschancen der Frauen erreicht worden waren) sind eher Reaktionen der Verunsicherung des Mannes, der Angst vor einem Erfahrungsverlust, auf die dann, erschreckend rasch, zum Ende der zwanziger Jahre der neue Heldenkult folgte, wo doch der Wahnsinn des Ersten Weltkrieges und seine Ursachen benannt, die Opfer aber hätten beklagt werden müssen. Die Nazi-Ideologen konnten sich kaum bessere Vorbereitung wünschen. Der Rückschlag für die Frauenbewegung in der Zeit von 1933 bis 1945 überdauerte ein Vierteljahrhundert.

Sicher, die Ausbildungschancen für die Mädchen waren in der Nazizeit nicht anders reduziert worden als die der Jungen, der Zugriff auf die Arbeitskraft der Frauen, die kriegsdienstverpflichtet wurden, stabilisierte die Rüstungsproduktion noch in den hoffnungslosen Jahren des Zweiten Weltkrieges; aber die Ehestandsdarlehenspolitik des Jahres 1933 und später die Huldigungen für die kinderreichen Mütter, die Programme der SS-Bräute-Schulen hatten ein Klima geschaffen, das die Mädchen und Frauen der Jahrgänge 1917 bis 1928 besonders traf, die vom Alleinüberleben wesentlich betroffen waren, als sie ihre Arbeitskraft auch nach dem Zweiten Weltkrieg – und nunmehr gewiß lebenslang – einzubringen hatten. Nur dank der Frauen, die in den zwanziger Jahren für die Emanzipation gekämpft hatten und sich einer Tradition bewußt waren, schlug sich der emanzipatorische Anspruch der Frauen in der Gesetzgebung beider deutscher Staaten 1949 nieder. War es ein Sieg? Ein Signal für die Frauen in Europa? Die national- und staatsegoistischen Interessen blieben, etwa die bevölkerungspolitischen Maßnahmen in Frankreich zur Anhebung der Geburtenrate, etwa die bevölkerungspolitischen Maßnahmen mit Scheinprivilegien für die Frauen in der DDR, etwa die kaum veränderte Situation der Frauen in Italien, etwa die religiös bedingte Geburtenfreude in Polen, etwa der Kompromiß, der den Paragraphen 218 in der Bundesrepublik Deutschland bei seiner Durchsetzung abschwächte. Die Frage nach der Signalwirkung, geschweige die Frage nach dem Sieg, der die Chancengleichheit der Frauen endlich festigt, bleibt eine rhetorische Frage. Die Beispiele aus der Berufspraxis in allen Industriegesellschaften (nicht nur in Europa), die Lebensbedingungen der Frauen in den meisten Gesellschaften der Welt bestätigen den permanenten Widerstand gegen den Anspruch der Frauen auf Gleichberechtigung.

Aber führt eine solche Auflistung vom halben Scheitern, vom Mißlingen, von Widerständen und Rückfällen in der jungen Emanzipationsgeschichte der Frauen nicht vom Motiv dieses Essays weg? Mögen staatlich geförderte Vermehrung und Sexualität noch konfliktlos zusammengehören, Erotik, zur Sexualität verarmt, längst zu Billigpreisen auf dem Markt sein – der Sextourismus mit romantischer oder perverser Note ist eine eigene Branche geworden, die jeden noch so geschäftstüchtigen Zuhälter einkauft oder beiseite läßt – was aber hat das mit der Stärke der Frauen zu tun? Was mit dem Dialog und der Kongruenz der Geschlechter? Der Schock, den Ibsens »Nora« auslöste, erregt uns nicht mehr. Trennungen, Ehescheidungen sind nach heutiger Gesetzgebung unkompliziert und fast alltäglich, auch wenn die Wunden, die sie schlagen, sich nicht immer leicht schließen. Doch die industriegesellschaftlichen Massen anonymisieren Schicksale. Was also soll es, vom Lebensrecht der Frauen, von ihrer Stärke zu sprechen, vom Schock, den der Emanzipationsprozeß ausgelöst hat, wo die Frauen längst wieder zur Reservearmee der Industriegesellschaften geworden sind, heute jedoch nicht anders als männliche Arbeitskräfte, der Rationalisierung und damit dem Abbau menschlicher Arbeitskraft überhaupt unterliegen!

Gibt es das eigentlich noch: Liebe? In der Literatur wird sie in Frage gestellt, denn Autoren reagieren auf Vorgefundenes. Und da ist Liebe nun einmal, von pubertären Räuschen abgesehen, schon im Jugendalter mit Sexualität identisch; da ist sie im Erwachsenenalter in der Gewohnheit oder in der Anpassung verdorrt; da wird sie in Grass' »Butt« (seiner Einschätzung nach durch die Emanzen) ad absurdum geführt; da ist Liebe in Friederike Roths Werk »Aus dem Buch des Lebens« nur noch Plagiat; oder habe ich in meinem Roman »Das Hochhaus« den Liebe-Verfall in der Rastergesellschaft diagnostiziert. Warum sprechen wir Autoren von den schmerzhaften bis grotesken Prozessen? Doch kaum, weil mit dem halbherzigen Paragraphen 218 die Macht der Männer gebrochen ist! Doch kaum, weil die Pille der sexuellen Spielfreiheit zugute kommt und als biologische Revolution begriffen, den Frauen das Recht auf ihren Körper gesichert hat, wenn auch nicht ohne das Risiko gesundheitlicher Folgeschäden, den Männern aber die sexuelle Freiheit ohne Verantwortung (und Sorge vor den Folgen) gewährt (eine wahrhaft diabolische Freiheit für beide Geschlechter!). Doch kaum, weil dank der Gründung der Frauenhäuser die Unterdrückung und die Mißhandlungen von Frauen öffentlich geworden sind. Und schließlich kaum, weil dank der intensiven Arbeit der Frauen die Rechtlosigkeit der Frauen in anderen Kulturbereichen der Welt in die Diskussion gebracht worden ist. Wohl aber, weil ein Zerstörungsprozeß so weit fortgeschritten ist, daß er benannt werden muß, kritisch oder zynisch, wütend oder voller Trauer, ja Hilflosigkeit, wie in Ingeborg Bachmanns »Malina« die Unfähigkeit von Mann und Frau zueinander.

Stimmt das denn, daß die Emanzipation den Schock in der Beziehung der Geschlechter ausgelöst hat?

Das jahrhundertelange Beiseitestehen der Frauen, ausgeschlossen von den Bildungszentren, den Universitäten, den Schulen, fand seine Fortsetzung im Ausschluß der Mädchen aus den Bildungsstätten, Universitäten, Fachschulen, Gewerbeschulen im neunzehnten Jahrhundert und damit dem fast völligen Ausschluß aus der naturwissenschaftlichen Forschung und der Teilnahme an der technologischen Entwicklung, die die Menschheit in knapp zweihundert Jahren fähig gemacht hat, ihren eigenen Untergang auszulösen. (Die Ausnahmen bestätigen hier nicht die Regel, wie es sprichwörtlich heißt, sondern lassen sich in der Unterbewertung fraulicher Forschungsleistungen nachweisen, etwa der von Ida Noddack, die 1934 – vier Jahre vor Otto Hahns, Lise Meitners und Fritz Strassmanns Nachweis der Kernspaltung – schon die Kernspaltung in Enrico Fermis Versuchen mit dem »Element 93« erkannt hatte.) Die Frauen sind also in den zweihundert Jahren Industriegesellschaft einem rapiden Verfall ihrer gesellschaftlichen Identität ausgesetzt gewesen, den sie durch den Kampf um die Emanzipation anzuhalten und durch den Gegenentwurf einer neuen Identität umzuwerten versucht haben. Ihre Nichtbeteiligung an der technologischen Perfektionierung, die den Menschheitsuntergang auslösen kann, gibt ihnen heute eine makabre Selbstsicherheit der Unschuld, die sie noch gar nicht ganz als Chance begriffen haben, die sie aber erkennen müssen, um sich nicht unter dem Druck der industriellen Abschwungphase in die alte Rolle im Haushalt zurückdrängen zu lassen, obgleich es die Großfamilie, die häusliche Eigenproduktion, die Schlüsselgewalt der Hausfrau nicht mehr gibt.

Es ist nicht die Emanzipation der Frauen, die den Schock in der Beziehung der Geschlechter zueinander ausgelöst hat, wenn sie auch das Bewußtsein der Frauen geschärft hat, wahrzunehmen, wie die moderne Industriegesellschaft individuelle, intime, emotionale Erfahrungsbereiche niederwalzt. Denn »Geburtenregelung«, »Bevölkerungsplanung«, »Familienförderung« sind verwaltungssprachliche Begriffe, die in »Maßnahmen« Anwendung finden, über Mann und Frau verfügen, vor allem aber die Frau »in Dienst« nehmen und die Entfaltung ihrer intellektuellen und emotionalen Fähigkeiten einschränken. Da hilft es wenig, den statistisch bestätigten Anteil der Frauen am Arbeitsprozeß zu zitieren, weil doch der Anteil der Frauen an den unterprivilegierten Berufen so hoch ist. Im Gegenteil, deutlicher läßt sich gar nicht erkennen, was (wie wenig) die Beziehung der Geschlechter zueinander in der Industriegesellschaft noch bedeutet.

Aber: Ich-Bewußtsein und Potenz sind nicht schadlos voneinander zu trennen. Lange genug ist es der Vorzug des männlichen Menschen gewesen, beides auszuleben, die Intelligenz durch Ausbildung zu entwickeln, ohne fürchten zu müssen, durch die eigene Sexualität daran gehindert zu werden; und bis heute haben die Industriegesellschaften von dieser männlichen Selbstgewißheit profitiert. So haben die Hochintelligenzen neben den aufbauenden die zerstörenden Energien entdeckt; haben die Intelligenzen sich der Perfektionierung der zerstörenden Energien bemächtigt und vervollkommnen sie andauernd; taugen die mediokren Intelligenzen, an der Perfektionierung der zerstörenden Energien mitzuarbeiten (sie werden ja gut dotiert, unterschiedslos in beiden ideologisch konträren Gesellschaftssystemen), und die Frauen sorgen für das geregelte Familien-, Sozial- und Sexualleben. So sind Ich-Bewußtsein und Potenz in der neuen, an der Weltzerstörung arbeitenden Elite (die ein Plus an Forschungsergebnissen und das Glück des Größenwahns miteinbezieht) relativ stabil.

Und die Frauen haben sehr lange dazu geschwiegen, so daß sie ihrer sexuellen Identität zugleich mit ihrer innersozialen Identität beraubt worden sind, haben sehr lange nicht die Karte ihrer Nichtbeteiligung an der Entwicklung zerstörerischer Technologien ins Spiel gebracht, die ja doch mit Unschuld nicht gleichzusetzen ist. Daß sie heute – endlich, spät genug – auch diese Wahrheit des Emanzipationsprozesses aussprechen ist eine Chance, wenn gesellschaftliche Prozesse überhaupt noch eine Chance haben können.

Banal, den Prozeß der Emanzipation des Mannes auf Küche, Abwasch und Kinderwickeln und -hüten zu reduzieren; zu einfach, die Arbeitszeitteilung zu propagieren (zumal angesichts der allgemeinen Reduzierung von Arbeitskräften zugunsten der Rationalisierung); zu kurz geschlossen, die mögliche Annäherung der Geschlechter durch Freizeitprogramme zu steuern; und doch sind das Ansätze, die Emanzipation der Frauen als einen notwendigen Prozeß anzunehmen, dem sich beide Geschlechter stellen müssen: Emanzipation von den Rollenzwängen der Industriegesellschaft.

Vom Schock zu sprechen, den die Emanzipation in der Beziehung der Geschlechter ausgelöst hat, heißt, die nicht schon abgeschlossene Entwicklung zu hinterfragen. Dürfen wir die Teilnahme junger Frauen und Mütter an den phantasievollen Aktivitäten der Friedensinitiativen als ein Signal verstehen? Greifen die Revolten der Feministinnen schon in das soziale und ökonomische Gefüge ein?

Sicher, Geburtenrückgang und die Zunahme von Ehescheidungen sind meßbare Folgen des Identitätsgewinns der Frauen, unterschiedlich in kapitalistischen und sozialistischen Staaten, in denen der Anteil der Frauen an qualifizierter Arbeit erheblich höher ist. Die Gesetzgeber versuchen denn auch unterschiedlich, gegen den Identitätsgewinn der Frauen, der sich in Verweigerung, Protest und im Geburtenrückgang äußert, anzugehen.

Wieso aber der Schock, das Zurückweichen junger Männer vor der selbstbewußten jungen Frau? Wieso die Angst, sich zu binden? Wieso Eifersucht, Fremdheit der Leben von Mann und Frau?

Sicher, bisher war die Frau gut als Spiegel, als Echo, überließ es dem Mann, die sexuellen Spielregeln zu bestimmen, war sie unsicher, weil sie immer gefährdet war, schwanger zu werden und zeitlebens in der Rolle der Dienenden, Sorgenden, Sich-Aufopfernden zu verharren, und ist nun dank der biologischen Revolution Herrin über ihren Körper und dank Ausbildung und Berufstätigkeit auch fähig, über ihre Lebenszeit eigene Entscheidungen zu treffen, also nicht mehr nur Spiegel, nur Echo zu sein. Diese Erfahrung ist für den Mann so neu, daß er sie nicht schon angenommen hat. Gewiß sind das Anmerkungen, die den Schock einkreisen, nicht schon abschwächen, ehe der Mann sich nicht wieder erinnert, was er in zweihundert Jahren vergessen hat: die Bilder der Frau, die die Stärke festhalten, die junge Eva im Park von Ledeburg, die aufrechte Maria im Palazzo Sforza in Mailand, die kühle Strenge der Justitia, die herbe Trauer der Dürerschen Melancholia, die planende Klugheit der Athene, der verzweifelte Lebenshaß der Medea, die jungenhaft wilde Artemis. Ich breche die Aufzählung willkürlich ab, weil die Götterwelten, weil die Literatur, zu der auch das Alte Testament gehört, weil die Märchen, die Sagen der Völker, die bildende Kunst aller Kulturen und Zeiten einen solchen Reichtum an Frauengestalten überliefern, gegen den die kleine Nora mit ihrem Liebes- und Buchführungskummer als eine Frau, wie sie das neunzehnte Jahrhundert geboren hat, ärmlich wirkt. (Wie anders noch »Madame Bovary«, Noras große Vorläuferin, deren Kraft und Zerstörung Gustave Flaubert in der erotischen Identifikation mit seinem Geschöpf entdeckt und bewundernd mit-leidend beschrieben hat!)

Haben also Berufstätigkeit und die Engmaschigkeit des Alltags den Frauen und Männern das Wissen vom Reichtum menschlicher Charaktere abgeschnürt? Und ist den Frauen mehr als anderthalb Jahrhunderte lang die Engmaschigkeit des Alltags als Glück suggeriert worden? Galt die Ehefrau nicht mehr als die berufstätige Frau, und brüsten sich nicht heute noch viele Männer damit, daß ihre Frau nicht arbeiten muß?

So ist es doch wohl kaum erstaunlich, daß die Selbstentdeckung der Frauen im zweiten großen Emanzipationssprung in den siebziger Jahren unseres Jahrhunderts einen Schock ausgelöst hat, ja noch schockiert, weil der Mann in den Industriegesellschaften nicht wahrhaben will, daß die Frau seine Identifikation mit der Rolle durchschaut, nicht zugeben will, daß er seine Identität dabei verloren hat. Sein Erschrecken weiterzudenken hieße, die Arbeitsgänge, die durch Rollenverhalten reibungslos verlaufen, in Frage stellen, die Mechanismen, die bis zur Zerstörung der Menschheit durchgeplant sind, erkennen – und vielleicht unterbrechen. (Die Frauen haben ja selten genug so große Rollen im industriegesellschaftlichen Mechanismus erreicht, um solche Umkehr-Entscheidung auszulösen!) Das heißt aber auch, daß der Identitätsanspruch der Frauen eine revolutionäre Kraft ist, die – weil sie das funktionierende Rollenbewußtsein des Mannes irritiert, vielleicht sogar außer Kraft setzen kann – den Menschheitsselbstmord aufhalten könnte.

Ich denke an die Frauen, die mit ihren kleinen Kindern auf dem Rücken oder an der Hand vor den Raketenstützpunkten demonstrieren, und ich denke an die Arbeiterinnen in den Hallen am Fließband, ich denke an die Frauen vor den Bildschirmen, denen nicht Zeit bleibt, sich zu wehren, und die doch wissen, daß sie nicht mehr kuschen müssen. Der Schock, den die Emanzipation der Frauen ausgelöst hat, ist (noch) ein Mittelschichtproblem (ein Nora-Problem), weil hier Rollenbewußtsein und Identität des Mannes und der Identitätsanspruch der Frau nicht zueinander stimmen, weil hier der Respekt vor der Frau am heftigsten gestört ist (weil nicht ausschließlich ökonomische Zwänge das Verhalten bestimmen). Und weil die Industriegesellschaften breite Mittelschichten hervorgebracht haben, löst das Nora-Problem (zeitverschoben) denn doch wohl den allgemeinen Schock aus.

Es müßte uns, den Frauen, gelingen, die Identität, der wir endlich wieder habhaft geworden sind, weil wir nicht nur lernen, arbeiten, sondern auch über die Phasen unseres Lebens bestimmen können, nicht an die Rolle abzugeben; denn verloren sind die Fähigkeiten,

Leidenschaften, Schwächen und Stärken nicht, die Frauen in Jahrhunderten gelebt haben. Das könnte eine Veränderung im Verhalten der Geschlechter zueinander auslösen, die Siegergeste des Rollenmannes vergessen lassen, mehr, in der Wahrnehmung der Ebenbürtigkeit der Frau den Rollenmechanismus fragwürdig machen, Sexualität und Erotik wieder aufeinander stimmen.

So erscheint der Schock, den die Emanzipation der Frauen in den Industriegesellschaften ausgelöst hat, als eine Chance, Entwicklung zu korrigieren, die Subjekt-Objekt-Beziehungen zwischen Mann und Frau zur Subjekt-Subjekt-Beziehung zu verändern, eine neue (uralte) Selbstwahrnehmung des Menschen zu fördern – wenn es nicht schon zu spät dazu ist.

Welche Hoffnung die Geste der Eva: die Geduld, zu überleben. Und welch ein Schmerz, wenn die Frauen in den Frauenhäusern endlich zu erzählen anfangen.

Nein, es darf nicht zu spät sein!

(1985)

Gespaltenes oder doppeltes Leben?

Gedanken über die Frau als Künstlerin

Niemand spricht heute mehr über die Emanzipation der Frau. Sie ist vollzogen, gesetzlich abgesichert. Alle Ausbildungswege stehen offen, junge Mädchen bevölkern die Universitäten, Frauen setzen sich in allen Berufen durch. Die klavierspielende Tochter vom Anfang des Jahrhunderts ist aus der Mode gekommen, die Suffragettenbewegung eine blasse, ein wenig belächelte Erinnerung. Amerikanische Frauengruppen auf Europareise mit ihrem Übereifer und ihrer zu jugendlichen Eleganz werden nicht ohne Mitleid registriert. Aber auch die Frauen in aufgeplusterten Arbeitshosen und mit den abgemüdeten Gesichtern der Überanstrengung, wie wir ihnen in den Ostblockstaaten begegnen, wenn sie Gleise aufschütten oder Straßenarbeiten durchführen, fordern unser Erstaunen, wenn nicht Mitleid heraus.

Was ist das, Emanzipation der Frau? Nicht ohne Absicht nenne ich extreme Verwirklichungen, nicht ohne Absicht spiele ich darauf an, daß die Emanzipation der Frau in erster Linie ein Problem der Gesellschaft ist. Die Durchsetzung des Wahlrechts, des Frauenstudiums waren Ziele, die zu Anfang des Jahrhunderts immer wieder formuliert wurden und in manchen Ländern noch werden, der Anspruch auf die gleiche Entlohnung für gleiche Arbeit ist noch heute offen, die Frauen in den Parlamenten sind zu zählen, die Frauen in gehobenen, also verantwortlichen Stellungen sind eine Minderheit, der Prozentsatz der im Studium scheiternden Studentinnen übersteigt den Prozentsatz der scheiternden Studenten, Ehescheidungen berufstätiger Frauen sind häufiger als die abhängiger Hausfrauen, das Frauenwahlrecht hat, wie nachgewiesen, Hitlers triumphale Wahlerfolge bewirkt.

Auslese durch die Gesellschaft, Hemmung durch die Gesellschaft – die Emanzipation ist nicht als geleistet abzutun. Noch immer sehen wir die willenlos schmachtenden Mädchen an Jünglingsarmen, wissen wir vom zunehmenden Rauschgiftverbrauch in den Oberschulen mit gemischten Klassen, haben wir alle die verstörten Gesichter der alternden Frauen in den gepflegten Zimmern der Nervenheilanstalten vor Augen. Es scheint, als sei die Frau in der modernen Gesellschaft aus ihrem Reservat entlassen und die Umstellung auf das Ausgesetztsein noch nicht ganz vollzogen. Denn noch immer ist die uralte Dreiheit: das Paar mit dem Kind, unangetastet, noch immer beobachten wir die gelösten Bewegungen junger Mütter, die unbeholfene Zärtlichkeit junger Väter und das Aufleuchten der abgebrauchten Gesichter der Arbeiterinnen und Angestellten, wenn von ihren Kindern die Rede ist. Und noch immer begegnen wir den Noras, gepflegt und kostbar und abhängig noch bei der Wahl des Nachtischs. Nachts dann die Frauen, die ganz selbstverständlich dem uralten Gewerbe der Prostitution nachgehen. Was ist also erreicht? Ist die Emanzipation der Frau nur halb geleistet, wie etwa die Emanzipation der schwarzen Bevölkerung in den USA? Oder muß die Frage lauten: Ist die Emanzipation der Frau der richtige Weg gewesen, den Platz der Frau in der modernen Industriegesellschaft zu sichern? Hat die rasche Industrialisierung, die das Individuum abschleift, um es einzuordnen, nicht die Idee von der Emanzipation der Frau, die noch auf Ausformung des Individuums zielt, überholt? Oder nötigt gerade dieser Verschleiß, den Begriff Individuum neu zu reflektieren, den in der Überlieferung geschlechtslosen Begriff zu differenzieren und – auf unser Thema bezogen: den sehr anderen Individuationsprozeß der Frau zu erkennen und zu bejahen?

Sicher ist neben der politisch-gesellschaftlichen Zielsetzung der Frauenbewegung das Bild der künstlerisch schöpferischen Frau nie in Vergessenheit geraten, ja, sind Künstlerinnenvereinigungen gleichzeitig mit den politischen Frauenverbänden entstanden und hat um die Wende zu diesem Jahrhundert die Entdeckung der Kulturleistung der Frau geradezu eine Umwertung der Kulturgeschichte herausgefordert – geschichtlich übrigens recht folgenlos, wenn man der Mutterschaftsverherrlichung in der Naziära den Platz zuweist, der ihr im rückwärtsorientierten Gesellschaftskonzept jener Zeit zustand. Daß das jedoch möglich war, ja, daß es noch heute der Traum vieler berufstätiger Frauen ist, nichts als Frau und Mutter zu sein, darf nicht übersehen werden. Die biologischen Voraussetzungen lassen die Frau noch im

Arbeitssaal oder in der Fabrikhalle Einzelgängerin sein. Jedem Gruppenerlebnis zum Trotz bleibt der Frau die geschlechtstypische Erfahrung der Erwartung eigen, die sie vereinzelt. Ihr Ich-Bewußtsein ist leichter zu beschädigen als das des Mannes. So ist das Ich-Du-Verhältnis wesentlich von dieser Erwartung geprägt, wird die Beschädigung des Ich dem Partner, nicht der Umwelt angelastet. Erst Schwangerschaft und Sorgepflicht für das Kind verändern die Beziehung zur Umwelt, ohne die Partnerbindung jedoch abzulösen.

Weil die Individuation der Frau sich partnerabhängig vollzieht, wird der Einbruch, den die Emanzipation darstellt, vorerst als Störung des Ich-Du-Verhältnisses durch die Umwelt erlebt, als atypischer Individuationsprozeß, als eine Gefahr, die viele Frauen instinktiv fürchten. Die Industrialisierung ging über dieses Dilemma der Frau hinweg. Die Nutzbarmachung ihrer Arbeitskraft war der politischen Emanzipation voraus gewesen. Daneben aber setzte das aufstrebende Kleinbürgertum des späten 19. Jahrhunderts die Tradition der Kunstpflege, wie sie vorher das Bürgertum vom Adel übernommen und den Frauen vorbehalten hatte, fort. Kunstpflege als Hausaufgabe für die Frau, ein Mißverständnis, sicher, doch auch ein tastender Versuch, ihre Eigentümlichkeit auszumessen. Gesellschaftsveränderungen finden ja schubweise und oft genug fragmentarisch statt. So etwa blieb die Wissenschaft bis auf wenige Ausnahmen dem Mann vorbehalten, doch als Künstlerin wurde der Frau in der sich ausformenden Industriegesellschaft das Recht auf Individualität und eigene Leistung zugestanden, obgleich ihr auch da viele Möglichkeiten verstellt blieben. Wir wissen von Käthe Kollwitz' Schwierigkeiten, einen Akademieplatz zu bekommen; wir wissen von Annette von Droste-Hülshoffs fast hilfloser Bindung an die Familie, wir wissen von Clara Schumanns übermenschlicher Energie, sich trotz der Kinder und trotz der Sorge um den kranken Robert Schumann als Pianistin durchzusetzen. Sicher, die mittleren Begabungen, die die Abhängigkeit von der Umwelt nicht als schmerzlich empfanden, kamen schon zurecht. Den großen Begabungen blieb die Doppelbelastung, das Leben als Frau und als Künstlerin zu leisten, also die geschlechtstypische Erfahrung durchzuhalten und im Werk zu reflektieren.

Gleichzeitig mit der Emanzipation der Frau vollzog sich die Institutionalisierung des Kunstbetriebs als Anpassung an die Industriegesellschaft – nicht plötzlich und kaum schon konsequent. Doch verlangte die Durchlässigkeit der bis dahin so festen elitären Schicht des kunst-interessierten Bürgertums das Management, das in früheren Zeiten für den Künstler niemals von so entscheidender Bedeutung gewesen war, solange nämlich das Verhältnis Mäzen–Künstler bestanden hatte. Die als Künstlerin emanzipierte Frau sah sich also sofort der neuen Belastung durch den Kunstbetrieb ausgesetzt, eine physisch-psychische Anpassung, der nur wenige standhielten.

Heute, mehr als ein halbes Jahrhundert später, sind zwar wissenschaftliche Hochleistungen der Frau noch immer selten, künstlerische Hochleistungen jedoch nicht seltener als die der männlichen Partner, ja, in Relation zur Zahl der Frauen, die sich den Künsten widmen, höher. Der künstlerische Dilettantismus, der zur bürgerlichen und nachbürgerlich-kleinbürgerlichen Gesellschaft gehörte, hat kaum mehr Bedeutung. Bedeutung allerdings hat – und das muß mit Bitterkeit festgestellt werden – die Zurückhaltung der männlichen Kollegen gegenüber der Leistung der Frau, die Attitüde des Wohlwollens, des Nie-ganz-ernst-Nehmens, Erfahrungen, die es besonders der jungen Künstlerin schwermachen, die viel eher als Geliebte denn als Schaffende wahrgenommen wird. Später billigt man der Frau Hysterie, Unbefriedigtheit, nie aber primär den Zwang zur künstlerischen Aussage zu, den noch jeder jugendliche Epigone männlichen Geschlechts für sich in Anspruch nimmt. Sicher trägt dazu bei, daß die künstlerischen Hochleistungen der Frau fast immer später datieren als die ihrer männlichen Kollegen mit gleich starker Befähigung. Ist das selbstverständlich? Und was verbirgt sich dahinter an Lebensleistung? Mehr noch, an Lebenskonflikt?

Die moderne Industriegesellschaft hat sich anders, als es zur Zeit der Frauenemanzipation schon abzusehen war, zu einer hochdifferenzierten Leistungsgesellschaft entwickelt, in ihrer sozialistischen Struktur ähnlich wie in ihrer kapitalistischen Struktur. Sie ist vom Wettkampf mit dem Ziel der Prestigesteigerung beherrscht, der weitgehend individuumsfeindlich und voraussehbar, wenn nicht planbar ist. Der freie Spielraum zur schöpferischen Leistung ist also von allen Seiten eingezwängt. Kraftanstrengung, Glück, List, Beziehungen sind in höherem Maße als früher Voraussetzung, diesen Spielraum zu gewinnen.

Die Frau aber schenkt ihrer Natur nach die Jahre ihrer physischen Höchstleistungsfähigkeit den Kindern, Jahre, in denen der Mann, der künstlerisch tätige Mann in der Umwelt und mit der Umwelt ringt. So erfolgt die intellektuelle Entfaltung der Frau physisch und nervlich gestört, ihre Gefühlserlebnisse erreichen dagegen eine Intensität, wie sie die Leistungsgesellschaft dem Mann nur noch selten gönnt. Die Gefühlskälte, von der etwa die Literatur heute Zeugnis gibt, ist vom Mann erfahren, die Herabstilisierung der Erotik zur sexuellen Verfügbarkeit primär vom Mann vollzogen.

Daß die Frau durch die Entwertung der Partnerschaft hilflos vereinsamt, muß nicht hervorgehoben werden. Ihre Reaktion ist vielfältig wie ihre Fähigkeit zum Rollenwechsel: rüde Anpassung durch Zurschaustellung von Gefühlskälte und zynische Sexualität, jüngferlich-demütige Verkrochenheit und Verbissenheit in die Leistung, hysterische Übersteigerung des Partnerschaftsanspruchs oder hochmütige Abwertung und Abwehr des Partners. Solche Reaktionen werden durch Schwangerschaften und mütterliche Pflichten gedämpft, ja oft genug umgewertet: Die Anpassung wird zur Kameraderie, die Sexualität stellt sich als Charme dar, die Demut als Hilfsbereitschaft, die eigene Leistung wird zur Selbstvergewisserung, der Partnerschaftsanspruch zur Selbstbehauptung. (Daß keine der Verhaltensweisen rein auftritt, gehört zum Wesen von Eigenschaften.)

Im Erlebnisraum der Familie ist die Emanzipation also nur wie ein Echo wirksam, das den Lebensrhythmus geringfügig ändert. Mit dem Heranwachsen der Kinder werden jedoch Kräfte der Frau freigesetzt, die im vortechnischen Zeitalter durch die Großfamilie und ihre Betreuung verbraucht wurden. Die Frau sieht sich vor der Aufgabe, die Errungenschaften der Emanzipation für sich selbst einzulösen, die Künstlerin sieht sich endlich, und angesichts des Vorrangs der Jugend in der Gesellschaft viel zu spät, in der Lage, ihre schöpferische Potenz ungestört zu nutzen. Sie hat wie jede andere Frau dem Wettlauf um das Prestige, der den Mann schon zwanzig Jahre seines Lebens gefordert hat, zugesehen, interessiert, kaum ganz beteiligt. Ihr Wunsch nach Selbstverwirklichung erscheint ihr anachronistisch. Ihre Gefühlserfahrung nimmt dem Anspruch jedoch die Schärfe. Sie hat ja den geschlechtsspezifischen Individuationsprozeß schon geleistet. Ihr obliegt es, die frauliche Erfahrung mit der zu vollziehenden künstlerischen Arbeit in Übereinstimmung zu bringen. Die Krisenhaftigkeit solchen Hinüberwachsens ist verständlich. Zu fremd ist der Vorgang noch der Gesellschaft. Zu fremd sind die Selbständigkeit und das Anderssein der

Frau nach den jahrhundertealten Gepflogenheiten. Zu fremd ist sie selbst auch den Geläufigkeiten der vom Manne geprägten Wettkampfsituation.

In dieser Krise erfährt die Frau ihr Leben als gespalten, als schmerzhaft zerrissen. Oft genug gelingt es ihr nicht, die Gespaltenheit in Doppelheit zu verwandeln, und sie flüchtet in Neurosen oder sehnt sich in die Zeit vor der Emanzipation zurück und verhält sich entsprechend. Das Bild der Großmutter, die die Enkel aufzieht, während die Mutter ihrem Beruf nachgeht, gehört in unseren großen Städten zum Alltag, in den sozialistischen Ländern – in Europa sind es vorwiegend die später industrialisierten Länder – ist es ganz selbstverständlich. Auch das zeigt, daß die Gesellschaft sich noch nicht auf die Emanzipation der Frau eingerichtet hat, daß sie deren »Sklavenarbeit« noch nicht entbehren kann. Mit Klagen darauf zu antworten ist gewiß nicht unberechtigt.

Wichtiger ist es, das doppelte Leben der Frau anzuerkennen und in den gesellschaftlichen Zusammenhang hineinzunehmen. Das ist noch nirgends ganz bewußt geschehen. Die »frauliche« Lebensphase der Frau wird noch immer und muß noch immer als verlorene Zeit gewertet werden, wenn die Potenz der Frau die Norm überschreitet. Die berufliche Anknüpfung ist dadurch für viele Frauen erschwert. Ihr selbst wird die Doppelheit noch immer eher zur Last als zur Erfüllung. Natürlich erlebt die Frau als Künstlerin die Doppelheit ihrer Existenz viel bewußter, auch wenn ihr die Krise der Umstellung erspart bleibt, da sie ja die künstlerische Arbeit nicht als Gegensatz zu ihrem Leben als Frau erfährt. Dennoch unterliegt sie oft genug der Doppelbelastung des innerhalb der Familie nach außen gekehrten Individuationsprozesses, der der eigenschöpferischen, nach innen gekehrten Leistung entgegensteht – und sie wird nie einen Sklaven als Helfer finden (es sei denn in einer verqueren erotischen Situation), wie der Künstler ganz selbstverständlich Sklavinnen findet, die die Störungen durch die Realität von ihm abhalten. Daneben aber macht ihr die Wettkampfsituation in den hochentwickelten Industriegesellschaften zu schaffen, die den Künsten quersteht und ein Großteil Kraft für das Management verbraucht, die sie in den Jahren ihrer familiären Bindung nicht zur Verfügung hat. So setzt der Trend zur Überbewertung der Jugend, der auch das Urteil über die künstlerische Leistung beeinflußt, die Frau als

Künstlerin ins Unrecht. Viele künstlerisch befähigte junge Frauen verzichten auf den fraulichen Individuationsprozeß, um der vom Manne geschaffenen Wettkampfsituation gewachsen zu sein. Jedoch die Gesellschaft, in der wir leben, will entdeckt sein, weil sie in der radikalsten Veränderung, die wir denken können, begriffen ist: weil sie das Individuum auszulöschen sich anschickt. Die Krisen, die daraus entstehen werden, sind in ihren Folgen zwar kaum schon absehbar; sie fordern aber auch, und vielleicht insbesondere die Frau, heraus, denn eine der Erfahrungen, die sie ins Spiel bringen könnte, ist ihr vorbehalten: Sie hat Gefühlsbindungen zu verteidigen, und sie hat die Chance, in dem doppelten Leben, das ihr zugewachsen, wenn auch kaum voll zuerkannt ist, aus diesem Erlebnisvorrat weiterzugeben: als Künstlerin immer der Erfahrung vom doppelten Leben näher als dem Erleiden der Gespaltenheit, sollte sie der Auseinandersetzung mit den die Veränderung der Gesellschaft begleitenden Krisen nicht ausweichen, sich aber auch nicht verleugnen.

Denn die Frau ist anders, erlebt anders, formuliert anders.

Vielleicht ist das ein Slogan, den wir nachtragen müssen.

(1971)

Die Frauen nehmen den Frieden ernst

Die Rolle der Frau in der
Bundesrepublik Deutschland seit 1945

Dieser Satz klingt wie eine Behauptung, die zu beweisen nicht mit mathematischer Schärfe möglich sein wird. Eine Behauptung, die ihre Kraft aus den Bildern nimmt. Damals, 1945, endlich der Waffenstillstand, das Ende des Krieges. Die Frauen waren erschöpft von den Dienstverpflichtungen in der Rüstungsproduktion, von den Hunderten von Bombennächten, vom Aufräumen: Scherben, Trümmer, Dachziegel, vom mühsamen und wie oft wiederholten Beginn in irgendeiner Kammer, wenn sie aus dem Keller, über dem das Haus zusammengesunken war, herausgebuddelt worden waren, wenn sie ein paar Besitztümer aus den lichterloh brennenden Häusern gerettet hatten. Wenn sie lebten. Sie waren erschöpft von den Warteschlangen, wenn es Kohlrüben, Kartoffeln gab. Sie waren erschöpft von der Sorge um die evakuierten Kinder, von der Sorge um die Männer und Söhne auf den Kriegsschauplätzen. Sie waren ganz allein – wenn ihnen ein Kind geboren wurde; wenn ihnen die Todesnachricht in dem Briefumschlag (grau oder blau) zugestellt wurde. Und sie waren allein in den Fabriken, auch wenn es da eine Solidarität der Unlust gegeben hatte, aber keinen Widerstand mehr in den letzten Jahren des Krieges. Sie waren allein, als sie mit Sack und Pack auf die winterliche Landstraße gingen, nachdem sie der Räumungsbefehl über Lautsprecher erreicht hatte. Sie schoben die Kinderwagen. Sie hockten in Planwagen, sie froren in Güterwagen, wie vorher die für Auschwitz und all die Lager bestimmten Menschen in Güterwagen gefroren hatten. Kinder starben ihnen, alte Mütter. Sie waren allein, auch wenn die Kellergemeinschaft um sie war, als sie vergewaltigt wurden. Sie waren allein, als sie durch die trümmerübersäten Straßen vorbei an gestürzten Panzersperren: umgestürzten Straßenbahnwagen, gefällten Bäumen, Betonklötzen und Pferdekadavern auf der Suche nach Männern, nach Söhnen, die, fast noch im Kindesalter zum Volkssturm eingezogen worden waren. Sie waren allein, als es darum ging, das Überleben einzurichten, als sie Arbeit suchen und annehmen mußten, die es gab: Aufräumen des Schutts der Schlacht, Schreibarbeiten in Verwaltungen, wo die Nazis (Parteimitglieder) ausgetauscht worden waren. Und sie blieben allein, bange Nachkriegsjahre hindurch. Die meisten ungelernt, vom Wickeltisch und Abwaschbecken weg. Viele waren verwitwet, waren Bräute, die nicht geheiratet hatten, waren Mütter, die ihre Kinder durchbringen mußten. Wer sprach da schon von Erziehung, wenn es an Grundnahrungsmitteln, an Milch und Gemüse, an Schuhen, Jacken, Hosen fehlte, an Kohlen für die ungewöhnlich harten Nachkriegswinter, an Wasser, weil das in den Steigleitungen gefror.

Bis in die frühen fünfziger Jahre hinein müssen wir von den Jahren der Frau sprechen, von den Jahren ihrer Friedensarbeit, die nicht politisch war und doch politischer als jemals vorher (die letzten zwei Jahre des Ersten Weltkriegs ausgenommen): weil die Frauen, von Ideologie und Chauvinismus enttäuscht, das Leben, Überleben, Weiterleben praktizierten. (Wir kennen seitdem Bilder aus den anderthalb hundert Kriegen seit 1945, wo die Frauen ihre Kinder durch die Sümpfe und vor den Giftgaswolken, vor den Einschlägen der Granaten weg, vor dem Hunger wegschleppen. Betroffene, sie immer zuallererst Betroffene, weil sie die Gebärenden, die Sorgenden und Fürsorgenden sind.)

In der Not sind die Frauen so allein wie Brechts »Mutter Courage«, wie die Mütter der großen Käthe Kollwitz.

Auch heute sind sie an vielen Orten allein (ich habe sie in Indien in den Slums, in den Banlieus europäischer und amerikanischr Großstädte gesehen, in den tourismusfernen Quartieren Moskaus, wo der Alkohol die Männer kaputtmacht; ich hab' sie in den Favelas des lateinischen Amerika gesehen und in Afrika). Ihre Kraft scheint überall ungebrochen, auch wenn sie ausgemergelt oder gedunsen sind. Sie wollen, sie dürfen nicht aufgeben. Und ich habe die Mütter und Großmütter der Plaza de Mayo in Buenes Aires kennengelernt, ihren Mut für ihre Kinder und die in den Gefängnissen geborenen Enkel einzustehen, ihre Verwegenheit, Nachrichten von den Verschwundenen von der Militärdiktatur anzufordern. Und ich habe die Frauen aus Nordirland kennengelernt damals auf der Höhe ihrer mutigen Kampagne für die Beendigung der blutigen Auseinandersetzungen.

Frauen können und dürfen und wollen nicht dulden, daß das Leben KEIN Ziel hat; daß es blindlings vernichtet wird.

In der Bundesrepublik gibt es derart existentiell dramatische Szenen im Augenblick nicht. Und doch ist die weltweit größte Dichte atomarer Waffen eine existentielle Bedrohung, da die sozialistischen Staaten ihre Antwortwaffen natürlich auch in Mitteleuropa stationieren und sich das Klima zwischen beiden deutschen Staaten immer wieder durch Feindbilder verschärfen läßt.

Wer heute die meist jungen Frauen an jedem Freitagnachmittag in den Fußgängerzonen der Städte und an belebten Einkaufsorten in ihrem Schweigeprotest sieht – junge Männer sind ihnen zur Seite, auch ihre älteren Kinder –, der wird sich nicht lächelnd abwenden können, sondern seinen Zorn auf die Gleichgültigkeit der Passanten nur mühsam zurückhalten, wie ihn die, die da eine Stunde lang schweigen, zurückhalten.

Und wer die ganz jungen Frauen und Mädchen kennengelernt hat, die die große Friedensaktion in der Dresdner Kreuzkirche zusammen mit sehr jungen Männern durchgeführt haben – sich des Risikos bewußt, dem die »Schwerter-zu-Pflugscharen«-Bewegung in der DDR ausgesetzt ist –, wird begreifen, wie stark der Friedenswillen in der Bevölkerung der beiden deutschen Staaten ist und welchen Anteil die Geduld der Frauen daran hat.

Fünfunddreißig, ja vierzig Jahre liegen zwischen dem existentiellen Überlebenwollen und den Friedensaktivitäten der Frauen heute. Gibt das Anlaß zur Hoffnung auf die Kraft der Frauen in der Welt, wo sie noch immer den größten Teil der Analphabeten stellen? Gilt denn die Macht der Ohnmacht der Frauen? Oder noch immer – und arroganter als je – die Macht der Manager/Männer?

Ich will nicht vom Abschluß des von der UNO verkündeten Jahrzehnts der Frauen in Nairobi sprechen. Ich will die Alltagsgeschichte der Bundesrepublik darstellen – ohne Pathos, nachdenkend. Es wird ja immer wieder gefragt: wo denn all die Frauen geblieben sind, die die Straßen von Trümmern freigeräumt, die Ziegelsteine abgeklopft, die Betriebe wiederaufgebaut haben, die in den ersten Jahren der jungen Bundesrepublik politische Arbeit geleistet haben. Und es wird geantwortet: Die Männer, die aus der Kriegsgefangenschaft zurückgekommen sind, haben sie verdrängt. Das ist eine unzulässige Vereinfachung, da die Spätheimkehrer aus den russischen Lagern nur einen kleinen Teil der Kriegsgefangenen ausgemacht haben, die anderen bis etwa 1950 entlassen worden waren. Es wird auch so argumentiert, als sei die außerhäusliche Arbeit nun wieder ausschließlich Sache der Männer gewesen, und wird vergessen, daß wir bis 1953 (in West-Berlin bis 1955) eine sehr große Arbeitslosigkeit hatten, weil die Industrie nicht schon wieder Aufträge hatte und die Rüstungsproduktion ja umgestellt werden mußte, jedenfalls bis zur Wiederbewaffnung der Bundesrepublik. Von Verdrängung der Frauen zu sprechen heißt das soziale Panorama verengen. Sicher, im Bankgewerbe, bei der Eisenbahn, bei der Post, auf dem Bau, in der Schwerindustrie, als Straßenbahn- und Omnibusfahrerin und Schaffnerin wurden Frauen ausgetauscht – und eben nicht nur, weil ihre Arbeit als Schwerarbeit eingestuft wurde, von der die Frauen wieder entlastet werden wollten! (Die Spätfolgen in der Lohnstruktur heute beschäftigen die Gewerkschaften.) Wichtig scheint mir aber, anzumerken, daß die Frauen damals sehr gern aus dem ungeliebten Berufsleben ausschieden, wenn es das Familieneinkommen nur ermöglichte, denn ihre Arbeitsjahre waren überaus hart gewesen, die Familien waren zerrissen gewesen. Die vier Wände um sich aufzurichten und einzurichten war also eine verlockende Aufgabe. Der Nachholbedarf an Geborgenheit war unvorstellbar groß. Und der Wunsch, sich irgendwo und -wie außerhalb der Familie zu engagieren, war durch die Frauenpolitik der Nazis und die Erinnerung daran abgetötet, waren doch in der Vielzahl der Naziorganisationen in den untersten »Rängen« Frauen eingesetzt worden, die mit Sammellisten von Tür zu Tür gingen. Plaketten und Aufkleber für die unterschiedlichen, immer sozial betonten Aufgaben verkauften – und sich nachher unter den Schuldigen befanden, obgleich sie größerenteils nur naiv gewesen waren. (Die KZ-Aufseherinnnen, die Frauen in den paramilitärischen Organisationen dürfen nicht mit ihnen gleichgesetzt werden.) Kurz, die Mehrzahl der Frauen hatte genug von Politik und Engagement. Und die Frauenbewegung, die gerade in der deutschen Geschichte seit Mitte des 19. Jahrhunderts so kräftig geworden war, blieb für die Nachkriegsfrauen von den Bildern ihrer Jugend, von den Bildern ihrer Mütter verstellt. Und so spürten sie kaum, daß die patriarchalische Politik der Adenauer-Ära gegen ihre Interessen gerichtet war, sie hinter den Diskussionsstand der 20er Jahre zurückwarf. Sicher, die Zahl der Abiturientinnen und Studentinnen blieb konstant. Die war ja auch in den Jahren 1933 bis 1945 nicht zurückgegangen. Auch die Zahl der ungelernten Arbeiterinnen ging nicht rapide zurück, weil die ökonomische Situation der Arbeiterschaft durch das Wirtschaftswunder nicht

unmittelbar verändert wurde, das ja Bedürfnisse erzeugte und Status-
symbole entstehen ließ, zu denen anfangs der Fernseher, die Waschma-
schine und dann erst das Auto gehörten. Das Schlüsselkind der 50er
Jahre ist also entweder das Kind einer Witwe, einer geschiedenen Frau
oder einer Arbeiterin. Kindergärten und Kindertagesstätten gab es viel
zu wenige, um die Vollberufstätigkeit der Frauen zu sichern. Und
Arbeitskraftreserven stellten die Flüchtlinge aus den Ostprovinzen, die
DDR-Flüchtlinge (und in West-Berlin die mehr als 60 000 Grenzgänger, die in Ost-Berlin wohnten, im Westen arbeiteten).

Als ich 1961 einen ersten Aufsatz über die Frau als Künstlerin veröffent-
lichte, war meine eigene Situation der Antrieb: die Erfahrung vom
immerwährenden Splitting der Kraft (Haushalt, drei Kinder, Mann,
Schwiegervater, die ewige Wäsche und Kocherei und Heranschleppe-
rei, die Schulsorgen und der Wickeltischrhythmus, die Energie fraßen,
die Zeit für meine künstlerische Arbeit zerrissen, das immer knappe
Geld machten mich krank, obgleich die Kinder in ihrer Entwicklung
mir Augenblicke schenkten, die mich die offenen Grenzen meines Ich
als Glück erleben ließen). Doch ich spürte, daß es die besten Arbeitsjahre waren, die ich mit dem Alltag verlor. Aber mein Aufsatz war
damals noch kein »Thema«, auch wenn in den traditionellen Frauen-
organisationen, deren profilierteste der Staatsbürgerinnenverband war,
der sich nach 1945 wieder gegründet hatte, die Doppelbelastung der
Frau natürlich thematisiert wurde, allerdings ohne entscheidendes
öffentliches Echo.

Anzumerken ist, daß die Mutterkreuzideologie der Nazis in den
Nachkriegsjahrzehnten noch vor der Freigabe der Pille kaum Echo
hatte.

In den 60er Jahren, nachdem der Mauerbau das Ausfluten und Ausblu-
ten der DDR gestoppt hatte, brauchte die immer noch expansive
bundesdeutsche Wirtschaft neue Arbeitskraftreserven. Die ersten Gastarbeiter waren in Spanien angeworben worden. Italien und Jugosla-
wien folgten, und ab Mitte der 60er Jahre wurde die Türkei zum schier
unerschöpflichen Arbeitskräftereservoir. Daß die Mehrheit der deutschen Bevölkerung immer noch »Fremdarbeiter« sagte, wie die während des Krieges zwangsverpflichteten Arbeiter aus den von Deutschen besetzten Gebieten geheißen hatten, spiegelt die erschreckende
Einstellung zu den Arbeitsimmigranten wider, die uns noch heute im
Ausländerhaß und der Asylantenpolitik der Bundesrepublik zu schaf-

fen macht. Die Frauen waren also noch immer keine Arbeitskraftre-
serve, und sie drängten sich auch nicht danach. Ihr Anteil an der Zahl
der bundesdeutschen Arbeitskräfte pendelte sich bei 36 bis 38 Prozent
ein wie schon 1933 im damaligen Reichsgebiet.

Und als Ende der 60er Jahre die Frauenfrage zum erstenmal öffentlich
diskutiert wurde (in Erwachsenenbildungsstätten, auf Konferenzen),
war das angeregt durch die amerikanische Frauenbewegung – und
nicht schon eine Antwort auf die Studentenrevolte, die ja die Frauenproblematik nicht thematisiert, sondern fast im Gegenteil durch Wohn-
gemeinschaftspraxis, durch Partnertausch als modischer Ideologie die
Frauen objektiviert hat. Der freie Sex, die erste binnengesellschaftliche
Wirkung der Pille, die die Nachkriegsgeneration voll erreicht, ist kaum
schon, zumindest nicht von der politischen Linken, nachgezeichnet
worden. Und der erhobene Zeigefinger der Konservativen ist wohl
eher eine Antwort von gestern.

Zusammen mit einigen Frauen machte ich damals eine Monatszeit-
schrift »Frauen – für Politik und Mitbestimmung«, die fünf Jahre
existiert hat. Die Suche nach Mitarbeiterinnen war völlig problemlos:
Die intellektuellen Frauen hatten in den verschiedensten Arbeitsgebie-
ten die Frauenbenachteiligung schon problematisiert.

Die Entwicklung zur neuen Frauenbewegung hin verlief nunmehr
schubweise. Den ersten Alarm gab das Magazin »Der Stern« mit einer
Prominentenumfrage zur Abtreibung. Der Paragraph 218, schon in der
Weimarer Republik eines der heißen Themen der Sozialdemokraten,
bedurfte der Reform. Die sozialliberale Koalition setzte dann in den
70er Jahren die Reform durch, wenn auch mit erheblichen Abschwä-
chungen. Alice Schwarzers Buch über den »kleinen Unterschied«
brachte die öffentliche Diskussion auf Hochtouren und ihr das Geld
zur Gründung der Zeitschrift »Emma«, der Zeitschrift von Frauen für
Frauen. Die Zeitschrift »Courage« entstand in West-Berlin, radikal-
feministisch, politisch wahrhaft »couragierter« als die »Emma«, weniger gekonnt gemacht. (Daran ist sie schließlich in den gemäßigten
frühen achtziger Jahren ökonomisch gescheitert.)

Es entstanden Frauengruppen, Frauenkonferenzen wurden gehalten,
Frauenverlage wurden gegründet, Frauenreihen in großen Verlagen
entwickelt, das Scheidungsrecht wurde reformiert, Frauenhäuser nach
englischem Vorbild eingerichtet – hier war Sarah Haffners Film über
die englischen Frauenhäuser das auslösende Moment –, Frauen wur-

den zu Filmemacherinnen und nahmen sich der Frauenproblematik an, eine Unzahl von Konfessionen und Reportagen wurde veröffentlicht. Das von der UNO verkündete Jahrzehnt der Frau trug dazu bei, daß sich die Frauen über die Landesgrenzen und Rassengrenzen und Ideologiegrenzen hinweg begegneten. Die Frauenbewegung ist als eine der großen Umwälzbewegungen der späten siebziger und frühen achtziger Jahre anzusehen – und das durchaus weltweit.

Ich will nicht wie die Frauen in Nairobi im Juli 1985 Bilanz ziehen. Und zur Euphorie ist kein Anlaß gegeben. Ich will versuchen, nachzuzeichnen, warum die Euphorie vielleicht enttäuscht worden ist. Und was dennoch erreicht werden konnte. Und was weiterwirken wird.

Dazu ein paar sehr persönliche Erfahrungen:

Mich hatte es immer interessiert, warum in der Bundesrepublik – und im Widerspruch zum Grundgesetz – die Frauen im öffentlichen Wirken so abseits standen. Warum Leistungen von Frauen immer minderbewertet wurden, warum, wo immer Frauen sich behaupteten im öffentlichen Leben, sie die außergewöhnlichen Leistungen brauchten, um anerkannt zu werden, wo männliche Kollegen mit Durchschnittsbegabung das gleiche erreichten. Das konnte nicht nur an der Doppelbelastung in den wichtigen Jahren zwischen dem 20. und 40. Geburtstag liegen. Das mußte andere Ursachen haben, zumal sich die Lebenserwartung der Frauen gegenüber früheren Jahrhunderten ja mehr als verdoppelt hatte. Ich begann, mich mit der Geschichte der Emanzipation der Frauen zu befassen, einem Prozeß, der in unserem Kulturraum gegen 1800 einsetzt, vornehmlich von Berlin aus, wo die nicht im Getto lebenden jüdischen Frauen verstehen lernten, daß sie doppelt benachteiligt waren – als Frauen und als Jüdinnen. Ermutigt waren sie durch Moses Mendelssohns Erziehung seiner Töchter und ihrer Freundinnen. In literarischen Salons versuchten sie, eine sehr offene Geselligkeit zu entwickeln und dadurch am kulturellen Leben Anteil zu nehmen. Henriette Herz – Gattin des leitenden Arztes am jüdischen Krankenhaus und Philosophen, der mit Immanuel Kant in enger Verbindung war – und Rahel Levin, später verehelichte Varnhagen, spielen hier entscheidende Rollen. Aber das Klima war vorbereitet. Wer Frauenbriefe dieser Jahrzehnte liest, erkennt, daß die Frauen gebildeter Männer ihren Bildungsanspruch, aber auch ihr Recht auf die eigene Entwicklung begreifen lernten. Und die Romantiker – unter ihnen Friedrich Schlegel – waren die ersten, die die Frauen zum Schreiben ermutigten. Eine Handvoll Frauen dieser Jahrzehnte bleibt in Erinnerung, ausgeprägte, eigenwillige Leben, ob nun Caroline Schlegel-Schelling, Therese Heyne oder Karoline von Humboldt zu nennen sind. Doch der Schritt zur Emanzipation – nämlich das Recht auf Ausbildung – war noch nicht gemacht. Die intelligenten Frauen waren wohl alphabetisiert durch Privatunterricht, Klosterschulen oder hatten sich selber so weit gebracht, aber ihre Bildung war die von Self-made-women, also lückenhaft.

Und auch die Schul- und Reformschulprogramme, das Universitätsprogramm Wilhelm von Humboldts, so kühn und vorausschauend es angelegt war, ließ die Frauen noch draußen.

Erst das Jahr 1848 und das Scheitern der Revolution setzte neue Akzente. Die Revolutionäre, die den Kampf um die Verfassung gekämpft hatten, die gescheitert waren, in Gefängnissen saßen oder emigriert waren, hatten Frauen an ihrer Seite gehabt, die mit ihnen zusammen das Elend der Arbeiter und Arbeiterinnen, das Elend der Kinderarbeit in der jungen Industrie angeprangert hatten. Eine von ihnen, Louise Otto-Peters, wird zur Vorkämpferin der Rechte der Arbeiterin, der Aufhebung der Kinderarbeit. Die Rechte der Arbeiterin, die Eingrenzung der Arbeitszeit, Lohngleichheit, Mutterschutz werden zu den zentralen Themen der jungen Sozialdemokratie (ab 1869). Zeitlich parallel und ausgehend von der Lehrerinnenvereinigung beginnt die Anstrengung um den Bildungsanspruch der Frauen, Abitur, Studium und um das Wahlrecht. Diese zweisträngige Emanzipationsarbeit ist nicht gegenläufig, sondern zuweilen kongruent, zuweilen einander ergänzend. Als schließlich 1919, also im europäischen Vergleich spät, für die Frauen im Deutschen Reich in der Weimarer Verfassung Wahlrecht, Abitur und Studium und Arbeiterinnenrechte verankert worden waren, hätte es das Emanzipationsproblem nicht mehr geben dürfen. Doch so einfach lassen sich alt gewordene Ordnungsvorstellungen nicht umkippen trotz guter Reformansätze im Schulsystem der Weimarer Republik, für die sich Helene Lange und Gertrud Bäumer eingesetzt haben. Und wenn die Wahlanalysen für 1933 und für später die besondere Zustimmung der Frauen für Hitlers Politik bezeugen, so dürfen wir das den Frauen kaum zum Vorwurf machen. Die Maßnahmepolitik der Nazis, die die Demokratie aufgehoben, beseitigte die Arbeitslosigkeit, wenn auch erkennbar war, daß es um Rüstungsproduktion und die Militarisierung der Nation ging.

Die Frauen waren also die schlimmsten Alltagssorgen losgeworden, auch wenn sie kaum Wohlstand erreichten, hatte doch schon die Darlehenspolitik von 1933 gezeigt, daß es den Frauen darum ging, daß die Männer Arbeit bekamen. (Bei Verzicht auf den Arbeitsplatz und Heirat wurde im März 1933 ein Darlehen von 1000,- Reichsmark angeboten [bei Geburt des 2. Kindes nicht rückzahlbar], schon im Sommer mußte die angebotene Summe halbiert werden, weil der Andrang auf den Standesämtern und auf das Darlehen zu groß war für den freigegebenen Etat. Im Herbst mußte es noch einmal reduziert werden.) Sicher, es waren vor allem die Frauen aus ungelernten Berufen, aus Dienstverhältnissen in Haushalten, die sich so entschieden. Aber die Frauen in den ungelernten Berufen stellen noch heute den Hauptanteil der arbeitenden Frauen!

Sie verzeihen dieses Ausschweifen in die kurze Geschichte der Emanzipation der Frauen. Ich wäre ohne die Erschließung dieser Geschichte kaum mutig gewesen, mich der Sache der Frauen anzunehmen.

Als Autorin interessierten mich natürlich vor allem die Leistungen, die Besonderheit der Literatur der Frauen nach 1945. Ich erschloß sie mir lesend und rezensierend und bereitete fürs Frühjahr 1977 eine Ausstellung vor, in der ich die Frauen in der deutschsprachigen Literatur seit 1945 vorstellte. Zuerst in Freiburg gezeigt, wanderte sie durch wichtige Bibliotheken in der Bundesrepublik und die italienischen Goethe-Institute und ist dann – weil unterdessen ergänzungsbedürftig – in der neuen Stadtbibliothek in Wiesbaden ins Archiv gelangt. Ich war sehr froh, ja vielleicht stolz, mehr als 50 bedeutende Autorinnen aus der Bundesrepublik, der DDR, Österreich und der Schweiz vorstellen zu können, die bis Mitte der 70er Jahre zu Ruhm und Ansehen gekommen und die deutschsprachige Literaturlandschaft mitgeprägt hatten. 1977 – vergessen wir nicht, daß zu der Zeit die Neue Frauenbewegung die Diskussion um die Benachteiligung der Frauen öffentlich gemacht hatte.

In den späten 70er Jahren machten wir in Berlin einen Kongreß mit dem Titel »Schreib das auf, Frau«. 3000 Frauen nahmen daran teil (Kinderbetreuung war eingerichtet worden), Frauen, die nicht nur den bekannten Autorinnen zuhören wollten, sondern die über sich und ihre Situation mehr erfahren wollten. Daraus entstanden Kurse im Berliner Frauenbuchladen in Kreuzberg, wo Frauen im literarischen Handwerksgespräch mit ihren Texten zusammenkamen. Etwa 2 1/2 Jahre wurden diese Seminare ehrenamtlich durchgeführt, bis sie endlich auch in Volkshochschulen Echo fanden. Schreiben als Prozeß der Selbstbestimmung, Selbstvergewisserung und Selbstanalyse – der Stellenwert solcher Erfahrungen spiegelte sich in den Frauenverlagen, den Frauenreihen der großen Verlage. Und in den Filmen von jungen Frauen, die vornehmlich aus der Westberliner Filmakademie hervorgegangen sind.

Ich muß nicht von den internationalen Kontakten sprechen, die sich wie von selbst herstellten. Italien, Frankreich, Niederlande, Skandinavien und die osteuropäischen Staaten, Nordamerika, Südamerika, Nordafrika, Indien waren Stationen für mich. Ich lernte sehen und vergleichen, traf immer wieder auf die unterdrückten Frauen. Aber wie denn? Habe ich nicht davon sprechen wollen, daß Frauen den Frieden ernst nehmen? Und bisher kein Wort davon? Oder doch: Die Erkenntnis, daß die Frauen, auch gerade die, die sich für ihre Familien entschieden, genug hatten vom Krieg, selbst wenn sie dabei – in den 50er Jahren in der Bundesrepublik – unpolitisch wurden.

Eine grundlegende Änderung dieser Haltung, die der Bewahrung des Friedens Vorrang gibt, ist kaum zu registrieren.

Sicher, im sozialpolitischen Feld sind Positionen erobert worden; unter den Betriebsräten, unter den Vertrauensleuten sind jetzt aktive Frauen zu finden; einige große Städte haben Frauenbeauftragte eingesetzt, um den im Sozialumfeld Benachteiligten zu helfen. Und die Partei der »Grünen« hat den Frauen die lange Laufbahn erspart, die die alten Parteien noch immer praktizieren. Hier haben Frauen friedenspolitische Fragen, deutschlandpolitische Fragen im Bundestag aufgeworfen (wir wissen, wie sie mißachtet wurden). Und in der strukturell offenen Friedensbewegung haben sich Frauen aktiviert, zuerst vor allem unter dem Slogan »Frauen in die Bundeswehr? Wir sagen nein«. Die Initiatorin dieser Arbeitsgruppe, Frau Berg, ist leider an Krebs gestorben, aber die Gruppe zählt zu den aktiven Gruppen in der Friedensarbeit, Frauen haben Friedensmärsche organisiert und durchgeführt, Frauen sind in der Gruppe der Ärzte gegen den Atomkrieg besonders aktiv, Frauen stellen ein großes Potential der Gruppen, die allwöchentlich am Freitag das »Schweigen für den Frieden« demonstrieren – in den Fußgängerzonen fast aller großen Städte. Und doch sind kaum Frauen Sprecher der Friedensbewegung (wir vier, fünf, die wir uns lautstärker engagieren, sind zu wenige).

Und dennoch: Frauen nehmen den Frieden ernst. Stimmt das denn?

Ich habe zu skizzieren versucht, wie zögernd das Erwachen der Frauen zu sich selbst in der Bundesrepublik vor sich gegangen ist. Und ich muß nun festhalten, wie die, durch die große Arbeitslosigkeit bedingte Sozialsituation wieder dadurch entspannt werden soll, daß den Frauen das konservative Rollenklischee schmackhaft gemacht wird. Wer den Vorschlägen, die auf dem CDU-Parteitag in Essen im Frühjahr 1985 diskutiert wurden, aufmerksam zugehört hat, erkennt den Versuch, die Frauen zu täuschen. Das Mutterschaftsgeld ist seit dem 1. Januar 1984 bereits um 240,– DM gekürzt worden, an Wohn- und Kindergeld sind Einsparungen gemacht worden, die sozialen Dienstleistungen sind zurückgenommen worden, die Bafög-Kürzungen (das sind Unterstützungen während des Studiums) treffen die jungen Frauen, die oft durch Schwangerschaft unterbrechen müssen, härter als die jungen Männer. Und die Diskussion um die Hausfrauenrente/Mutterschaftsrente ist vage geblieben. Die Unterbezahlung der Frauen in den Fabriken ist Realität (weil sie vornehmlich ungelernte Arbeit machen und ihnen Weiterbildungschancen kaum offenstehen). Parallel dazu läuft eine Propagandawelle, bei uns vor allem an den Schlagern abzulesen, herauszuhören, die zu den gängigen Zeiten ausgestrahlt werden.

Daß hinter alldem bevölkerungspolitische Überlegungen stehen – der rapide Geburtenrückgang, Pillenknick genannt –, macht in unserem vernetzten Sozialsystem tatsächlich Sorge, doch zugleich spart die fortschreitende Automatisierung immer mehr Arbeitskräfte ein – bei gleichem Bruttosozialprodukt. Es steht also schlecht um die weiteren Fortschritte der Emanzipation der Frauen. Und ihr Bemühen um den Frieden, ihr endlich mobilisiertes Interesse für die politische, die beängstigende Situation, in der wir leben, hätte wenig Artikulationsspielraum – wenn da nicht die Frauen wären, die in den 70er Jahren die Wiederaufnahme der Emanzipationsprozesse vorangetrieben hätten und die heute in politische und öffentliche Verantwortung drängen, eine gutausgebildete und gebildete Generation, die von den älteren, die als einzelne in den stillen Jahrzehnten der Frauenemanzipation durchgehalten haben, gern das Wort übernommen haben und mit der heute so selbstverständlichen Internationalität Foren für das Friedensengagement geschaffen haben, auf denen die Benachteiligung der Frauen in der Dritten Welt ebenso als friedenbedrohend thematisiert wird wie die notwendige Gemeinsamkeit in der Konfliktbewältigung, nicht allein durch Emotion, sondern durch Wissenschaft und Technik. Denn anders ist Frieden nicht zu praktizieren.

Möge es uns Frauen gelingen, diesmal durchzuhalten und nicht in die alten Rollen zurückzufallen, die von uns Adoration, also Fügsamkeit und Schweigen, erwarten.

Zum Schweigen ist es zu spät, wenn wir überleben wollen.

(1985)

VII.
Zum Anlaß genommen

Die Chance, ICH zu sagen

Rahel Varnhagen, die Poetin des ICH

»Nach Beendigung unseres Schicksales haben wir gleiche Gefühle wie
vor Anfang desselben. Eine Art von vagem, neugierigen Jugenddasein,
ein zum All gehöriges Dasein. Wenn man sich nun einmal hat verlieren
müssen, so ist es schön, diese kleine Seligkeit, diese zweite Jugend noch
auf der Erde abzuleben, sie auch nur zu kosten. Welch ruhevolles,
genußergiebiges Daseinsgefühl ist es, gleichsam nur zur Atmosphäre
gehörig, mit ihr und durch sie zu leben; mit einem Geist gekrönt, der
dies betrachtet; mit einem Herzen im Busen, welches dies allen Mitge-
schöpfen verschaffen möchte.«
Wenige Monate vor dem Tod notiert Rahel diese Überlegungen, diese
Selbstbeobachtung von ungeheurer Hellsicht. Die Entdeckung des
über die eigenen Grenzen hinwegreichenden Erfahrenwollens, die
Lebenslust, Lebensneugier, die diese Grenzen öffnet. Und, näher an
der Realität und fast unmittelbar visionär, in einem Brief an Lea
Mendelssohn-Bartholdy (die Mutter des Komponisten) vom 24. Dezember 1832: »Sie werden doch gestehen, daß selbst noch in Ihrer
Jugend weder Weihnachten noch andere Geburtstage herrschten, wie
sie es jetzt tun, Luftballons, Telegraphen, Eisenbahnen, Gedanken-
Perspektiven werden noch kommen (mit denen man Gedanken durch
die Köpfe sieht), Wettermacher und ganz neue, uns unbekannte Feste.
Ich lade Sie und mich schon jetzt darauf ein: denn an Sterben wird
nicht mehr zu denken sein; das ist eine inadvertance, und dagegen wird
zuerst gewirkt werden. Aber plötzlich Adieu! –«
Sterben ein Versehen? Eine ganze Epoche wird damit ausgelöscht, das
Pathos des Todes, die Todessehnsucht, die Feier des Schmerzes (wenig
vorher noch bei Novalis) abgetan.
Und das eigene Leben, das Streben nach Selbstentdeckung, Selbstbehauptung, Selbstdeutung mit leichter Hand aufgehoben. Fast verspielt
dann die reale Zukunftsvision. Ist das Rahel, wie sie überliefert ist: die
faszinierende und faszinierte Freundin bedeutender Zeitgenossen, die

verständnisvolle Freundin des Prinzen Louis Ferdinand und seiner Geliebten, Pauline Wiesel? Die zur Ich-Entdeckung und Ich-Hingabe so fähige Briefpartnerin des jungen Alexander von der Marwitz? Die klug abwägende Gefährtin Varnhagens? Die Gastgeberin, die Achim von Arnim neben den Verleger Cotta an den Tisch setzt, weil sie hofft, dem so erfolglosen, begabten Dichter einen Verleger zu verschaffen? Ist es die wahllos Liebende der jungen Jahre – unter dem sozialen und ökonomischen Druck, einen Mann finden zu müssen, der sie versorgt, weil anders sie in der Abhängigkeit der Familie, der Brüder und ihres Geschäftes bleibt (und sie bleibt es – zu lange, über den Tod der Mutter hinaus – eine Mittvierzigerin, als sie Varnhagen heiratet)? Ist es die alternde Frau, die den jungen Heine versteht und seine Schwäche sieht, oder die junge Frau, die über Goethe so klug schreibt, daß er erstaunt zustimmt (allerdings hatte Varnhagen ihre Aufzeichnungen nicht als die einer Frau und Jüdin gekennzeichnet, so daß Goethe von einem jungen Mann als Verfasser ausgehen mußte)? Ist es die, die mit Marwitz zusammen Fichtes Vorlesungen hört, seine *Reden an die Deutsche Nation* als Betroffene und Begeisterte aufnimmt? Ist es die, die in Prag während der Kriege gegen Napoleon Verwundete pflegt? Oder die Gattin Varnhagens (nun auch getauft), die am Karlsruher Hof mit Prinzessinnen parliert und sich »wie eine Pute auf fremdem Hof« fühlt, dort, und wenig später in Frankfurt anläßlich einer Begegnung mit Wilhelm von Humboldt? Ist es die, die ihrer Schwester Rose emanzipatorische Frauenhoffnungen in den Kopf setzt, sie aufmerksam macht auf die demütigende Abhängigkeit, die die geistigen Fähigkeiten erstickt? Ist es die, welche die Kinder ihrer Brüder wie kleine Wunder erlebt, großartige Einsichten über das Ganz-in-der-Gegenwart-Leben der Kinder aufschreibt? Ist es die, die Friedrich Gentz' politische Karriere in ihrer ganzen Rücksichtslosigkeit durchschaut und ihm doch zugewandt bleibt? Ist es die, die ihre Träume aufschreibt, die Poesien des Surrealismus sind? Ist es die, die Berlin beschreibt, die Straßen, die »struppigen Linden«, die mürrischen Menschen des Alltags? Oder die, die gern ins Theater geht und sich den Menschen in den Rollen einfühlt, von daher urteilt? Ist es die, die sich von Varnhagens sentimentaler Anhänglichkeit beruhigen läßt? Oder plant sie, noch während sie die große geistige Nähe zu Alexander von der Marwitz spürt, sich ihm anvertraut, ihn annimmt, schon die Versorgungsehe mit Varnhagen? (Die zeitliche Parallelität beider Begegnungen und

Briefwechsel läßt darauf schließen!) Ist es die immer ein wenig phantastisch und nicht sehr modisch gekleidete Frau, mit dem zu schweren Kinn keine Schönheit? Vom Alter gekrümmt, wird Grillparzer sie hexenhaft nennen und doch von ihrem Temperament, ihrem Genie der Wahrnehmung, der Reflexion gefesselt sein. Ist es die, die über den Saint-Simonismus nachdenkt, von der Schneiderrevolution 1830 irritiert ist, die nach Varnhagens Beurlaubung aus dem Dienst 1819 seltsam wenig über Verfassungsanspruch und Bürgerfreiheit reflektiert, die doch durch die wieder einsetzende reaktionäre Politik nicht nur in Preußen gefährdet war? Ist es die, die ihr Judentum hat hinter sich lassen wollen und die doch im Alter wieder hebräische Schriftzeichen benutzt, weil sie das Scheitern der Emanzipation begreift? Ist es die? Ist es die?

Die vielen Gesichter Rahels sind die Facetten eines Gesichts, spiegeln die Vielfalt eines Menschen wider, ohne daß ihr das je bewußt ist, weil sie re-agiert, auf Menschen, auf Hoffnungen, und der Reichtum ihrer Gedanken bald blühend, bald von der Resignation überschattet ist.

Eine Frau, die zur Kreativität aus eigener Kraft noch keinen Zugang hatte; eine Frau, die nur wenig gebildet ist (im heutigen Sinn von Ausbildung) und doch belesen, fähig, sich einzufühlen in einen literarischen Text, in ein Gegenüber, eine Sprachvirtuosin von Geburt. Das heißt für eine Briefschreiberin, für eine Gastgeberin natürlich auch Schwatz, Klatsch, aber ganz ohne Häme, anders als viele ihrer Zeitgenossinnen, deren Briefe uns vorliegen. Rahel sieht noch in der Schwäche den anderen. Und sie ist sozial so wenig privilegiert, daß sie sich Verachtung nicht leisten kann. Das macht sie manchmal blind, wie es Aufsteigern geschehen kann, ganz besonders in ihrer Jugend, als sich ihr Urteil erst schärfen mußte.

Wer ist diese Rahel, die keine Erzählung, keinen Roman, kein Drama, kein Gedicht hinterlassen hat, aber ein Briefwerk, das ihr einen hohen Rang in der Literaturgeschichte garantiert, nicht, weil es Zeitgeschichte hereinholt, wohl aber Menschen, und immer wieder sich selbst, ganz ohne Egoismus, ganz ausgeliefert auf dem schmalen Grat Erfahrung.

Ich darf hier ihre Lebensgeschichte nacherzählen, wie ich sie 1963/64 aufgeschrieben habe (*Berliner Salons – Literatur und Gesellschaft zwischen Aufklärung und Industriezeitalter*).

Ihr Vater, Markus Levin, ist Juwelenhändler und sehr wohlhabend. Sein Bild verrät die Sattheit des Reichtums; die Lippen aufgeworfen, die Kleidung üppig, den Stock leger in der Hand, die Haltung betont gerade, stellt er den »Selfmademan« zur Schau. Er »hatte, wie es hieß, ein sehr schlechtes Leben geführt, soll unter einer Räuberbande gewesen und gebrandmarkt gewesen sein; er war ungemein klug, aber nicht gut, er hatte die Lust an der Unlust; er war reich, sah viele Leute in seinem Hause, besonders aber Schauspieler. Die Frau war einfach und gut, dem Manne in jedem Sinne unterworfen.« So charakterisiert Henriette Herz in ihren Lebenserinnerungen die Eltern Levin, die sie als ganz junge Frau zur Leipziger Messe mitgenommen hatten, sicher nicht ohne den Nebengedanken, ein schönes junges Gesicht in ihrer Theaterloge und bei der Tafel um sich zu haben. Rahel ist auf dieser Reise noch ein Kind, ungefähr zehn Jahre alt, die Erstgeborene der Levins. Die Eltern sprechen das Judendeutsch jener Zeit, Rahel lernt nur Hebräisch schreiben. Welch ein Unterschied der Herkunft gegenüber Dorothea Schlegel geb. Mendelssohn oder auch gegenüber Henriette Herz geb. de Lemos. Der »verfluchte Makel der Geburt«, unter dem Rahel zeitlebens leidet, läßt sie das Judentum als Schicksal begreifen, das den beiden Vorgenannten kaum mit solcher Schärfe bewußt wird. Trotz Assimilierung und Emanzipation gelingt ihr das Einwurzeln in ihrer Umwelt nie ganz. Sie steht von Anfang an außerhalb der Gesellschaft und gewahrt dank ihrer hochempfindlichen Intelligenz frühzeitig die Gefährdung des Ich – und wird eben deshalb zur faszinierenden Persönlichkeit.

»Nun aber fing die alternde, vielleicht nie hübsche, von Krankheit zusammengekrümmte, etwas einer Fee, um nicht zu sagen Hexe, ähnliche Frau zu sprechen an, und ich war bezaubert«, schreibt Grillparzer über seinen Besuch bei der Sechsundfünfzigjährigen im Sommer 1827. Varnhagen hat ihn nach einer Sitzung der literarischen Mittwochsgesellschaft (die 1824 von Kriminalrat Julius Eduard Hitzig gegründet worden ist) mit zu seiner Frau genommen. Grillparzer betont seine Ermüdung. Aber »meine Müdigkeit verflog oder machte vielmehr einer Art Trunkenheit Platz. Sie sprach und sprach bis gegen Mitternacht, und ich weiß nicht mehr: haben sie mich fortgetrieben oder ging ich von selbst fort. Ich habe nie in meinem Leben interessanter und besser reden gehört.«

Noch die Alternde entzündet sich am Gegenüber, wie schon die Rahel des Salons in der Dachstube in der Jägerstraße. Diese Fähigkeit ist ihr Genie und ihre Tragik. Ohne eine wirkliche Tätigkeit, lange unverheiratet, kinderlos, schenkt sie sich immer wieder den Partnern, nimmt ihre Gedanken auf, moduliert sie und wirft sie zurück. Nehmend und gebend erprobt sie die eigene Festigkeit und durchlebt dabei die schmerzhaften Häutungen des Ich.

Die Lebensdaten verraten wenig: 1771 wird sie als älteste Tochter des Markus Levin in Berlin geboren. Vier weitere Geschwister folgen. Als junges Mädchen befreundet sie sich mit dem gleichaltrigen David Veit, der, ähnlicher Herkunft wie sie, entschlossen ist, in die Gesellschaft aufzusteigen. Als Medizinstudent wird er ihr erster Vertrauter (Briefwechsel 1793–96), der ihr nicht verhehlt, daß er sich taufen lassen werde, um seine jüdische Herkunft hinter sich zu lassen. Rahel ist neunzehnjährig, als der Vater stirbt und der um ein Jahr jüngere Bruder Markus das Geschäft übernimmt. Von nun an ist Rahel mit auf die Rente angewiesen, die ihr Bruder der Mutter zukommen läßt. Die gemeinsame große Wohnung ermöglicht ihr es dennoch, einen Salon zu eröffnen, der bald die bedeutendsten Männer Berlins versammelt und erst mit dem Zusammenbruch Preußens zu bestehen aufhört. Das wirtschaftliche Elend nach der Okkupation Preußens legt jede Geselligkeit lahm. Zwischen Rahel und ihrer Mutter führt es zu Spannungen, die diese noch kurz vor ihrem Tod zum Auszug aus der gemeinsamen Wohnung veranlassen, die Rahel dann aufgibt. Bis 1810 haust sie sehr eingeschränkt in der Charlottenstraße.

Wir vermögen die Vorwürfe zu rekonstruieren, die Rahel empfindlich treffen müssen, weil sie selbst unter zwei fehlgeschlagenen Verlobungen leidet. Die Abhängigkeit von der Familie steht im schroffen Gegensatz zu der Souveränität ihrer Persönlichkeit in der buntgemischten Gesellschaft ihres Salons. Nach Abzug der Franzosen bessert sich wohl die Lage der Levins, aber die Mutter stirbt 1809 ohne Testament. Rahel bleibt auf den guten Willen ihrer Brüder angewiesen und hat nach Auflösung ihres Salons wenig andern Umgang als den mit der Familie. Ab 1810 nennt sie sich Rahel Robert wie ihr Schriftstellerbruder Ludwig, der sich schon 1800 hat taufen lassen. Nach ihrem Aufenthalt in Prag, während der Kriegswirren, wo sie Verwundete pflegt, Spenden und Essen verteilt, heiratet sie 1814 Karl Varnhagen, der sich sein Adelsprädikat bereits hat bestätigen lassen und sich Varnhagen von Ense nennt. Am Hochzeitstag läßt Rahel sich auf den Namen Antonie Friederike taufen. Im Oktober des Jahres folgt sie ihrem Mann, der als Mitglied des Diplomatischen Korps am Wiener Kongreß teilnimmt, in die österreichische Hauptstadt und bleibt dort auch nach seiner Abreise bis in den Sommer 1815 bei der Familie von Arnstein. 1816 zieht das Ehepaar nach Karlsruhe, wo Varnhagen preußischer Geschäftsträger geworden ist. Nach seiner Abberufung kehren beide 1819 nach Berlin zurück und eröffnen in ihrer Wohnung einen Salon. Unterbrochen von einigen Reisen, währt der Aufenthalt in Berlin bis zu Rahels Tod 1833.

Ein weitgespannter Briefwechsel legt die innere Biographie dieser Frau bloß, die sich immer im andern sucht, die aus der verzweifelten Isolierung ausbrechen will, in die sie hineingeboren ist, und nicht nur an den glatten Wänden, die das Vorurteil errichtet hat, abgeleitet, sondern in ihrer verzehrenden Leidenschaft, sich zu finden, eine Distanz um sich schafft, die zu einem Vakuum wird, das immer wieder von den Funken genialischen Eingehens auf die Freunde übersprungen wird. Ohne diese Leidenschaft wäre sie ein Niemand geblieben. Sie will sich darstellen, um sich zu erfahren. Sie hat kein Ziel außer sich selber, kein politisches Ziel etwa, wie es ihrer Herkunft und ihrer Zeit nahe-läge, in der der Judenälteste David Friedländer 1799 in einem *Sendschreiben einiger jüdischer Hausväter* die Massentaufe anbietet, um die Assimilation der Judenschaft zu erleichtern; in der nach der Ablehnung dieses Angebots bis 1810 zehn Prozent der Berliner Judenschaft sich taufen lassen und 1812 die Emanzipation auf den Grundlagen der Dohmschen Forderungen (von 1781 bis 1783) erfolgt. Rahel identifiziert sich aber auch nicht mit Preußen, obwohl sie einsieht, daß sie ihre Sonderstellung außerhalb und doch nicht ausgeschlossen aus der Gesellschaft Friedrichs II. Politik der Toleranz verdankt. Ihre Freundschaften mit Prinz Louis Ferdinand und später mit Alexander von der Marwitz bleiben ohne politische Konsequenz. Und wenn sie auch 1813 aus Prag, wo sie für die Verwundeten der Befreiungskriege sorgen kann, so gelöst schreibt wie nie in ihrem Leben, wenn sie auch Fichtes *Reden an die Deutsche Nation* im Winter 1807/08 mit großem Anteil gehört hat und Fichtes jäher Tod im Januar 1814 an Lazarettfieber sie erschüttert, so hat sie doch auch Napoleon bei seinem Einzug am 27. Oktober 1806 als den Sieger begrüßt, als den großen Feldherrn, die große Persönlichkeit, nicht als den, der die Gesetze der Revolution, die auch die Gleichstellung der Juden betreffen, mit sich bringt. Ihr Denken ist durchaus unpolitisch. So geht auch die Wendung der preußischen Politik vom Liberalismus zur Reaktion, die sich nach der Ermordung Kotzebues 1819 radikal vollzieht, an ihr vorüber, obgleich sie Varnhagens Demissionierung mit sich bringt. Sie ist so sehr Ich, daß sie am Zustand der Gesellschaft nur leidet, wenn dieses Ich in seinem Anspruch getroffen wird, und sie ist vielleicht darum zur Persona ingrata der Assimilation geworden. Sie, die Jüdin, hat die Selbstwerdung und Vervollkommnung, die von der Aufklärung rational unterbaut, von der Klassik als Ideal entworfen und von der Romantik als Offenbarung transzendentaler Mächte erfahren wurde, als die natürliche, selbstverständliche Aufgabe der Menschheit angenommen und in der Dachstube in der Jägerstraße als utopische Möglichkeit der Gesellschaft vorwegpraktiziert.

Rahel ist nie aus dem Gedächtnis Berlins entschwunden. Ihr Leben umfaßt die Spanne Zeit, in der sich das achtzehnte Jahrhundert in das neunzehnte wandelt. Fichtes *Reden an die Deutsche Nation*, Schleiermachers *Reden über die Religion*, Wilhelm von Humboldts Abhandlung *Über die Verschiedenheit des menschlichen Sprachbaues und ihren Einfluß auf die geistige Entwicklung des Menschengeschlechtes*, die Gründung der Berliner Universität, die Stein-Hardenbergschen Reformen, Anspannung und Rausch der Befreiungskriege – vielerlei Symptome künden die strukturelle Veränderung der Gesellschaft an. Die Demagogenverfolgung, das Druckverbot für die Fichteschen Reden 1824, die Überwachung der Schleiermacherschen Predigten, die Entlassung Wilhelm von Humboldts, Grolmans, Boyens, Beymes, der traurige Ruhm der Hausvogtei und des Köpenicker Schlosses, in denen die wegen liberaler Gesinnung verhafteten Bürger eingekerkert werden, die Finanzkatastrophe von 1826, der Bau der ersten Mietskasernen vorm Hamburger und Oranienburger Tor, die Teuerungen, die Auswanderungswellen – Rahel hat in Baden das Elend der zur Auswanderung sich sammelnden Familien gesehen –, das Hambacher Fest signalisieren die Krise des untergehenden absolutistischen Feudalismus. Aber auch die ersten Vorzeichen des technischen Zeitalters machen sich bemerkbar. 1826 wird die Straßenbeleuchtung in Berlin auf Gaslaternen umgestellt, schon 1815 ist das erste kontinentale Dampfschiff auf der Spree gefahren, wenn auch der Dampferverkehr erst 1825 für die Wirtschaft nutzbar gemacht wird; 1821 wird das Gewerbeinstitut von Beuth in der Klosterstraße eingerichtet, 1824 die Gewerbeschule von Klöden eröffnet und der humanistische Bildungsweg damit in seiner begrenzten Anpassungsfähigkeit an das heraufkommende Industriezeitalter gekennzeichnet. Der Maschinenbau gewinnt in Berlin Bedeutung, und ab 1816 werden die Ausfallstraßen ausgebaut, der Eisenbahnbau wird vorbereitet, der Zollverein durch Aufhebung der Binnenzölle angestrebt. Rahel nimmt von den Zeiterscheinungen vor allem die menschliche Not wahr. Vielleicht darum empfindet sie die Nichtigkeit des Lebens in der Gesellschaft um so heftiger, je seltener ihr das Glück der Partnerschaft im Gespräch zuteil wird. Die Veränderung der Außenwelt, die ja in den biedermeierlich stillen Straßen mit den Brunnen und Wassertrögen und Schmutzwasserrinnen kaum schon sichtbar ist, ahnt die Alternde mehr, als daß sie sie präzis erfaßt. »Und sehen Sie nicht nur die Unordnung, sondern was die in der Zeit sich folgenden Menschen zu wollen haben«, schreibt sie an Gentz: »Fassen Sie ins Auge, was Weltwirrwarr, alte Sünden, längst Verfehltes nun erlaubt, und wohin eben dies drängt.« Aber sie selbst wird von der Angst heimgesucht, nicht mehr in die Zukunft zu greifen: »In der Welt fürchte ich nichts so als Pöbel, Hornvieh, Unvernunft.« Sie hat abgeschlossen. Sie ist kränklich. »Unter reinen Menschen müßte ich wenigstens sein. Nur einen Punkt Mensch im Menschen, und ich hebe uns wie mit dem berühmten Hebel nach allen Welten.« Sie ist einsam. Sie hat ihr Leben als einen großen Versuch, zum Ich zu werden und als Ich zu wirken, unternommen. Die ihr begegnet sind, haben den Zauber ihres lebhaften Geistes gespürt, Varnhagen hat sich zum Sammler ihrer vielfältigen Äußerungen gemacht und versucht, sie zum Bild zusammenzusetzen. Dabei ist die Wirkung dieser Frau kaum festzuhalten: ihre sprunghaften Gedanken, ihre brillant ungeordneten Briefe, ihre Tagebücher sind gesprochen, ihre frühe Freude an schäbiger Kleidung, ihre spätere Lust an farblicher Extravaganz sind Eigenschaften einer Schauspielerin wie auch die Fähigkeit, sich auf die verschiedensten Menschen einzustellen. Ihre Besonderheit aber ist die Fähigkeit, immer auch sich selber zuzusehen, überempfindlich, hochgespannt das Vakuum des Ich zu erfahren und seiner klassischen Würde zu mißtrauen.

Ich gebe meine Unfähigkeit zu, nach 20jähriger, immer erneuter Beschäftigung mit Rahel und ihren Briefen, mit ihrer kaum zu greifenden Wirkungsgeschichte eine Philosophie aus den überlieferten Briefen und Aufzeichnungen, die Friedhelm Kemp im Kösel-Verlag hervorragend ediert hat, nachzuweisen. Denn schon beim Versuch, Zitate aus den Briefen herauszuziehen und das Prinzip der zeitlichen Abfolge einzuhalten, wird deutlich, daß nicht die Unantastbarkeit eines Gedankengebäudes ihre Sache ist, sondern daß die ungewöhnliche Sensibilität des Reagierens auf den Partner, seltener die Partnerin, ihr Denken und die Bildkraft ihres Denkens bestimmt. So bleibt sie Alexander von der Marwitz, dem sie sich wohl am weitesten geöffnet hat, immer auch in seiner Menschenverachtung getreu, die ihr das Ja zum Anderssein, ihre Außenseiterposition erleichtert, mehr noch, sie darin erhöht.

»Gott hat mir eine große Gabe verliehen; ich habe ein Herz, was außer sich sein kann; keines Menschen Geist ist mehr darauf gestellt, faßt mehr, was Verzweifeln ist, als meiner; ich will aber einen Gegenstand erwägen, all seine Seiten betrachten, ihn in seinen Beziehungen richten und messen, so legen sich wie durch ein Gottesgebot alle Wellen des hochbewegten Gemüts; und wie auf einem erhabenen Berge allein vermag ich zu urteilen und zu beschließen. Nur eine Leidenschaft, Zorn, kann mich da hinabschleudern.«

Und im selben Brief:»Nationales schaffen Jahrhunderte, und der beste Wille des besten Einzelnen kann es nur gründen, nicht schaffen. Wie wird es unter den zwei schon unter sich verschiedenen Völkern sein; wovon das eine so sehr zur Nation gezimmert ist, daß es glatt und fertig nichts Fremdes mehr aufnimmt? Ein anderes ist es, wenn der dringende Augenblick Nation mit Nation aufregt, wie Sturm verschiedene Erden. Es ist hart, in einem stagnierenden kranken Lande mitzusiechen; es ist hart; die kranken Freunde der pesthaften Not zu überlassen; und dereinst zu erfahren oder nie, wer blieb, was blieb, wer sank!«

Sehr deutlich der Einfluß der Fichteschen Vorlesungen, sehr deutlich das Nachdenken über Verantwortung und Grenzen des einzelnen, wie sie ja Fichte, als Jüngling von der Französischen Revolution begeistert (nach dem Scheitern des Rastatter Kongresses der deutschen und vornehmlich der württembergischen Jakobiner 1798), über Jena und Halle in das von Napoleon besiegte Berlin gebracht hatte.

Ganz anders reagiert sie neben tiefer Resignation und Selbstanklage auf Varnhagen, beinahe nüchtern ein wenig und pathetisch, wenn sie schon 1816, zwei Jahre nach der Eheschließung, ein sentimentales Testament aufsetzt oder immer wieder mit Bildung kokettiert. Sie kann das, noch der Literatenklatsch aus ihrer Feder hat Charme. Aber sie bleibt dahinter verborgen, wohl auch bedrückt, das lassen die Briefe an die Schwester erkennen, in denen sie immer wieder von der Enge des Frauenlebens schreibt (und die wahrscheinlich offeneren Briefe an Pauline Wiese, die lange als durch Varnhagen vernichtet galten). Ganz anders auch die Briefe an die beiden Verlobten: Finckenstein und d'Urquijo, von denen sie sich jeweils nur Wunschbilder entworfen hat, die als Personen ganz farblos bleiben; ganz anders die Briefe an Friedrich Gentz, die ihn so genau charakterisieren. Ganz anders, ganz anders . . .

Und doch die Poetin des Ich? Die von ihr angenommene Chance, ICH zu sagen?

Sie hat sehr früh schon die Tradition der jüdischen Familie hinter sich gelassen und hat nach der Taufe keinerlei christliche Bräuche angenommen. Sie hat in dem Pariser Jahr sicher einiges von der Französischen Revolution begriffen, gerade durch Wilhelm Bokelmann, der sie durch die Stadt begleitet hat, auch wenn sich davon nichts in den Briefen findet. Aber die ungeheure Freiheitserfahrung, die sich gerade in den Briefen kurz nach 1800 darstellt, ist sicher nicht von ungefähr. Ich meine sogar, sie ist für ihr Leben prägend gewesen. Brief an David Veit aus Paris, in dem sie ihr Verhältnis zu Bokelmann beschrieben hat – 2. April 1801:

»Und wie wir besser werden, wird es auch besser. Ich werde wirklich besser: also bin ich es von Ihnen überzeugt, und alles ist gut. Nur der Zweifel kann uns dieses Glück rauben! Ich leid' es nicht, und ich zweifle nie. Ist das erhaben, so bin ich es. So, denk' ich mir, ist Religion; man bedarf sie, und dann hat man sie gleich. Wer braucht Geschichte? Brauchen wir Beweise? Wir wollen Stifter sein, mögen uns andere nachglauben.«

So also sieht sie sich gegenüber dem anderen Aufsteiger aus der jüdischen Außenseiterschaft, dem Freund der jungen Jahre. »Sie haben ein großes Glück. Seiner Geschichte nach, wovon man die letzte unverstandene Ankunft der Erscheinung Chance nennt, und seinem innern unendlichen Werte nach! Welche Freundin haben Sie gewählt, gefunden und empfunden! Ich verstehe einen Menschen, SIE ganz. Vermag es, wie doppelt organisiert, ihm meine Seele zu leihen, und habe die gewaltige Kraft, mich zu verdoppeln, ohne mich zu verwirren. Ich bin SO einzig, als die größte Erscheinung dieser Erde. Der größte Künstler, Philosoph oder Dichter ist nicht über mir. Wir sind vom selben Element, im selben Rang, und gehören zusammen.«

Das mag nur dem als Hochmut einer Dreißigjährigen erscheinen, der nicht weiß, daß David Veit durch sein Studium der Arzneiwissenschaft die Enge der Herkunft hinter sich gelassen, nach einer Reise mit Abraham Mendelssohn nach Paris in Hamburg als Arzt tätig war, auch Vorlesungen hielt und publizistisch tätig war; der nicht weiß, welchen Respekt Moses Mendelssohn seinen jüdischen Mitbürgern verschafft hatte und wie selbstverständlich die Hoffnung auf gleiche Rechte der Minderheit in jenen Jahren war. Das Ich war nicht das aufgeputzte Ersatz-Ich, das das Jahrhundert entwickeln würde, um es im 20. Jahrhundert zum Egoismus verkümmern zu lassen; es war die Entdeckung nach der Überwindung religiöser Strenge; es war das Ich der *liberté*, der *égalité*, der *fraternité*.

Mit einem solchen Anspruch zu leben hätte Rahel verhärten können. Aber sie hat anderes gefolgert: sie hat *fraternité* probiert, hat Verständnis, Mitfühlen probiert (sicher nicht ganz selbstlos, dann wäre *fraternité* ja doch auch verlogen!); es hat ihr gutgetan, Vertrauen zu geben. Sie war so reich begabt, daß sie strahlen, ausstrahlen mußte, bis zuletzt. Sie hat wenig angenommen. War immer die Gebende, zuweilen, in den späten Jahren im Varnhagenschen Salon die Statistin ihrer selbst, weil Mittelmäßigkeit sie nicht herauslockte. Aber wenn Grillparzer gegenübersaß, wenn der junge Heine den Salon-»Betrieb« sehr reserviert beobachtete, war sie ganz da, erkannte den anderen und sich selbst in ihm.

Das – so werte ich es – ist ihr Beitrag zu unserer Geschichte, unserer Literaturgeschichte: im Briefwerk dargestellt zu haben, wie facettenreich ein Ich ist – und daß es geweckt werden muß, um sich zu erkennen. Schon im 19. Jahrhundert sind Rahels Briefe veröffentlicht worden. Fanny Lewald hat vor mehr als hundert Jahren eine sehr lesenswerte Biographie Rahels geschrieben. Noch konnte sie die sehr frauliche Ich-Erfahrung nicht deuten, die anders, reicher, wahrhaftiger ist als das »Cogito ergo sum« des Descartes, weil Rollenprägungen des Ich in der europäischen Geschichte nicht schon transparent waren. Weil bis zu Sigmund Freud und weit ins 20. Jahrhundert hinein, ja, noch bis in die Reflexion der Frankfurter Schule das Individuum absolut gesetzt worden ist. Weil die Erfahrungen, die eine Frau macht, und die Rahel beispielhaft gemacht hat, lange nicht als eigenständig gewertet werden konnten. Das Ich, eine facettenreiche Spiegelung des Menschen, die verzweigte Kraft eines Individuums.

Rahel hat Bilder dazu gefunden und hat so gelebt und geschrieben. Daß sie es konnte – nicht mehr eingebunden in die Strenge der jüdischen Gemeinde –, gehört auch zur preußischen Geschichte, wie denn das Berlin des 19. und frühen 20. Jahrhunderts ohne die Schärfe und den Glanz der jüdischen Intelligenz nicht denkbar ist. Ein Verdienst Preußens? Ein geschichtlicher Zufall? Vielleicht sollten wir die Entwicklung und Wirkung einzelner Menschen nicht allein an einer Idee oder einem Voruteil messen. Rahel war keine Preußin, wenn auch ihr Herz in den Jahren der Befreiungskriege gegen Napoleon zuweilen preußisch geschlagen hat. Sie war eine Demokratin, auch wenn sie das Wort nicht benutzt hat. Und so konnte Karl Gutzkow, Berliner wie sie, sozialer Aufsteiger und Schlüsselfigur des »Jungen Deutschland«, über sie schreiben: »Die Neuerungslust, die sich auf sittliche Überlieferung geworfen hatte und, seitdem die Franzosen durch ähnliche Erscheinungen beschäftigt waren, in sich fast eine historische Notwendigkeit entdeckte, las aus den Briefen der Rahel eine zartkeimende Saat neuer titanischer Ahnungen heraus, die ihre grünen Köpfchen verstohlen über die Fläche des Überlieferten hinaus streckte. Noch nie hat es politische Umwälzungen gegeben ohne Angriffe auf die gleichzeitigen moralischen, gesellschaftlichen und religiösen Begriffe«, und doch verallgemeinert: »Da der Geist der Frauen nie schöpferischer wird, so kann ihre höchste Bildung immer nur eine unglaubliche Steigerung der Empfänglichkeit sein. Wie oft erstaunt' ich, das Wesen der mir angerühmten Frauen nur in dieser gewandten Behaglichkeit zu finden, mit der sie jeder möglichen Wendung einer Frage, jeder halben und kaum geborenen Idee nachspringen und zu dem Unreellsten ihre scharfsinnigen Konsequenzen ziehen!« Daß das in der fehlenden Ausbildungsmöglichkeit der Frauen seine Ursache hatte, konnte Gutzkow wohl noch nicht bedenken.

Die Chance, ICH zu sagen, die Rahel angenommen hat, ist ein Anfang gewesen, vielleicht ein Ausdruck jener kurzen Jahre um 1800, in denen Preußen am wenigsten »preußisch« war.

(1982)

Leben und Werk von Adam Kuckhoff

Schriftsteller und Widerstandskämpfer

Die Sterbeurkunde Nr. 3878, ausgestellt vom Standesamt Berlin-Charlottenburg am 19. Oktober 1943, besagt, daß der Schriftsteller Adam Kuckhoff, wohnhaft in Berlin-Friedenau, Wilhelmshöher Straße 18, am 5. August 1943 um 19 Uhr 06 in Berlin-Charlottenburg verstorben sei. So höhnisch wurde der Tod durch Erhängen, der Tod am Fleischerhaken in Plötzensee dokumentiert.

Adam Kuckhoff erlitt ihn als einer aus der Widerstandsgruppe Harnack/Schulze-Boysen, die vom Spätsommer 1942 an von der Gestapo aufgerollt worden war. Hundertachtzehn Verhaftungen, der Prozeß mit fünfundsiebzig Angeklagten vor dem Reichskriegsgericht, davon zweiundvierzig Anklagen wegen Hochverrats, aber auch die Anmerkung im Abschlußbericht der Gestapo, daß von den Festgenommenen über zwanzig Prozent Berufssoldaten, Beamte und Staatsangestellte, einundzwanzig Prozent Künstler, Schriftsteller und Journalisten, insgesamt neunundzwanzig Prozent Akademiker und Studenten waren, machen neben den Urteilsbegründungen und der Einführung der Todesstrafe durch Erhängen deutlich, daß hier eine große Gruppe von Männern und Frauen, die in keiner Weise der populären Vorstellung vom Rebellen entsprachen, zur Aktion gedrängt worden war, weil sie im Nationalsozialismus die vollständige Zerstörung der gesellschaftlichen Entwicklung in Deutschland erkannt hatten und seinem Europa verheerenden Machtanspruch entgegentreten wollten.

»Gleich nach der Errichtung des Hitlerregimes sammelten Arvid und Mildred Harnack und Adam Kuckhoff aufgeschlossene Menschen in kleinen Gruppen um sich ... Wir wollten möglichst viele Menschen unauffällig immun machen gegen den Antikommunismus, der damals wie Krätze um sich griff«, schreibt Greta Kuckhoff, die Gefährtin. Und: »Man soll sich die Entwicklungsgeschichte jedes einzelnen der führenden Männer und Frauen in dieser Widerstandsorganisation sorgfältig ansehen. Eines wird man klar erkennen: Das organisch

Gewachsene deutscher Kultur war ihnen vertrauter und sehr viel teurer als den Wehrwirtschaftsführern, Bankiers oder den Generalen, die später über die Widerstandskämpfer zu Gericht saßen. »Liebe zu Deutschland. Erkenntnis seiner tiefsten moralischen Erniedrigung. Aktion aus aufgewühltem Gewissen und Verantwortlichkeit für die vielen, die in dem sinnlosen und von langer Hand vorbereiteten Krieg hingeopfert werden sollten. Und dafür Schande, Qualen, Folterungen, Tod durch Erhängen und noch immer, fünfundzwanzig Jahre danach, in der Bundesrepublik das Odium des Verrats; noch immer, wenn die Namen fallen, das Achselzucken. Unkenntnis, die Absicht verrät, nicht die Absicht des Gegenübers allein: die Absicht einer Gesellschaft, die vor ihrer Vergangenheit ausweicht.

Es steht nicht an zu fragen, wie Adam Kuckhoff und alle, die wie er in den Tod gehen mußten, darüber urteilen würden. Jeder von ihnen wußte, welch ein Wagnis vor der Zukunft er auf sich genommen hatte. Es steht jedoch an zu fragen, warum ihr Opfer im politischen Alltag des geteilten Landes umstritten ist, warum Ressentiments und ungenaue Information in der Bundesrepublik ihr Vergessenwerden vorbereiten, während Ehrungen und Gedenktage in der Deutschen Demokratischen Republik zwar an sie erinnern, doch ohne daß ernsthafte Anstrengungen der Wissenschaft zur Ausdeutung dieser historischen Leistung erkennbar sind. (So ist beispielsweise Kuckhoffs literarischer Werdegang überhaupt nicht erschlossen.) Gewiß, sie waren viele mit vielen verschiedenen Einsichten, die sich gegen den Notstand der Diktatur zusammenfanden. Das erschwert die propagandistische Auswertung ihrer Leistung, ermöglicht aber, die großartige Vielfalt der politischen Überlieferung in Deutschland zu erkennen. Die Biographien verweisen auf Wege, die nicht zu Ende gegangen werden konnten, die jedoch gangbar geblieben sind, wenn sie auch im politischen Alltag des geteilten Landes überwachsen scheinen.

Sich mit Adam Kuckhoff auf den Weg begeben, seine Gestalt aus dem Halblicht hervortreten zu lassen, geben die achtzigste Wiederkehr seines Geburtstages im Vorjahr und die fünfundzwanzigste Wiederkehr seines Todestages am 5. August dieses Jahres den äußeren und darüber hinaus das Aufbegehren der jungen Generation gegen die sich versteinernde Restauration in der Bundesrepublik den inneren Anlaß. Denn Widerstand hat Tradition in unserem Land wie seine Verleumdung auch. Das Bewußtsein von der notwendigen kritischen

Wachsamkeit gegenüber denen, die die dienende Funktion des Staates immer wieder zur Beherrschung hin manipulieren, also Einsicht, Kenntnis der Zusammenhänge, nicht Rebellion um der Rebellion willen sind die Ursachen jedes echten Widerstandes, Verantwortung über die eigenen vier Wände hinaus, ja, gegen die naheliegenden eigenen Interessen ist immer gefordert. Auch Adam Kuckhoff, der im Bildungsbürgertum des späten neunzehnten Jahrhunderts wurzelt, das noch vom deutschen Idealismus geprägt ist, hat nicht leichtfertig darauf verzichtet, die ihm eigenen Möglichkeiten als Schriftsteller dem politischen Auftrag der Stunde hintanzusetzen. Seine Herkunft und Jugend verweist nirgends auf diese spätere Entwicklung. Der Vater, Bernhard Kuckhoff, besaß eine Nadelfabrik in Aachen. Für ihn und seine Familie und seine Geschäfte war die Grenze kein Trennendes, war aber auch die patriarchalische Struktur der Gesellschaft, wie sie sich ihm in der Fabrik dieser Größe darstellte, noch selbstverständlich. Der einzige Sohn, der ihm am 30. August 1887 geboren wurde, kann eine unbekümmerte Jugend durchleben. Dramenentwürfe und Gedichte entstehen neben den Schularbeiten, und erst während des Studiums zeigt der Wechsel von einem Fach zum anderen, von der Medizin zur Juristerei, über die Volkswirtschaft und Philologie zur Philosophie die Unruhe eines sich über die fachliche Qualifikation hin ausprägenden Menschen. Als Adam Kuckhoff 1912 in Halle promoviert, hat er bereits Anteil an der freistudentischen Bewegung, die sich gegen die reaktionären Korporationen richtet, ohne doch schon politisch festgelegt zu sein. Die »kleine Kavaliersreise«, die wohlhabende Bürger ihren Söhnen damals gewährten, führt ihn nach Italien; das Jahr 1914 findet ihn als Mitarbeiter großer rheinischer Zeitungen und, wie viele Bürgerssöhne, bei Ausbruch des Krieges von der Volkserhebung fasziniert.

Es erübrigt sich, diesem Irrtum der aufstrebenden Bürgerschicht im Deutschland des Sommers 1914 hier noch einmal nachzugehen. Für Kuckhoff als Grenzländer zeitigt das Erlebnis das Schauspiel *Der Deutsche von Bayencourt*. Die Überwindung der Erbfeindschaft zwischen Deutschland und Frankreich ist die ihn bedrängende Aufgabe. Als das im Februar 1915 beendete Schauspiel 1918 erstaufgeführt wird, sind die Hintergründe des Ersten Weltkrieges in den Materialschlachten und in der Oktoberrevolution sichtbar geworden, die »Aussage« des Schauspiels ist überholt. Dramaturgenarbeit in Elberfeld und Frankfurt, der Versuch, die väterliche Fabrik in Aachen den Wirtschaftsbedingungen der zwanziger Jahre anzupassen, freie Mitarbeit an Zeitungen und Zeitschriften in Berlin sind Kuckhoffs Stationen, bis er 1928 die Leitung von Eugen Diederichs Verlagszeitschrift *Die Tat* übernimmt. Unterdessen ist der so Herumgekommene längst nicht mehr der wohlbehütete Bürgerssohn, dessen Liberalität im Privileg der Wohlhabenheit gründet. Die ausführliche Einleitung der von ihm für den Volksbühnenverlag 1927 vorbereiteten Ausgabe der Werke Georg Büchners, aber auch die Zwischentexte erweisen sein tiefes Nachdenken über die Umwandlung der Gesellschaft im 19. Jahrhundert von der agrarischen zur Industriegesellschaft, lassen seine gründliche Beschäftigung mit dem Werk von Karl Marx erkennn und zeigen seine Auseinandersetzung mit der Französischen und den Revolutionen des 19. Jahrhunderts. Er hat nicht nur das historische Material erarbeitet, sondern reflektiert auch den Zusammenhang zwischen Literatur und politischer Wirkung: »Immer wieder bis in unsere Zeit hat man geglaubt, mit Literatur Revolution machen zu können, ein Beginnen, für das Büchner schon damals nur sarkastischen Spott übrig hat«, so als sei ihm die Problematik, der er sich kaum ein Jahrzehnt später täglich zu stellen haben wird, schon gegenwärtig, die Not seines in Tun und Schreiben zerrissenen Lebens, die ihn bis zuletzt um die Wirkung seines schriftstellerischen Werkes bangen lassen wird, in dem er doch (hierin ist er noch ganz der Sohn des 19. Jahrhunderts) der Zeit ein Stück Dauer abverlangt zu haben glaubt. Seine Identifizierung mit Büchner geht so weit, daß er fragen kann: »Warum die Natur lieben, wenn doch das Schönste in ihr ein zarter Stoß der gleichen Maschine ist, die an anderer Stelle Leben unter Qualen vernichtet«, und zu Büchners Krankheit anmerkt: »Sie war nichts anderes, als die Unmöglichkeit, in der eigenen Zeit zu atmen, wenn man aus der Bestimmung seines Lebens in einem kommenden Jahrhundert lebt.«

Kuckhoff steckt die Erfahrungen ab, die er unter Einsatz seines Lebens wird erproben müssen. Die Unterstreichungen und Anmerkungen in Greta Kuckhoffs Exemplar der Büchner-Ausgabe (das ich dankenswerterweise benutzen durfte) machen das Bekenntnishafte dieses Essays, die fast prophetische Selbstinterpretation nachhinein sichtbar und bezeugen die Übereinstimmung dieser beiden Menschen in den Jahren des Widerstandes, die in den Lebensläufen immer wieder als tröstliche Helligkeit erscheint, so als nötige das Opfer zur Reinheit, als entschlacke das Ziel den Lebensalltag.

Es nimmt nicht wunder, daß Kuckhoff als Schriftleiter der *Tat* die Zeitschrift zu einem Forum der vielfältigen politischen Meinungen macht, daß er der schon hektischen und von der Wirtschaftskrise ausgehöhlten Weimarer Republik noch einmal ihre reichen Möglichkeiten vorzuhalten sucht und daß er die Berufung als Dramaturg und Spielleiter an das Berliner Staatstheater 1931/32 durch seinen Studienfreund und späteren Mitkämpfer, den preußischen Kultusminister Adolf Grimme, als Erweiterung seines Wirkungsbereiches begrüßt. Doch künstlerische Wirksamkeit zur Mitte seines Lebens zu machen, ist Kuckhoff nicht vergönnt. Nach Hitlers Machtergreifung findet er als Lektor im Ullsteinverlag Unterkommen, kann auch für einige Zeit noch die jüdischen Autoren des Verlages betreuen und schafft sich (noch ist das einigermaßen unangefochten möglich) den Kreis von Gesprächspartnern, mit denen er seine politischen Einsichten weiterentwickeln und an der derzeitigen Gegenwart prüfen kann. Die Fanatisierung und Verführung eines ganzen Volkes ist ja kaum schon abzusehen, die Kleinbürgerperspektive noch nicht allgemein verbindlich, die differenzierte Gesellschaft noch der Kritik offen. So arbeitet Kuckhoff voller Hoffnung an dem Roman, der als der erste einer Trilogie geplant ist und dem er den Titel seines frühen Dramas gibt. In der Breite der Anlage kann er die dramatische Fabel vom Verrat auffalten und die Gewissensnot eines Mannes aufzeigen, der sich jeder Gefühlsbindung an sein Volk ledig und allein der Ratio verpflichtet glaubt, die im Staat nicht mehr als die Organisationsform einer Gemeinschaft achtet. Es gelingt ihm auch, die kollektive Verhetzung und die Absurdität des Krieges sichtbar zu machen und so die Veränderung des Bewußtseins und der Gesellschaft im 20. Jahrhundert, die er darzustellen plant, vom historischen Anlaß her in den Griff zu bekommen.

Rowohlt bringt 1937 den ersten Band heraus, der in seinen Landschaftsschilderungen und der liebevollen Darstellung des bäuerlichen Lebens in Nordfrankreich den Tendenzen der Zeit nicht offen zuwiderläuft und doch behutsam jedes nationalistische Vorurteil gegen Frankreich abbaut. Die Gesellschaftskritik ist in diesem Roman eher verhalten. Kuckhoff weiß, daß er nicht deutlicher werden kann, daß es Wagnis genug ist, den Krieg nicht zu verherrlichen. Er redigiert den Vorabdruck in der *Kölnischen Zeitung* eigenhändig, um tendenziöse Entstellungen zu verhindern, und er lehnt aus dem gleichen Grunde die Verfilmung ab. Die zwei weiteren Bände, die die Geschichte eines

Pazifisten und Mitarbeiters der Arbeiterklasse und die Tragödie eines Industriearbeiters, der im KZ von den Faschisten ermordet wird, behandeln sollten, hat Kuckhoff nicht mehr schreiben können. (Dennoch ist wieder die Identität des schreibenden und des handelnden Mannes anzumerken.) Ein Eulenspiegeldrama, dessen Uraufführung mit Berhard Minetti bei seiner Verhaftung schon in Vorbereitung war, ist ihm noch gelungen, ferner Aufsätze zum Film, zum Hörfunk, zur Fotografie, die ihn als aufgeschlossenen Beobachter der neuen künstlerischen Medien zeigen und als Vorstudien zu einer neuen Ästhetik bei veränderter Publikumssituation, etwa im Filmtheater oder am Radio, aufschlußreich auch für Kuckhoff selbst sind. Er streitet, darin ganz der marxistischen Kunsttheorie verpflichtet, dem Spiel mit der Kamera, der technischen Artistik den Kunstwert ab und setzt den Zugriff in die Realität als die dem Film adäquate künstlerische Möglichkeit dagegen. Er sieht, und das gilt auch für die Fotografie und das Radiospiel, die sozialpädagogische Aufgabe als diesen Gattungen gemäß an. Noch wird ja die Vermassung in diesen dreißiger Jahren erstmalig in Europa reflektiert, wenn auch die Verführbarkeit der Massen in Hitlerdeutschland schon zynisch praktiziert und jede sozialpädagogische Zielsetzung karikiert wird. Noch sind die Flucht in die Isolierung und die Flucht in die prä- und postindividuelle Subkultur, diese Phänomene der Nachkriegskunst, die das gestörte Vertrauen zwischen Individuum und Gesellschaft anzeigen, fernab; noch ist der Dialog zwischen 19. und 20. Jahrhundert, zwischen Individuum und Gesellschaft nicht erschöpft. Daß Kuckhoff ihn ernsthaft an akuten Problemen der künstlerischen Gestaltung überprüft, während er schon als Zirkelleiter in die Widerstandsarbeit eingespannt ist, und später noch während der Haftzeit, beweist nicht nur nüchterne Entschlossenheit, standzuhalten, sondern auch die Identität zwischen Tun und Schreiben, zu der er sein beängstigendes Doppelleben zusammengezwungen hat.

Manuskripte und Entwürfe und »hundert vollkommene deutsche Gedichte« (Greta Kuckhoff) sind wie die Jugendwerke durch Haussuchung und Kriegseinwirkung verlorengegangen. Vom Erhaltenen liegt keine Neuauflage vor, ein paar Proben vornehmlich aus den Arbeiten der zwanziger Jahre, die der Aufbau-Verlag 1946 veröffentlicht hat, weisen auf die vielseitige Thematik und handwerkliche Sicherheit des Schriftstellers Kuckhoff hin. Ein abschließendes Urteil ist noch nicht möglich. Seine Lyrik und seine Prosa sind formal der Tradition verpflichtet wie die fast aller Schreibenden seiner Generation in Deutschland, von denen er sich jedoch durch den Aufbruch ins Tun, den nur wenige gewagt haben, losgelöst hat.

»Banaler Optimismus wird immer bemüht sein, in der Entwicklung eines Dichters den Aufstieg zur eigenen sanft plätschernden Lebensbejahung nachzuweisen«, schreibt er 1927 und notiert, was Büchner im Wirbel der Typhusphantasien kurz vor dem Ende gesagt haben soll: »Wir haben der Schmerzen nicht zu viel, wir haben ihrer zu wenig, denn durch den Schmerz gehen wir zu Gott ein. Wir sind Tod, Staub, Asche, wie dürften wir klagen.« Gut fünfzehn Jahre später schreibt Kuckhoff aus der Zelle – und es hört sich an wie die ergänzende Erfahrung zu seiner Behauptung –: »Ich erlebe jetzt alles mit einer ungekannten Intensität gegenständlich; jeder Augenblick meines Lebens, an den ich mich erinnere, ist mir wie gegenwärtig . . . und so lebensnah, wie es wohl nur sein kann, wenn man den Tod vor und – hinter sich hat . . . Aber ebenso fließt aus diesem Bewußtsein mein Wille zum Leben, aus dem Gefühl, was ich an Erkenntnis gewonnen habe, zu gestalten. Es ist wirklich so, daß man Schuld, die man beging, durch das sühnt, was man an Erkenntnis und schöpferischer Kraft daraus gewinnt, und so drängt alles in uns . . . nach dem sinnvoll Gestalteten. Nur daß leider das Schicksal, dieser Rohstoff, mit dem wir fertig werden müssen . . . für diese Art von Sinn offenbar nicht viel Verständnis hat.« Das Fragmentarische nicht nur des Lebens, sondern auch des Geschaffenen und zu Schaffenden, der Zweifel an der möglichen Vollkommenheit des Kunstwerks ist ihm in diesem Brief, in dem er auch über seine Leseerfahrungen in der Zelle berichtet, so gegenwärtig wie der nachlebenden Generation – wenn er auch mit der Hoffnung schließt, daß das Schicksal nicht blind zu handeln willens sein möge und wenn auch sein Abschiedsbrief am Tage der Hinrichtung rückschauend einen Sinn in sein Leben bannt, Trost des Liebenden, der vom Schmerz der Überlebenden weiß. Die heile Welt, die er vor dem Gang zur Richtstätte im Abschiedsgedicht an den Sohn entwirft, ist keine Zurücknahme seiner Erfahrung, keine Besänftigung im hergebrachten Glauben an die Kontinuität der Geschichte, die den einzelnen strömend mit fortreißt, sondern ein verzweifeltes Ja – für die anderen. »Ich weiß, ›wie Du leben wirst‹, wenn Du wieder in Freiheit bist«, heißt es einmal mit einem Selbstzitat an Greta.

Durch den Schmerz gehen wir zu Gott ein –
Nur daß leider das Schicksal für diese Art von Sinn offenbar nicht viel
Verständnis hat –
beides Erfahrungen aus der Ungeborgenheit, Erfahrungen ohne die
umhüllende Religion, Erfahrungen, die, so ausgesprochen, den Trotz
formulieren, der allein noch die Identität des Individuums mit sich
selbst sichert.

Es scheint notwendig, daran zu erinnern, aus welchen Reserven der
Tradition und der Erfahrungen die Kraft zum Erleiden des Äußersten,
was Menschen von Menschen zu erleiden auferlegt ist, gespeist wurde,
um sich mit dem Vergessenwerden dieser Widerstandskämpfer aus-
einanderzusetzen.

Die Gruppe, die von der Gestapo zusammenfassend »Rote Kapelle«
genannt wurde, genau zu analysieren, ist bisher noch nicht möglich
gewesen, da sich (nach Margret Boveri) adlig-konservativ-sozialistische
Züge in der Gruppe um den Oberleutnant Harro Schulze-Boysen mit
liberal-sozialistisch-bürgerlichen in der Gruppe um Dr. Arvid Harnack
und dem klassenkämpferischen Idealismus der Kommunisten, zu
denen sich Kuckhoff zählte, verband. Die Koordinierung der Zirkel-
arbeit war so vorzüglich, daß die einzelnen Beteiligten kaum einen
genauen Überblick über die Gesamtarbeit hatten. Fest steht die Arbeit
eines »äußeren« und eines »inneren« Kreises, die Günther Weisenborn
als einer der Überlebenden der »Roten Kapelle« bestätigt. Funkkon-
takte mit dem Ausland, mit Empfängern in Holland, Belgien und den
skandinavischen Ländern, aber auch mit Empfängern in der UdSSR
sind Anlaß für das Odium des Verrats, das dieser Gruppe anhaftet.
Der Historiker Gerhard Ritter wirft ihnen vor, daß sie die Niederlage
Deutschlands und seine Preisgabe an fremden Herrscherwillen erstrebt
hätten, ohne daß er die Arbeit des »äußeren« im Zusammenhang mit
der des »inneren« Kreises wertet, der mit seinen Flugschriften deutlich
auf eine Volksbewegung gegen den Nazismus hinarbeitete; ohne auch
nur die geistige Herkunft und Zielsetzung der einzelnen Mitarbeiter
dieser Gruppe zu reflektieren und den moralischen Impetus recht zu
bewerten.

In einem der wenigen erhaltenen »offenen Briefe an die Ostfront«, die
Adam Kuckhoff und John Sieg verfaßten, wird deutlich, wie sie darun-
ter gelitten hatten, »daß Hitler es fertiggebracht hat, eine unzählige
Menge an sich rechtschaffener Menschen zu besudelten Komplizen

seiner Verbrechen zu machen«. Die Männer und Frauen der »Roten Kapelle« haben (und den wenigsten ist es ihrer Herkunft und Erziehung nach leichtgefallen) die Moral, die der Nationalstaat seinen Bürgern auferlegt, mißachten müssen, weil sie den Mißbrauch dieser Moral, den Mißbrauch auch des Nationalstaates durch die Nazis erkannt hatten und die Katastrophe voraussahen, in die Nazideutschland Europa hineinzureißen sich anschickte; und sie haben folgerichtig nach Ausbruch des Krieges versucht, sich in die kämpfende Anti-Hitler-Koalition einzufügen. Um die hervorragende Organisation und die Vielschichtigkeit der Aufgaben zu demonstrieren, sei daran erinnert, daß sie sich um die Mitwirkung der Fremdarbeiter bemühten, die wie Strandgut nach Deutschland deportiert wurden; daß sie sich für politisch und rassisch Terrorisierte einsetzten; daß es ihnen gelingen konnte, in einer Nacht eine Klebeaktion durchzuführen, die von Offizieren mit gezogener Pistole gedeckt wurde. Ihr Ziel oder, nein, bescheidener: ihre Hoffnung war es, einen sozialistischen Staat zu errichten, dem sie, durch Ausschaltung der Mächte- und Interessengruppen, die das deutsche Volk in die Schuld hineingerissen hatten, die Auseinandersetzung mit den Schuldigen, vor allem aber die Eingliederung eines planwirtschaftlich bestimmten Nationalkörpers (wie es Harnack noch in der Zelle notiert) in eine künftige friedliche Völkergemeinschaft zudachten. Und dafür also Achselzucken, Unkenntnis, die die Absicht einer Gesellschaft verrät, die vor ihrer Vergangenheit ausweicht und sich in der Attitüde des Antikommunismus gefällt, in der Bundesrepublik, und Gedenktagsunantastbarkeit in der Deutschen Demokratischen Republik. Sicher, die Martin-Luther-Universität Halle schreibt jährlich den Adam-Kuckhoff-Preis aus, den Rektor und Senat 1963 stifteten, aber schon die Kalender, die voller erinnerungswürdiger Daten sind, verschweigen Geburts- und Todestage der Widerstandskämpfer. Und die Veröffentlichungen über den Widerstand konzentrieren sich auf die unmittelbaren Nachkriegsjahre mit ihrem großartigen antifaschistischen Elan, in denen das Pathos der Betroffenheit die geschichtliche Leistung kaum schon deutlich ablesbar machte. Aus der Perspektive der Unsicherheit, die in beiden deutschen Staaten über die den Staat zersetzende Aktivität dieser großen Widerstandsgruppe herrscht, erscheint das Wagnis der Männer und Frauen, die sich im Vertrauen auf die Moral einer künftigen Gesellschaft – »das Menschenvolk« nennt Kuckhoff sie im Abschiedsgedicht an den fünfjährigen Sohn Ule – von anerzogenen und angeborenen Bindungen losgerissen haben, fast unvorstellbar. Die Reflexionen, die sie dazu befähigten, nachzuvollziehen und die Kraft des Gewissens, die sie Schande und Folterung und Tod ertragen ließen, zu begreifen, steht uns noch an. Denn noch immer gilt ja, was Adam Kuckhoff 1927 über die Gefährdung des Deutschen anmerkt: daß er »mit einem Gefühl, das er stark empfindet, sich schon aller Wirklichkeit, die ihm entgegensteht, gewachsen« wähnt.

(1968)

Marie Luise Kaschnitz

Ein Porträt

Ein Porträt von ihr zu entwerfen, fällt schwer. Nicht, daß ihre Erscheinung sich entzieht: die Dame, gut gewachsen im hellen Mailicht am Cap Circeo, als sie 1954 für einige Stunden die Gruppe 47 besucht, die dort tagt. Freundlich, aufmerksam, lebhaft, respektiert. Gesprochen habe ich damals nicht mit ihr (ich war erschöpft von der zwei Tage und zwei Nächte langen Herfahrt und in Sorge, ob das junge Mädchen, das ich von den 80,– DM bewilligtem Reisegeld bezahlt hatte, mit den zwei kleinen Kindern und Mann und Schwiegervater fertig werden würde). Später, nach dem Tod ihres Mannes, nun in Frankfurt in der Wiesenau, Dolf Sternberger hatte mich eingeführt, ein Nachmittag mit Gästen während der Buchmesse. Tee, leichtes Gebäck. Die Dame noch immer, aber im Blick eine Trauer, die mich berührte. Sätze über das Schreiben tauschen, keine Konversation. Und jäh der Satz: Sie sind so jemand, dem alle alles aufbürden wollen. (Ich habe das damals noch nicht gewußt.)
Und wieder Jahre dazwischen. Oktober 1973, nur wir beide in der Wohnung und im Radio die Nachricht vom Jom-Kippur-Krieg und das Telefonat mit Rom, wo die Ärzte um Ingeborg Bachmanns Leben ringen. (Sie, Marie Luise Kaschnitz, hatte sich um die besten Ärzte bemüht!) Bis in die Nacht hinein ist Ingeborg Bachmann mit uns im Raum, spüren unsere Fingerspitzen ihrem Schmerz nach, und wo sie ihn vorausgelitten hat in den Texten. Noch ist ein wenig Hoffnung. Damit verabschieden wir uns.
Andere Begegnungen: Während der Buchmesse die eilige Tasse Kaffee mitten im Gesumm des tausendfältigen Geredes, beim Akademietreffen in Darmstadt, im Schloß Kranichstein, in Berlin nach ihrer Lesung in der kleinen Pension in der Motzstraße, es fällt ihr schwer, die Treppe zu steigen, sie hat die Hüftgelenkoperationen noch vor sich. Nacht durch im ungemütlichen Zimmer – soviel ist auszutauschen!

Ergänzend die knappen, präzisen Briefe und Karten. Einmal hatte ich ein Bild von meiner Familie geschickt, sie hatte sich die drei Töchter liebevoll angesehen und auch uns, die Eltern im Hintergrund; einmal hatte ich ihr von den Ausflügen der Kindheit mit meiner Mutter und meiner Schwester geschrieben, von Wannsee nach Sakrow und über die Römerschanze zum Jungfernsee, wo am Steg die Glocke zu läuten war, die den Fährmann mit seinem Ruderboot von der Meierei in Potsdam herüberrief; zeitverschoben gemeinsame Erinnerung an Kindheit, die heute hinter Grenzbojen liegt.
Läßt sich das Porträt so entwerfen?
Wohl kaum.
Da fehlt der Klang der Stimme, die Wachheit der Hände, die Geduld der Augen. Da fehlt das geschriebene Werk, denn wer schreibt, schreibt sich ja inwendig auf die eigene Haut, mißtraut dem Bild, mißtraut der Spiegelung.
Sie hätte gehen sollen, sie habe ihr Leben ausgelebt, hatte sie im Spätherbst 1973 zu ihrem Bruder gesagt, nach Ingeborg Bachmanns Tod, nach dem Sterben ihres jungen Neffen, der, bei den Herbstmanövern der Bundeswehr verunglückt, aus der wochenlangen Bewußtlosigkeit nicht mehr erwacht war. Der Bruder schrieb mir von diesem Satz nach ihrem Tod am 10. Oktober 1974 in Rom.
Ausgelebt. Das heißt, die Parabel ist ausgezogen, die Spur zu Ende gegangen.
»Ich habe einmal einen Brief bekommen, der mir klargemacht hat, was ich nicht war, nicht getan, nicht durchgemacht habe. Ich bin nicht von einem betrunkenen Vater geschlagen und angebrüllt worden, ich habe nicht helfen müssen, den fetten schlaffen Leib einer Trinkerin ins Bett zu schaffen. [. . .] Sie sind, stand in dem Brief, nie wirklich gedemütigt worden. Und ich überlegte mir das und antwortete, ja« (*Orte;* Frankfurt 1973, S. 89).
Der einfache (schwierige) Mut, keine Ausrede zu suchen, keine Selbstanklage zu formulieren. So ist es, ich habe Glück gehabt, ich habe unter Menschen leben dürfen, die mit ihren Beschädigungen zu leben verstanden, die die nackte Not nicht gekannt haben.
Sie könnte die Hand auf meine legen, die nach der Seite im Buch sucht.
Ein Abendgespräch. Erdacht.
Und jäh: »Beeindruckend ist in der Strafanstalt Preungesheim die Schlüsselrasselei, das Aufschließen, Zuschließen auf Schritt und Tritt.

[...] Im oberen Stock führt eine mit betont lustigen Farben eingelegte Glastür in die Bibliothek, in der ich lesen soll. Von verschiedenen Seiten her kommen Mädchen, nett angezogen, nett frisiert, und setzen sich im großen Halbkreis um mich herum. [...] Es kommt am Ende Kritik, und sehr ablehnende, von zwei jungen Mädchen. Diese Siebzehnjährigen finden, was ich schreibe ›ekelhaft‹ und aggressiv. Ich erfahre, daß eine von ihnen selbst Geschichten erzählt, und daß es süße Märchen von Blumen, Bienen und Sternen sind. [...] Aus Angst, neugierig zu erscheinen, habe ich nach der Lesung nicht darum gebeten, eine Zelle besichtigen zu dürfen« (*Orte*, S. 126).

Ich sollte erzählen von meinen Erfahrungen, Gefängnisbesuchen, Briefwechseln, vom Helfenkönnen, vom Scheitern. Sie hat ja recht, »wer wie ich nur einmal kommt und geht, weiß überhaupt nichts, weniger als nichts«. Aber (und da unterbricht sie mich schon): »Ich konnte ihr nicht erklären [...], was es war, diese Furcht vor dem Zerreißen in der letzten Anspannung, diese Scheu, bis an die letzte Grenze des mir Möglichen zu gehen. Wahrscheinlich wollte ich leben, nicht allein, sondern in der Liebe, dazu gehört Ausgewogenheit, ein Schweben und Sich-tragen-Lassen, wenigstens für eine Frau. Wer sich die Welt auf die Schultern packt, wird hinabgerissen, ach, manchmal kann man es nicht so regieren und hat sie schon im Nacken und stürzt hinunter und von allen andern fort. Die äußerste Bemühung ist ein Fieber, ein krankhafter Zustand – da gibt es keine Verteidigung mehr, da fliegen Goyas schwarze Vögel ungehindert zum Fenster herein« (*Engelsbrücke*, 1955, Gesammelte Werke, Band 2, S. 215 – ›Nicht ans Äußerste‹, Gespräch mit Elisabeth Langgässer).

Ist es das, was ihr die Nachkriegsgeneration vorwirft, dieser Mut zur Ehrlichkeit, der sie entblößt, sich nicht anbiedern läßt, weil es ihr noch selbstverständlich war, zu lieben und die Geborgenheit in der Liebe anzunehmen? Ich erzähle ihr von den Frauengruppen, von den Mädchen in Latzhosen, von der Wiederentdeckung des Strickzeugs, vom radikalen Feminismus, von den Cafés, Buchläden, Galerien, Verlagen und Zeitschriften der Frauen, die sie ja nicht mehr kennengelernt hat, von Frauenhäusern und der Lieblosigkeit, über die heute offen gesprochen wird. Und ich weiß, daß ihr das fremd ist, denn für sie ist die Nähe und der schmerzhafte Abschied die große Erfahrung ihres Lebens. Sie hat die Freiheit noch als die Freiheit zueinander erfahren und ist darum empfindlich geblieben für den plakativen Mißbrauch dieses Wortes.

»Wenn niemand verzichten will, die Gastwirte nicht auf ihre Ein-
künfte, die Algerienfranzosen nicht auf ihr Algerien, müßte man zunächst einmal selbst verzichten, zum Beispiel auf dieses freie und
nachdenkliche Schriftstellerleben, und etwas machen, was man zwei-
fellos schlechter macht, wodurch man aber den kleinen Schatz der
freiwilligen Liebe um ein winziges vermehrte. Muß dieser Stern denn
untergehen, hörte ich eines Abends Nelly Sachs' prophetischen Schuster Michael verzweifelt rufen und spürte, er müßte nicht, müßte nicht,
wenn alle bereit wären, etwas zu lassen, was sie aber gerade deshalb
nicht können, weil ein Untergang in der Luft liegt, der den Ersättlich-
sten unersättlich macht. Die Freiheit ist mit der Unersättlichkeit ver-
hängnisvoll gekoppelt, der kleinen Freiwilligkeit haftet zumindest in
den Augen der jungen Menschen etwas von der stillen Schäbigkeit der
Heilsarmee an. Wer das Motiv seines Verzichts unter die Lupe nimmt,
ist nicht sicher, ob er nicht nur etwas für sein eigenes Seelenheil
unternehmen will, eine Vorstellung, die jeden aufrechten Menschen
anwidert . . .« (*Wohin denn ich,* 1963).
Ja, sage ich, ja. Aber wie können wir da heraus? und ich beschreibe
ihr die Menschenketten im Herbst 1983, die sanften Proteste gegen
die unausdenkbar unsanften Waffen, die in der Bundesrepublik aufgestellt werden sollten und aufgestellt worden sind, zum Teil schon
einsatzbereit seit dem Jahreswechsel 83/84. Wie können wir da
heraus? Ich erzähle ihr von den Friedensgruppen, den jungen Frauen
und Männern und Kindern in den Camps, und wie selbstverständlich sie unter der Zeltplane hocken und alles teilen. Und ich erzähle ihr von Indien, und wie selbstverständlich die Familien dort
um die kleinen Feuerstellen vor ihren Hütten aus Wellblech und
Lumpen kauern und kaum etwas zum Teilen haben. Wie können
wir da heraus? Ich zitiere aus ihrem grausam wahren *Hiroshima*-
Gedicht: »Der den Tod auf Hiroshima warf [...] / Erst vor kurzem sah ich ihn / Im Garten seines Hauses vor der Stadt [...] /
Der Knabe, der auf seinem Rücken saß / Und über seinem Kopf die
Peitsche schwang. / Sehr gut erkennbar war er selbst / Vierbeinig auf
dem Grasplatz, das Gesicht / Verzerrt von Lachen, weil der Photo-
graph / Hinter der Hecke stand, das Auge der Welt« (*Neue Gedichte*,
1957, S. 25).
Ich erzähle ihr, daß das Gedicht immer wieder abgedruckt und vorge-
tragen wird in den Gruppen, die sich zur Friedensbewegung zählen.

Und daß es so furchtbar wahr ist, wenn man Amerika bereist und die Atomstadt Los Alamos gesehen hat.

Wir haben unsere Hände jetzt beide zurückgenommen. Das Buch liegt aufgeschlagen auf dem Tischchen, ein weißer Igel die aufgerichteten Seiten; so dunkel ist es schon im Zimmer, daß sich das Bild einprägt. Und ganz leise jetzt ihre Stimme: »In einer Art von schwarzem Alphabet ordne ich alle Dinge, die mich erschreckt haben oder noch erschrecken, sperre sie da ein, mache sie unschädlich wie die Dinge in einem Kasten, den man im Meer versenkt.«

Und sie zählt die täglichen Schreckensbilder auf, die zu ihrem schwarzen Alphabet gehören. Denn »in Wirklichkeit bin ich eine Eremitin. [...] Ich bin gern im dunklen Zimmer, das bißchen Licht von der Straßenbeleuchtung genügt mir und die Zigarette, das Fünkchen Leben« (*Orte*, S. 194).

Hätte ich da nicht widersprechen müssen? Stimmt doch nicht! Sie täuschen sich eine Geborgenheit vor, vielleicht, weil Sie müde sind von all den Jahren! Aber Sie setzen sich doch aus, könnten es bequem haben im Badischen, und leben hier, zwischen dem Lärm der Baumaschinen und den aufbegehrenden Studenten, die Sie gern haben. Ich glaube Ihnen nicht, daß Sie eine Eremitin sein wollen! Ich schwieg. Die Sehnsucht, sich zu verkriechen, wenn alle an einem reißen, war mir zu vertraut. Der verdammte Konflikt zwischen Leben und Schreiben!

Unter dem Flämmchen jäh ihr Gesicht, die großen Augenhöhlen, die gebuchtete Stirn. Ich sollte gehen. Unser Gespräch führt zu nichts. Sie verbirgt sich und ich, ich doch auch. Aber da glimmt die Zigarette auf, da zerdrückt sie die im Aschenbecher, und leise, es ist ganz dunkel jetzt, ihre Stimme: »Ich weiß nicht, ob ich wachend lag / Oder ob ich schlief: / Ich stand vor dem Haus, wo er Tag um Tag / Über die Treppen lief, / Wo man Geräte und Bilder gehegt / Und Uhr und Puppenspiel, / Wo ihn zuerst die Welt erregt / Und er der Welt gefiel.«

Das elfte Gedicht aus dem Zyklus *Rückkehr nach Frankfurt*, vorm zerstörten Goethe-Haus. »Und das Haus war ein Loch, ein Kellerschacht, / Ein Haufen Dreck zum Hohn, / Und Schilder waren dort angebracht, / Darauf stand: Besitz der Nation [...] / Und plötzlich stand er am Straßenrand [...].« Goethe, der die Zerstörung seines Elternhauses nicht sieht, aber das Haus der Kindheit: »Weil die Vollendeten vielleicht / Nur die Vollendung sehen« (*Totentanz und Gedichte zur Zeit*, 1947, S. 73f.).

Ich weiß nicht, ob sie das noch glaubt: Die Vollendeten - und die Vollendung. Glaube ich es? Es ist ja der Riß, der durch ihr Leben, auch durch mein Leben noch hindurchgeht, weil es für uns endgültig geworden ist, daß der große Entwurf des einzelnen Illusion ist, Traum vielleicht, Wunschbild, aber unwahr, unwirklich, weil der einzelne nicht zählt, zerrieben, mißbraucht wird, auch Goethe. Doch ihre und meine Generation haben das Bild noch in Erinnerung. Die Nachgeborenen vermissen es nicht einmal.

Ein paar Zigarettenzüge, die Aschenkrone abgestaubt. Der weiße Igel, das aufgeschlagene Buch, ist kaum mehr zu erkennen. Ihr Gesicht ist kaum mehr zu erkennen, von der Straßenlaterne erhellt, ist es aus Schatten modelliert.

Wie können wir da heraus, haben Sie vorhin gefragt. Wie finden wir da heraus? Einmal war ich sicher, eine Antwort zu haben, Sie erinnern sich an den Abschnitt »Mythos und Politik« in *Engelsbrücke:* »Das enorm Politische der römischen Plastik wird für Frauen immer etwas Abstoßendes haben. Sosehr wir uns auch bemühen, Staatsbürgerinnen zu werden: der Mythos liegt uns näher als die Geschichte, das ewig Gleiche und ewig Menschliche näher als das einmalige historische Geschehen.« Ich bin da nicht mehr sicher, sagt sie.

Und Ihre »Sibylle« in den *Griechischen Mythen?* Und Ihre Mädchen, Ihre Frauen in den Erzählungen? Und wie Sie Ihre Mutter, Ihre Tochter sehen? Sie glauben doch an die stete Kraft der Frauen, ohne die die Ratio keinen Angelpunkt hätte!

Sie nimmt das Buch, läßt es durch die Finger ratschen, ich seh's im schwachen Glimmen der Zigarette.

»[...] Ich habe niemals einen übel aussehenden Fremden in meine Wohnung aufgenommen, ihn gar in das eigene Bett gelegt, wo denken Sie hin? Nie habe ich mich als Krankenschwester in Seuchengebiete verschicken lassen, der Gedanke kam mir einfach nicht [...] [Ich] wollte für meinen Mann, mein Kind, meine Freunde dasein, wollte schreiben, will es noch, wenn vielleicht auch alles, was ich zu sagen habe, schon gesagt worden ist und ich mit Fiebermessen und Töpfchenausleeren mehr helfen könnte als mit Gedichten und Essays. Ein schlechtes Gewissen, ja, das hatte ich wohl ab und zu, besonders im Alter, als ich mich, wenigstens in Worten, für die Entrechteten und Hungernden hätte einsetzen können, das aber aus Schüchternheit und

Angst vor jeder sogenannten Angabe selten tat. Ich war gastlich und habe mit fremden Menschen, die sich an mich wendeten, und mit Briefen an diese Menschen mehr Zeit, als ich verantworten konnte, vertan. Ich konnte nicht nein sagen, aber auch zu keiner Sache, die mir nicht nahe kam, ein überzeugtes Ja. Meine Nächsten waren meine Nächsten im ganz wörtlichen Sinne [...]« (*Orte*, S. 28).

Danke, sage ich. (Ich möchte sie umarmen, so hilfreich ist ihre Genauigkeit! Danke. Es gibt ja den Egoismus der Hilfesuchenden, der einen wie ein Blutegel aussaugt, wenn man nur einmal zu helfen versucht hat.) »Meine Nächsten waren meine Nächsten.« Sie drückt die Zigarette aus, auch so genau. Ich wünschte, all die jungen Frauen, die sie nicht mehr kennt, wären mit im Zimmer, um mit ihr nachzudenken, zu überprüfen, wie ernst ihnen das ist, was sie Engagement nennen. Einige kenne ich, die reiben sich auf. Viele kenne ich, die wollen mehr, als sie schaffen können.

Wissen Sie, es ist nicht nur den Frauen vorbehalten zu kitten, wenn die Frauen auch anfälliger für die Zerstörungen der Wirklichkeit sind. Aber wie das weitergehen soll? Es gibt ja kein Bild, kein Vorbild mehr, keinen Goethe, mit dem man sich, jung oder alt, identifizieren kann, nur noch Rollen.

Ich bin aufgestanden, gehe zwei Schritte hin, zwei Schritte zurück. Ich kenne die Spur im Teppich nicht, ich hab mir die Maße, die Entfernungen zwischen den Möbeln nicht gemerkt. Hat sie denn recht? Darf sie sich hinter ihrer Ehrlichkeit verbergen?

Ich spüre, wie sie mir zusieht, meine Unsicherheit nachmißt, das Schwanken zwischen Hingabe, Zustimmung und Trotz. Stimmt das denn, was sie von ihr sagen, daß sie eine bürgerliche Autorin ist, dem Aufbegehren ausweicht, lebenslang, sich nicht preisgibt?

Eine neue Zigarette, das Flämmchen, das Aufglühen der Asche, ein, zwei Züge. Erinnern Sie sich, fragt sie: »Die Kaiser-Wilhelm-Gedächtniskirche in Berlin, und die alte Vaterunser-Bitte: vergib uns unsere Schuld – die paar Worte, einmal mit Inbrunst ausgesprochen. Von der Inbrunst ist etwas zurückgeblieben, ein kleines inneres Brennen, seltsam genug. Denn an Schuld weigern wir uns doch zu glauben und fühlen uns entschuldigt von vornherein. [...] Es wird da aber, bei der alten Gebetszeile, noch einmal das Wort zauberkräftig und ruft die Empfindung hervor, nicht wir müßten Verzeihen vollbringen, sondern sie würde uns abgenommen, auf wunderbare Weise mit diesem Anruf, dieser Bitte [...] wie sehr hat man sich gegen das Schreckgespenst Erbsünde gewehrt. Es ist aber doch gekommen und hat Mitschuld geheißen oder Mitverantwortung, war also gar nichts Persönliches und doch etwas Persönliches. So höre ich am Ende des Lebens die alte Vaterunser-Bitte wieder mit der alten Ergriffenheit« (*Orte*, S. 208). Der Riß in unserer stolzen Ich-Gewißheit! Briefe, Tröstungen, auch Vertröstungen, wo wir uns doch, jeder, ändern müßten! Ohne Show-effekt, ohne Latzhosen und Strickzeug. Uns ändern, indem wir Anspruch und Verantwortung im Koordinatensystem der Begriffe anders plazieren, den einzelnen, eigenen Tod, der in den Weltveränderungs-plänen so gar keinen Platz hat, mit einbeziehen. Werden wir dann sicherer? Messen wir uns dann genauer aus?

»Gestern abend, als ich nach Hause ging, schrien die Zeitungsverkäufer Schlagzeilen aus, von denen jeder wußte, daß sie eine Kriegsdrohung bedeuteten. Später in der Nacht wurden, wie es neuerdings üblich ist, dieselben Sätze von Flugzeugen mit Leuchtbuchstaben an den Himmel geschrieben. Ich blieb stehen, legte den Kopf in den Nacken und betrachtete gleichgültig, fast stumpfsinnig, wie die aus phosphoreszierendem Nebel bestehenden Schriftzeichen entstanden und wie, kaum, daß das letzte Wort fertig dastand, das erste schon wieder zerging. Plötzlich wurde mir bewußt, daß eine Kriegsdrohung heutzutage eine unmittelbare Todesdrohung, und zwar für alle Lebewesen ohne Ausnahme, bedeutet« (*Haus der Kindheit*, 1956; Gesammelte Werke, Band 2, S. 300).

Sie hat eine Kerze angezündet beim Sprechen, das Buch ist wieder sichtbar, der weiße Igel, dazu die Zigarettenpackung. Ich stehe, vom Tisch entfernt, meine Fingernägel bohren sich in die Handteller. Ich begreife nicht, noch nicht, wie sie das aushält, mit dem unheilbaren Riß zu leben: mit der Hoffnung auf Vollendung im Werk und dem kleinen, täglichen Scheitern? mit dem Wunsch, sich, zurückgezogen, Eremitin, Nächste der Nächsten, zu bewahren und doch ausgesetzt zu leben, der Angst, der Bedrohung, der eigenen Hilflosigkeit ausgeliefert. Sie stellt Gläser auf den Tisch, die grüne Flasche mit dem roten Wein. Nichts Lutter und Wegner! spöttelt sie. Nichts vom Geist in der Flasche und der Unterwelt. Die ist uns nahe genug. »Ich verlasse mein Zimmer nicht durch die Tür, zu der eine kleine Treppe hinaufführt, auch nicht durch die zweite Tür, den Zugang zur ehemaligen Bibliothek. Auch nicht durch eines der tiefen Fenster, wenn der Mond in mein Zimmer scheint. Vielmehr trete ich durch einen glatten Rosen-holzrahmen in ein staubiges Eichenwäldchen und gleich darauf auf einen weiten, sandigen Platz. [...] Es ist heiß, meine Füße mahlen im Sand und hinterlassen doch keine Spur. [...] Ich gehe durch den Auwald, in dem später einmal Tanzmusik ertönt und Ringelspiele sich drehen, der aber jetzt noch seltsam öde ist, ein Ort der Melancholie. Warum ich gerade diesen Ausgang gewählt habe, weiß ich nicht. Ich gehe immer weiter, weiter nach Osten, und meine Füße hinterlassen keine Spur« (*Orte*, S. 244).

Sie kennen den ganzen Text, sagt sie, hebt das Glas, die tänzelnde Spiegelung der Kerze im Glas, das tänzelnde Rot in meinem Glas, als wir uns zutrinken.

Träumend sind wir schon auf dem Weg, sagt sie.

Und ändern doch nichts und nichts. Finden uns nicht aus der Angst heraus. Heilen den Riß nicht aus, der uns von uns selber trennt! Von der Vision des jungen, des alten Goethe, von der Hoffnung, daß Werk und Leben eines sei. Und einzig. Sie antwortet nicht, stellt das Glas zurück. Und ich weiß doch, wo überall sie aufbegehrt hat und warum sie im betonwuchernden Frankfurt geblieben ist. Sie hat die Flucht durch den Rosenholzrahmen statt durch die Tür nicht versucht.

Ich will sie mir einprägen im flackernden Licht. Kann ein Porträt gelingen? Hat sie sich nicht in all die Leben, von denen sie erzählt hat, verschwendet? Ist sie nicht lange schon aus der Spiegelung im Entwurf, in der erdachten Fabel ins Halbdunkel zwischen der öffentlichen und der privaten Existenz ausgewichen, um sich schreibend ganz preiszu-geben, ohne Rücksicht auf Image und auf modische Sentenzen die eigenen Schwächen analysierend, aber auch die Schocks, die Trauer und die Helligkeiten nicht verschämt auszulassen?

Nicht herauskönnen. Sich einbringen. Ist das die Antwort? Ihre Ant-wort, Marie Luise Kaschnitz?

Sie begleitet mich nachher zum Taxistand, auch wenn ich allein gehen will. Schön, Ihr Trotz, lacht sie, ist neben mir, rührt mich am Ellen-bogen.

Am Taxistand zur Bockenheimer Straße hin stehen zwei Wagen.

Der Taxichauffeur knipst den Taxameter an.

Bis auf – wann?

Ich wende mich um. Da ist die Straße leer. Das gelbe Laternenlicht. Die Hand schon zum Winken gehoben, sackt mir in den Schoß.

Wem wollen Sie denn winken? fragt der Taxichauffeur, ein junger schwarzlockiger Mann, ein Grieche vielleicht. Hier ist doch die Wiesenau. Hier lebt Marie Luise Kaschnitz. Kennen Sie die nicht? Er hat den Stadtplan neben sich aufgefaltet.

Ein Porträt, ein Bild, eine Erinnerung, zerfallen in Sätze, die durch Sätze und Sätze, die durch das Werk zur Identität MARIE LUISE KASCHNITZ zusammenwachsen, von innen auf die Haut geschrieben. Der leise Riß zwischen dem Frühwerk mit seiner Sicherheit, in der Form Vollendung zu erreichen, und dem Werk der Reife, dem bewußt fragmentarischen Schreiben, in dem sie die Spuren der Wahrheitssuche nicht weglöscht, sich mit einbringt, die Formung über die Form hinausgreift und dadurch unverwechselbar wird.

Der Taxameter tickt. Ich muß aufpassen, daß der Chauffeur keine Umwege fährt. Mit Fremden wird das immer wieder versucht.

(1984)

Günther Weisenborn – Ein Mann
des zwanzigsten Jahrhunderts

»Je weniger ein Mensch sich selber spürt, desto glücklicher ist er. Je mehr er an andere denkt, desto weniger spürt er sich«, hat Günther Weisenborn schreiben können. Sein Sich-Verschweigen liegt in dem Doppelsatz beschlossen, die Erfahrung von Ausgesetztsein und Überwindung, das Wissen von den offenen Konturen des Ich. Immer abwesend und tief beteiligt zugleich, kühl und leidenschaftlich, war er ein nachdenklicher Beobachter, einer, der sich zum Zuhören und Zusehen erzogen hatte, um unabhängig und gerecht zu urteilen. Die Zurückgezogenheit im Elfenbeinturm war keine Versuchung für ihn. Er hat sich dem Tag, der Zeit gestellt, immer engagiert, immer wach, immer bereit zu reagieren, sensibel und neugierig, ein Mann des zwanzigsten Jahrhunderts mit seinem nervösen Rhythmus.

»Jeder Mensch findet rückschauend in seinem Leben bestimmte Augenblicke, in denen ihm Türen aufgingen, wichtige Momente der inneren Biographie, die er nicht vergißt«, heißt es in der Einführung zu *Memorial*, Augenblicke, die sich willkürlich aneinanderreihen lassen, Impressionen auf der Netzhaut, Bruchstücke von Fabeln, Gesichter, Geräusche. Er geht in seinen beiden persönlichsten Büchern *Memorial* und *Der gespaltene Horizont* sparsam um mit den Momenten der inneren Biographie, setzt sie bewußt gegen allgemeine Erfahrungen und Reflexionen ab. Und doch fügt sich das Mosaik dieses Lebens zusammen: das eines Mannes, der nicht gelebt hat, um zu schreiben (Erfolg zu haben, anerkannt zu werden), sondern eines Mannes, der geschrieben hat, um zu leben (dem Übermaß der Erfahrungen standzuhalten).

Von der Kindheit im Rheinland teilt Weisenborn nichts mit – er ist am 10. Juli 1902 in Velbert im Bergischen Land geboren und in Opladen aufgewachsen –, wir begegnen ihm erst während der Studienzeit in Bonn am Seziertisch, im Mikroskopierkurs, auf den Arenen der Hörsäle, ein junger Mediziner, der zu seinem intellektuellen Vergnügen auch Vorlesungen bei Oskar Walzel und Max Scheler hört; der wandert, tanzt, kein mürrischer Außenseiter. Protokollarische Anmerkungen. Der Schauder des Mitleids ist spürbar, auch die Schärfe des Urteils. Weisenborn lehnt die nationalistische Gebärde der Korporierten und den gefügigen Fleiß der Duckmäuser ab, als ahnte er die gefährliche Partnerschaft beider ein Jahrzehnt später voraus. Viel von dieser intellektuellen und emotionalen Erregtheit ist in seinem ersten veröffentlichten Drama *U-Boot S 4* gegenwärtig. Es ist die zweite dramatische Arbeit des Sechsundzwanzigjährigen (die erste hatte er sich von der Bochumer Intendanz zurückgefordert, weil er sie noch nicht für bühnenreif hielt) und wird ein Erfolg: Sechzehn Bühnen nehmen das Stück an. Weisenborn erlebt die Berliner Aufführung im Haus der Volksbühne. Der Vorhang ist aufgegangen. Mit dem Ruhm wird die Welt anders, verführerisch, irisierend.

Aber Weisenborn hatte bei einem Besuch zu Hause, bei dem ihm seine Mutter, schmal und grau und von der Todeskrankheit gezeichnet, entgegengekommen war, als habe sie ihn lange schon erwartet, jäh begriffen, wie nichtig Ruhm vor dem gelebten Leben ist, wie viele Opfer in der Stille geleistet werden. Als er sich nach Argentinien einschifft, um dort zu arbeiten, sind nicht romantische Europa-Müdigkeit noch Flucht in die Welt seine Motive, sondern drängt ihn Neugier, Wißbegier, die Realität hinter der Realität von Boulevards und Börsenpalästen und der Bildungsgläubigkeit des verarmten mitteleuropäischen Bürgertums zu entdecken.

U-Boot S 4 ist ein Anti-Kriegsstück, das im Frieden spielt. Der Zufall eines U-Boot-Unglücks ist für Weisenborn zum Anlaß geworden, gegen die permanente Rüstung und Kriegsbereitschaft aufzubegehren. Herb-sentimental, auch plakativ hat die Tragödie die pazifistische Tendenz der Zeit. Doch Weisenborn will weiter, will über die Anklage hinaus zur Enthüllung des politisch determinierten Schicksals vorstoßen. So hat sein Werdegang durchaus Systematik. In Argentinien kann er menschliches Verhalten im Früh- und Hochkapitalismus beobachten. Brutalität und Übermut, Kühnheit und Gaunerei, Prahlerei und Demut drängen sich in Fabeln zusammen, literarischer Rohstoff unter der Chiffre eines Gesellschaftssystems. Aber auch von der Weite der Pampas ist der junge Schriftsteller überwältigt. Das furchtbare und schöne Bild der sterbenden Kuh prägt sich ihm ein, die sich mit Aufbietung ihrer letzten Kraft bei der Herde hält und dann zurückbleibt, sich noch ein paar Meter weiterschleppt und zusammenbricht, als die Staubwolke, die die Tausende Hufe aufwirbeln, sich schon trennend zwischen sie und die Herde gelegt hat; eine Beobachtung aus dem Eisenbahnabteil, später in der Nazihaft auf einem von den winzigen Zetteln notiert, die Erinnerung bewahren, Leben aus Fragmenten zusammenfügen.

Damals schreibt Weisenborn den Roman *Barbaren* vom rücksichtslosen Aufstieg zu Reichtum und Macht und fährt mitten unter den Saisonarbeitern im Zwischendeck nach Europa zurück. Er merkt das Elend an, er lernt, die Gesellschaft immer genauer zu sezieren. Im Mai 1933 brennt der Roman auf dem Scheiterhaufen vor der Berliner Universität. Weisenborn ist, einunddreißigjährig, ein unerwünschter Autor. Noch ist er entschlossen, im Lande zu bleiben. Er bereitet das Schauspiel *Die Neuberin* vor, das er 1935 unter Pseudonym zur Uraufführung bringt, ein großer Erfolg und die Bestätigung der Möglichkeiten des didaktischen Theaters.

Als er Deutschland dann doch verläßt, ist er nicht mehr auf der Suche nach neuen Erfahrungen, sondern auf der Suche nach der Freiheit ohne Pseudonym. In New York schlägt er sich als Lokalreporter durch, sieht in die Abgründe der Riesenstadt hinein, erfährt die Banalität des Lebens im Schatten des Big Business. Daß er dann doch wieder nach Deutschland zurückkehrt, ein unliebsamer Autor, wenn auch nicht durch die Rassengesetze gefährdet, muß aus der Einsicht erklärt werden, an Ort und Stelle mehr gegen die Hitlerdiktatur erreichen zu können als im Reportersaal in New York. Weisenborn wird Chefdramaturg am Schillertheater. Er versucht wie viele einzelne in Berlin, was an Hilfeleistung für die Verfolgten und an Aufklärung für die Verführten zu versuchen war. Er stellt sich wie die vielen einzelnen der gemeinsamen Aufgabe des Widerstands. Als es gilt, die Institutionen, die den Nazi-Staat stützen, zu verunsichern, übernimmt er eine Stellung im Großdeutschen Rundfunk und wird 1942 im Zusammenhang mit der Verhaftungswelle, die die von der Gestapo Rote Kapelle genannten Widerstandsgruppen unschädlich machen soll, verhaftet. Neun Monate Einzelhaft, immer in Erwartung des Todesurteils, danach zwei Jahre Zuchthaus Luckau bis zur Befreiung durch die russischen Truppen im Mai 1945. Die Tage und Nächte in der feuchtkalten Spandauer Zitadelle, die Verhöre, die Schikanen und vor allem die Abschiede, im Vorübergehen oder durch Klopfzeichen mitgeteilte Todesurteile werden zur großen, sein Leben gestaltenden Erfahrung.

Als Weisenborn im Herbst 1945 nach mehrmonatiger Tätigkeit als Bürgermeister von Luckau nach Berlin als Chefdramaturg ans Hebbeltheater kommt, beginnt für den Dreiundvierzigjährigen die erfüllteste Zeit seines Lebens. Zusammen mit Karl Heinz Martin macht er das Hebbeltheater in der Ruinenlandschaft Berlins zu einer Stätte des modernen Theaters, zum Ort der Begegnung mit den Dramatikern der Welt. Hier wird im März 1946 sein Schauspiel *Die Illegalen* aufgeführt, das die Erinnerung an die vielen wachhalten will, die zielbewußt und in zäher Kleinarbeit auf den Straßen der großen Städte, in den Fabriken und Büros ihr Leben gegen die Hitlerdiktatur eingesetzt haben. Er ist auch Mitherausgeber der satirisch-politischen Zeitschrift *Ulenspiegel* und gibt die Mitherausgeberschaft erst auf, als Konzessionen von ihm erwartet werden, als sich der Konflikt zwischen Ost und West schon abzeichnet; ein leidenschaftlicher Erzieher und dabei ein Mann mit hochempfindlichem Gerechtigkeitssinn. Damals bereitet er *Memorial* vor, vielleicht sein wichtigstes, gewiß sein ausgereiftestes Buch. Erinnerungsfragmente aus dem Leben in Freiheit begleiten die Szenen aus der Widerstandsarbeit und der Haftzeit. Die Freunde sind gegenwärtig, die quälende Stille der Zelle. Unter der Todesdrohung entfaltet sich die menschenmögliche Unantastbarkeit, eines der Wunder, die Weisenborn nicht mehr vergessen hat.

Noch einmal wird er die hier für sich entdeckte fragmentarische Durchformung von Erfahrungen im *Gespaltenen Horizont* anwenden, der Niederschrift eines Mannes, der die Erfahrungen der durchlebten Jahre nach 1945 mitten in der großen Veränderung der Welt weitergeben will, der erziehen, aufklären, ermutigen will. »Ehrfurcht lernt sich erst durch Leid.«

In den Theaterstücken und Romanen bleibt Weisenborn der klassischen Dramaturgie und dem traditionellen Erzählen treu. 1949 wird die *Ballade vom Eulenspiegel* im Deutschen Schauspielhaus Hamburg aufgeführt. Das im Zuchthaus entstandene Schauspiel *Babel* war schon 1947 in Konstanz vorgestellt worden. Nun folgen *Drei ehrenwerte Herren, Zwei Engel steigen aus, Das verlorene Gesicht, Fünfzehn Schnüre Geld, Das Glück der Konkubinen* – Titel um Titel, Uraufführung nach Uraufführung in Hamburg, in Berlin, in Mannheim, in Rostock. Der Roman *Der Verfolger* wird von der Académie Internationale des Hespérides ausgezeichnet. 1956 und 1961 bereist Weisenborn Rotchina. Die Notizen unter dem Titel *Am Jangtse steht ein Riese auf* rücken das Riesenreich in seiner Verwandlung nahe. Wieder ist Weisenborn der neugierige Reisende wie in seiner Jugend. Chinas Erwachen aus der Erstarrung der Geschichte überwältigt ihn.

Wenn er sich in den späteren dramatischen Arbeiten wieder den Kämpfen der eigenen Generation zuwendet – er beschäftigt sich mit dem Aufstand des 20. Juli und zuletzt noch einmal mit dem Widerstand der Linken, der in der Bundesrepublik so bewußt unterspielt wird –, steht dahinter das Erlebnis der Reisen, die ihm die mögliche Utopie gezeigt und ihn in seinem erzieherischen Impetus bestärkt haben. Immer ist er aber auch der Kollege, der Freund, der von den »schlafenden Freunden Gethsemanes« weiß – distanziert und doch von der Sorge um andere erfüllt. »Glück ist das Gegenteil von Verlassensein.« Er ist keiner, der die um den Tisch je mit sich selbst behelligt. So reichen seine Impulse weit über die eigene Arbeit hinaus.

Nur ein paar kurze Fristen der Zurückgezogenheit waren ihm gegönnt, damals, als die Kinder klein waren, als Günther und Joy Weisenborn nach dem Krieg endlich eine Familie gründen konnten, nachdem sich ihre Gemeinschaft in Verfolgung und Haftzeit bewährt hatte. Nur ein paar Augenblicke der Idylle. Bodensee und Tessin. Wiesen. Stille. Dann 1950 in Hamburg die Einrichtung einer Lektürenbühne und 1951 bis 1954 die Durchführung eines dramaturgischen Kollegiums. Jederzeit aber auch die Bereitschaft, sich für den Berufsstand einzusetzen, Kollegen, die in Not geraten waren, zu helfen. Jederzeit auch die Anstrengung, die Entfremdung der Menschen in den zwei deutschen Nachkriegsstaaten zu überwinden. Nach der Rückübersiedlung nach Berlin riß ihn eine schwere Krankheit aus der Arbeit. Doch nach dem Krankenhausjahr war er wieder am Schreibtisch. Bis zuletzt.

Ein beteiligtes Leben. Ein erfülltes Leben. Und doch ein verschwiegenes Leben, wie es dem Dramatiker eigen ist, der immer aus seiner Biographie heraustritt.

»Die wichtigste Funktion der Bühne, neben dem Vergnügen, ist die öffentliche Erschütterung, ist das in Verantwortung orchestrierte Erlebnis eines Dramas. Die Szene soll uns allen helfen, sehen und denken zu lernen, die Szene soll wieder Meinungen, Bewegungen der gehorsam steif gewordenen Gehirne, innere Erregung, Vernunft und damit Impulse geben, die Dichtung unserer Zeit ist Ende und Anfang zugleich.« Das Bekenntnis des Dramaturgen Weisenborn vom Oktober 1945 ist das des Dramatikers. Er probiert die ortlose Dramaturgie aus, angeregt von der Beschäftigung mit dem chinesischen Theater, er versucht, Komödie, Tragödie, Ballade zu beleben. Er glaubt an das didaktische Theater, aber er hält daran fest, daß die Bühne Spielraum ist, daß Bühnenrealität von Spielregeln zusammengehaltene Realität ist, also gleichnishaft, also konstruiert, gedacht, erdacht. Seine Stücke sind kühl geplant, streng, Arbeiten eines Schauspielers, der mit Chargen und Typen rechnet, weil er sich selbst die Orgien des Individualismus nicht gönnt, weil er schon als sehr junger Student die kollektiven Reaktionen sehen gelernt und als reifer Mann die Abschleifungen des Ich bis auf den Kern erfahren und in solcher Entblößung begriffen hat, daß an andere zu denken, für andere dazusein »glücklich« macht.

Seine Dramen sind in den letzten Jahren von den großen Bühnen verschwunden, das muß der Genauigkeit halber angemerkt werden; seine Romane sind wie so viele Romane dieser Autorengeneration fast vergessen; seine Anmerkungen zum Theater sind, aus der Praxis reduziert, keine zukunftshaltigen Entwürfe, aber in ihrem Bekenntnis zum Handwerk wohltuend sachlich. Auch wenn Weisenborns Sprache in den Augenblicken des Gelingens durchlässig wird für das erschreckende Wunder des Lebens im Angesicht des Todes, wird man ihn nicht zu den Neuerern der Literatur in diesem Jahrhundert zählen. Aber er wird als der Mann der ersten Stunde in der Erinnerung bleiben, den Emigration und Haft nicht gebrochen haben, so daß er mitten im verwüsteten Land einer zerrissenen Generation die Hoffnung auf eine mögliche gerechte Weltordnung mitzuteilen vermocht hat.

Er hat keine politischen Schriften verfaßt, nicht polemisiert, in die Tagespolitik der Bundesrepublik und der DDR nicht kritisch eingegriffen. Er hat Dramen geschrieben, um wie Ernst Bloch das zukünftig Notwendige aus der Vergangenheit zu begründen: Lofter, der Mann ohne Gesicht, das Opfer des reaktionären Feudalismus; Eulenspiegel, der durch List zur Gerechtigkeit beitragen will; die Neuberin, die an die Aufklärung glaubt; die Illegalen, die sich gegen die ideologisch verbrämte Barbarei auflehnen. Daß es ihm in den Dramen nicht gelingt, den Abgrund aufzureißen, der hinter der geplanten, zu leistenden Hoffnung klafft, muß mit ihrer didaktischen Absicht zusammen gesehen werden. In *Memorial* und in einzelnen Passagen des *Gespaltenen Horizont* ist solche Erfahrung gegenwärtig: etwa in der noblen Beschreibung des Endes von Heinrich George, der als prominenter

Schauspieler des Nazi-Regimes Weisenborns politischer Gegner war und als Lagerhäftling in Sachsenhausen verzweifelt mit der eigenen Schuld ringt und sich mit der Kraft des Ertrinkenden die Rolle des Postmeisters auf russisch aneignet, aber noch vor der Aufführung an Entkräftung stirbt. Auch in der Notiz über Theodor Pliviers bitterheiteres Ende klingt die Tragik an. (Der überzeugte Kommunist Plivier hatte die DDR erst kürzlich verlassen, als ihn der Tod im idyllischen Frühling des Tessin einholte.) Und wieviel Schmerz schwingt unausgesprochen in der Szene beim Anhören von Majakowski auf der Schallplatte mit.

Weisenborn hat sich zur Kühle, zur emotionalen Enthaltsamkeit genötigt, weil ihn seine hohe Empfindlichkeit sonst zerstört hätte. Ohne Religion, ohne Gott, ohne Jenseits hat er nur mit asketischer Strenge durchhalten können, menschlich zu bleiben, nicht dogmengläubig zu werden wie so viele Planer einer gerechten Weltordnung. Darum ist er auch mit keiner Schablone zu messen, darum sehen die einen in ihm den Wanderer zwischen den beiden deutschen Nachkriegsstaaten und die anderen den Mann des Widerstands. Er war das, und er war mehr. Er war mit der Inbrunst des Hoffenden Sozialist. Aber er hat sich gescheut, die Hoffnung, die er doch so gefährdet wußte, vom Tagesgeschehen verkleinern zu lassen. So ist er als Lehrender einsam geblieben und als Dichter ein am Primat der Kunst Zweifelnder, obwohl es ihn gedrängt hat, sich durch Kunst auszudrücken, ein Widerspruch, der ihm zu schaffen gemacht und den er nur in der unmittelbaren Nachkriegszeit auszutragen vermocht hat, als die Sprache noch mit Mitteilung vollgesogen war und Mitteilung noch Hoffnung enthielt. Das von ihm so gern benutzte Motiv der Flaschenpost ist charakteristisch. Flaschenpost, Kassiber, Reduktion auf das Sagbare, Verabsolutierung der Mitteilung, Sprache, Bücher als Speicher des Gedächtnisses der Menschheit.

Aus der Rückschau haben die unmittelbaren Nachkriegsjahre noch etwas vom 19. Jahrhundert, vom Elan des Idealismus, vom Vertrauen auf die Wahrhaftigkeit der Sprache, wie sie die Aufklärer dem 19. Jahrhundert mitgegeben hatten. Es ist gut, daß Weisenborn diese Jahre so bewußt als glückhaft erlebt hat. Daß er damals gehört wurde und daß er die Entmachtung der Mitteilung für sich nicht akzeptiert hat, daß er die drohende Technokratie unterschätzt hat, weil er nicht wahrhaben wollte, daß die totale Enteignung des Menschen hinter jeder Utopie lauert, daß planen auch entmachten heißt. Er hätte wohl die Kraft nicht gehabt, sich dagegen noch aufzulehnen.

Es paßt zu ihm, daß er stolz darauf gewesen ist, daß seine Bücher und Theaterstücke in so viele Sprachen übersetzt worden sind, daß es ihm wichtig gewesen ist, die Bücher in anderthalb Millionen Exemplaren verbreitet zu wissen. Er hat ja erziehen, denken lehren wollen. Im *Gespaltenen Horizont* sind Begegnungen mit Schriftstellern festgehalten, fast trocken, Nachrichten, kaum mehr. Seine Achtung vor dem persönlichen Bereich des anderen hat ihn gehemmt, Sympathie auszusprechen, die er doch geben konnte; die in seine Theaterstücke und Romane eingewoben ist, so daß seine Schurken, gleich in welchem Kostüm, von den Umständen, nicht von kreativer Bosheit getrieben wurden. So ist sein Optimismus von eigentümlich prüder Reinheit.

»Theater, das kann Kirmes oder Kirche sein, Laboratorium, Baumschule oder Operationssaal, aber immer ist es der Ort der Veränderung«, hat er geschrieben und konsequent die ortlose Bühne verteidigt. Die Verschränkung von Ort und Zeit, von Banalem und Bewegendem, von Impression und Reflexion in den beiden autobiographischen Büchern *Memorial* und *Der gespaltene Horizont* ist Ausdruck der gleichen Einsicht. Erfahrungen, Rollen, biographisches Detail sind austauschbar, also zufällig. Ins Koordinatensystem eines Plans eingesetzt, erhalten sie Stellenwert. Vor dem anarchischen Tod ist das Leben nur bewußt zu leisten. »Wir kamen aus den Todesjahren und hatten begriffen, daß der Tod die sicherste Aufgabe ist. Ihn nie zu vergessen, lehrt denken. Er ist der durch Widerspruch Leben Entzündende.«

In dem Arbeitszimmer steht zwischen den Bücherwänden noch die puppenhausgroße Bühne, deren Leere ihn immer wieder herausgefordert hat.

Günther Weisenborn ist am 26. März 1969 in Berlin gestorben.

(1971)

Volker von Törne (1934–1980)

Nein, ein Tod ist keine Nachricht. Ein Tod ist noch immer ein Schock. Ein Tod auf der Höhe des Wirkens und Lebens ist ein Schock, gegen den wir uns mit dummen Sätzen wehren. »Das kann doch nicht sein!« »Das ist doch unvorstellbar!« und –: »Das ist doch ungerecht!« Ausgerechnet er, den so viele noch gebraucht hätten! Den so viele gern gehabt haben! Der für so viele Vorbild war! Der so viel noch hätte tun müssen! Ausgerechnet er!
Als ich die Nachricht bekam, daß er bewußtlos lag und nicht mehr werde erwachen können, dachte ich so. Und denke es noch jetzt. Das macht es mir schwer, ihn, der sich so gern zurückhielt, der sich so gern lax gab, unbefangen, der es so beherrschte, hinter sich selbst zurückzutreten, schon in die Erinnerung zu holen.
Und doch: Ich höre seine Stimme, und wie er das abmachte, das Vorlesen, einfach so: Naja, Freunde, Ihr wißt schon, und es ist ja auch gedruckt. Ich sehe ihn bei seiner ersten Lesung, schmal, das junge Gesicht von Röte überflogen. Die Scheu. Und das Gedicht, das ihn bekannt gemacht hat, das so endet: Wo sterbe ich?
Nein, er ist auf keinem Kriegsschauplatz gestorben. Und doch auf einem: auf dem immer unübersehbarer werdenden Kriegsschauplatz der funktionierenden Gleichgültigkeit aller gegen alle. Er hat sie nicht wahrhaben wollen. Er hat sich dagegen aufgelehnt, daß Schuld nicht Schuld ist, Mord nicht Mord ist, Massenvernichtung nicht Massenvernichtung. Er hat sich dagegen aufgelehnt, daß Vergessen Vergessen ist. Davon sprechen seine Gedichte.
Dafür hat er gelebt und gearbeitet, über die Kräfte hinaus, die einer hat.
Er hat sich immer beim Wort genommen.
Das ist nicht nur liebenswert. Das ist groß. Aber wir erfahren immer wieder, daß diese Größe nicht zählt. Mein Gott, ein engagierter Autor, naja, gut für eine Paar-Zeilen-Notiz, blaß-freundlich, man kennt das. Denn derzeit, und das ist schon eine kleine Weile, »trägt« man nicht

Engagement. Ich will hier nicht die Nachrufe der Freunde schmälern. Sie zu lesen hat gutgetan in dieser öffentlichen Verdammnis durch Klein-klein-Schweigen.

Aber lebt und schreibt ein Autor denn für die Nachrufe? Ganz sicher nicht. Und Volker von Törne schon gar nicht. Er hat von Gedicht zu Gedicht, von Buch zu Buch teilgenommen, wie er von Tag zu Tag teilgenommen hat, um das, was nicht wiedergutzumachen ist, doch wenigstens anzunehmen und annehmen zu üben für eine Generation, die nur nachgeboren ist, die aber zu begreifen hat, daß das nicht genügt. *Das auch nicht.* Denn was genügt schon gegen den perfektionierten, den »sauberen« Völkermord? Und was hält ihn beim nächstenmal auf? Das ist doch die Frage, die jedes seiner Gedichte stellt. Wenn er die falschen Idyllen beschreibt, die von damals, die von heute. Auch wenn er die Sehnsucht nach Stille, die nach unverstörter Liebe beschreibt. Wenn er geben will. Immer wieder geben. Auch im Gedicht. Auf das DU zu. Er hatte so offene Augen, eine so verletzliche Haut, eine spröde, eine strenge, eine schöne Sprache. Er hätte seine Haut aufreißen, seine Gedärme durchwühlen, die Klangfarben des heiser geflüsterten Du benennen, das Pathos der Sprache genießen können. Das wollte er nicht. Das lehnte er ab. Stand ja nicht mit dem Rücken zur Wand. Ließ die Vier-Wände-Gefangenschaft nicht zu. Riß Türen, Fenster auf. Rannte davon, riß andere im Rennen mit, Junge, die froh waren, daß er voraus rannte, ihnen Aufgabe – kein Ziel – gab. Rannte. Rannte. Lebte. Und wenn er innehielt, Atem schöpfte, war er nicht vergebens gerannt, hatte er nicht vergebens andere begeistert, anderen auch eine Aufgabe vermittelt. Konnte er ganz ruhig sein. Dann wieder die leise Stimme, Menschlaßtdochdashörtbloßzu! Und dann las er Sätze voller Zorn und Zartheit. Las von der Wunde Schuld. Die in ihm nicht heilte. Die nicht heilen darf.

Volker von Törne – daß er das *Von* stehen ließ, weil es den Makel auch noch beschriebe, daß er sich aussetzte, auch *dem* noch, Geschichte also annahm, um sich zu widersetzen, daß – – – nein, der Satz läßt sich nicht vollenden. Sein Leben läßt sich nur im Weiter-Leben denken. Welch eine Hoffnung in dieser Trauer!

(1981)

209

VIII.
Meine Ortschaften
und ein Stück Welt

Meine Ortschaften

Wie Inseln heben sich aus dem Stadtplan von Berlin die Bezirke, deren Straßennamen vertraut sind, deren Plätze und Höfe in der Erinnerung nicht nur Plätze und Höfe irgendwo in der großen Stadt sind, sondern Ortschaften, Stationen des eigenen Lebens.

1. Früheste Erinnerung an dunkle, hohe Zimmer, an Urgroßmutter und Großeltern, an den langen Familientisch. Nur die Urgroßmutter erzählte von damals, und das war die Zeit um 1870, als ihre Kinder geboren wurden und die Stadt schneller wuchs als die Häuser. Wohnungselend, Wohnungsnot. In der Tiefe unter dem Fenster der Hof, graubraun und sonnenlos. Dahinter, hieß es, ein zweiter Hof. Unerreichbar. Beängstigend unbekannt. Geboren in Moabit.

Durch die Ansiedlung von Fabriken hatte sich der sandige Landrücken zwischen Spree und Plötzensee, der 1718 französischen Gärtnern zur Besiedlung überlassen worden war, in den Depressionen und Konjunkturen des Kaiserreichs zu einem Arbeiterwohnbezirk entwickelt. Riesige Backsteinkirchen und das Wohlwollen der kaiserlichen Familie hatten den Trotz der Einwohner nicht gebrochen. Sie waren nach dem Sturz des Kaiserreiches über den Beusselberg auf die Innenstadt zu marschiert, sie schlugen sich bis ins Jahr 1933 mit der SA; sie waren 1923 im täglichen Wettlauf mit der Geldentwertung aufs äußerste erschöpft. Die Frauen waren müde geworden vom Warten an den Fabriktoren, wo sie mittags den Lohn abgeholt hatten, der vorm Abend schon wieder nicht zureichte. Vor solchem Hintergrund muß die Szene in dem Wohnzimmer gedacht werden. Die Familie hatte sich zum Essen versammelt, die Lampe über dem Tisch gab müdes Licht, die Großmutter hatte eben die Teller gefüllt, als es klingelte. Sie ging öffnen, kam zurück und flüsterte mit dem Großvater. Denk an das Kind! verstand ich, aber Großvater schob den Stuhl zurück und brachte die Frau ins Zimmer. Ein Gesicht, wie ich's nicht kannte, die Augen von Haarsträhnen verhangen, die Lippen gedunsen. Die Frau wollte sich nicht setzen, nicht essen und saß dann doch über den Teller gebeugt, den Großmutter für sie gefüllt hatte. Niemand sprach. Nur das Löffeln und Schlürfen war zu hören. Meine Mutter zog mich vom Tisch weg, ich wehrte mich, es gab Tränen. Die Frau sah auf, strich das Haar weg, sah mich an, aber sah mich gar nicht, war ganz damit beschäftigt, das Haar aus der Stirn zu halten.

Ich weiß nichts anderes von ihr. War sie's, deren Mann bei Gleisarbeiten verunglückt war? War sie's, die die Kinder an Diphtherie verloren hatte, drei Kinder in zwei Tagen? War sie's, deren Mann bei der Schlägerei mit der SA umgekommen war? Großvater war Armenpfleger in Moabit und immer zwischen Turmstraße und Quitzowstraße unterwegs. Manchmal hörte ich die Erwachsenen über Fälle sprechen, ein paar Sätze, kaum mehr. Denn Großvater sah wohl zu viel, um noch darüber zu reden.

Wenn ich heute dort entlanggehe und in der Lübecker oder Wiclefoder Huttenstraße in die Fenster hineinsehe, hinter denen die Gardinen noch immer gefältelt sind und noch immer Kakteen und Fleißige Lieschen blühen, denke ich manchmal daran, ob eine von den Frauen sich wiedererkennt abends, wenn verstörte junge Frauen in die Kamera hineinlaufen und der Fernsehreporter ihren Fall erläutert, und ob sie das Gerät abschaltet oder sich in die Sofaecke zurücklehnt, schicksallos. Zufrieden?

2. In Oberschöneweide warteten wir am Fabriktor auf die Väter, die Jungen und die Mädchen aus der Siedlung, machten uns einen Spaß daraus, zu wetten, wessen Vater zuerst über den Hof käme. Die Eltern hatten endlich eine eigene Wohnung, Neubau, im ersten Winter schimmelten die Tapeten, und die kleine Schwester wurde krank. Aber zum Rodeln und auch nachher im Sommer war die Wuhlheide nahe. Und es gab einen großen Hof ohne Zäune zwischen den Grundstücken. Es gab auch die aus den Laubenkolonien, denen die Schule schwerfiel. Vom Hof wurden sie manchmal durch Jungenhorden verjagt, die Zündplättchen für ihre Revolver hatten und Wimpel und Fahrräder. Doch die Laubenkinder hatten ja nicht viel Zeit zum Spielen, sie mußten die Geschwister hüten, mußten einkaufen, kochen und mittags mit Essentöpfen ans Fabriktor gehen, solange die Väter noch nicht zu Hause herumsaßen, weil es keine Arbeit mehr gab. Mein Vater er-

fuhr das am 24. Dezember. Als er mich warten sah, nahm er mich bei der Hand (das tat er sonst nie), und wir gingen zwischen Industriebahn und Fabrikmauer entlang, nicht drüben, wo die Schaufenster noch weihnachtlich geschmückt waren und nur beim Schlächter welche in der Schlange standen. Ecke Edisonstraße lehnten Tannenbäume gegen den Draht, der von Laterne zu Laterne gespannt war, Vater schien die nicht zu sehen, sondern zog mich zur Brücke.

In den Fabriken an beiden Spreeufern war es dunkel. Immer, wenn eine Straßenbahn über die Brücke fuhr, flogen die Möwen auf. Ich zählte die weißköpfigen Pfähle. Im Sommer hatten wir die Zillen gezählt. Verdammt still! Und nicht wegen Weihnachten, sagte Vater endlich und packte mich und brüllte: Verdammt still, verstehst du? Ich habe erst später begriffen, warum er mit mir auf die Brücke gegangen war, sein Schicksalsweg an wie vielen Tagen! Zwei Jahre vor Hitlers Krieg kam er wieder ans Reißbrett. Großtransformatoren sind wie Eisen und Kohle Voraussetzung industrieller Erschließung. Elektrizität ist das Stichwort für Oberschöneweide.

Im Sommer 45 konnte Vater auf dem schmalen Fußgängersteg, der zwischen die Betonblöcke der gesprengten Brücke gespannt war, nicht stehenbleiben, da stießen sie ihn weiter, brauchten ihn nicht mehr, brauchten niemand. Der Maschinenpark war als Beutegut verladen. Und wieder war Elektrizität das Stichwort. Wenn's auch an Kupfer fehlte und der Walzstahl schlecht war, wurde wieder gearbeitet, zäh, verbissen. Die Lautsprecher gaben Betriebsnachrichten durch, beim Transport durch Polen wurden die Isolatoren von den Transformatoren geschossen, es gab Verhaftungen in der Halle und im Konstruktionssaal. Stalinära. Vater schwieg und rauchte mittags eine Pfeife unten an der Spree und bei jedem Wetter. Später haben sie ein Foto von ihm gemacht, das ihn neben dem metallnen Dinosaurier zeigte, der für die Leipziger Messe verladen werden sollte. Er freute sich wie ein Junge darüber. Die Hauptsache ist doch, daß es ein bißchen heller wird in der Welt!

Hatte er recht? Ich weiß es nicht. Die alten Häuser in der Wilhelminenhofstraße hinter den Fabriken sind noch schmuddliger als damals, in »unserer« Siedlung bröckelt der Putz, aber die Kleidung ist farbiger geworden, und neue Autos beleben die Straßen. Ob immer noch Kinder von Kindern verjagt werden, wenn sie sich auf fremde Höfe wagen?

3. Die Höfe in Friedenau waren gepflegte Gärten, die Straßen Baumalleen. Zwischen den Brandmauern der vier-, fünfstöckigen Häuser waren Villen mit Erkern und Türmchen eingeklemmt. Noch immer gab sich Friedenau, das um die Jahrhundertwende als Wohnsitz für Beamten- und Offiziersfamilien entstanden war, geziert. Viel Schwarzweißrot zwischen den kleinen Hakenkreuzfahnen der ersten Hitlerjahre. Wer arm war, schämte sich, wohnte im Gartenhaus oder in einer Kellerwohnung oder vermietete die Vorderzimmer. Bis die Menschen dritter Klasse von den Nazis kreiert wurden und die Menschen erster und zweiter Klasse, die sich sonst vorm Eingang für Herrschaften und dem Nebeneingang getrennt hatten, Gemeinsamkeiten entdeckten. Zuerst waren einige Mitschülerinnen abgegangen, hatten ferne Ziele genannt: New York, Wien, London, Paris. Auch Freunde von Mutter waren zum Verabschieden gekommen, und wir hatten Johannisburg aus dem Atlas gesucht. Bald gab es im Nebenhaus neue Mieter, ohne daß die Vorwohner ausgezogen waren. Mutter änderte den Rhythmus ihres Tages und wich allen Fragen aus. Friedenauer Wohnungen hatten Kammern und Zimmer ohne Zugang zum Flur. Das wurde wichtiger, je mehr Uniformen gekauft und je mehr Haussammlungen veranstaltet wurden. Unsere Lehrer erinnerten sich immer häufiger an den großen Krieg, bis die, die Söhne hatten, nach dem September 39 stiller wurden. Irgendwann damals holte Mutter uns nachts aus dem Bett und schob uns ans Fenster. Vor Nummer zwei stand ein Lastauto mit abgeblendetem Licht.
Da wohnen auch welche!
Wir warteten. Taschenlampen wiesen zwei oder vier vermummten Frauen die Stufen. Eine strauchelte und wurde gestoßen.
Wenn wir jetzt schreien, geht kein Fenster auf. Daran müßt ihr euch gewöhnen! Mutter gab uns sonst keine Lebensregeln. Sie brauchte wohl selber Mut. Das Auto löste sich von der Bordkante. Jemand ging ins Haus zurück. Jetzt sprang das Licht hinter der Tür an.
Friedenau war nicht so zerstört wie andere Stadtviertel, als die ersten im Mai 45 aus den Verstecken kamen. Aber Gepflegtheit und Idylle waren zerstört, und die Titel unter den Namen waren nichts mehr wert. Daran haben fünfundzwanzig Jahre und der neue Verputz auf den Fassaden nichts ändern können. Doch muß Friedenau von seinen Anfängen her trotz vieler kleinbürgerlicher Züge seiner Einwohner einen Rest von preußischer Toleranz bewahrt haben, die Außenseitern,

ungehindert von Neugier, zu leben erlaubt; wenn auch die Dichter-klausen in der Handjerystraße kaum mehr in Erinnerung sind, kaum einer mehr weiß, daß Barlach sich in Friedenau auf seinen Durchbruch sammelte, und nur wenige realisieren, daß Rosa Luxemburg eine große Zahl ihrer leidenschaftlichen Artikel in der Cranachstraße schrieb. Grass und Johnson haben sich in Friedenau angesiedelt, Hans Magnus Enzensberger, Christoph Meckel und Volker von Törne. Beim Buch-händler Wolff, der fast alle Berliner Autoren in seiner Kundenkartei führt, gibt es Zufallsbegegnungen. Blätternd, lesend fügt sich in Ge-sprächen das Mosaik aus Erinnerung und Gegenwart.

4. Zehlendorf nennt sich der grüne Bezirk. Die Kinder lernen das in der Schule und wachsen so auf zwischen Wald und Parks, zwischen den Seen und der Grenze am Teltowkanal, vertraut mit Singvögeln und Igeln und Autoschlangen an den Sonntagen und der Langeweile des sommerlichen Gartensprengens. Keine Kämpfe auf den Höfen, hinter den geöffneten Fenstern der Villen manchmal noch Klavier-üben, fünfmal die Läufe der linken Hand, in den Einfamilienhäusern längst vom Radio verdrängt. Trotz der Erschließung durch den Bau der Wannseebahn ist das Siedlungsgebiet zwischen den siebenhundert und siebenhundertfünfzig Jahre alten Dörfern ein junges Wohngebiet mit unscharfer Sozialstruktur, ein Bezirk ohne eigene Handschrift, die sich im Stadtplan eingezeichnet hat. Ein paar Erinnerungen an Preu-ßen, an Brandenburg: die charmante Rundkirche in Zehlendorf, wo der Königsweg von der Potsdamer Chaussee abzweigte, das verstie-gene Schlößchen auf der Pfaueninsel, die heiteren Glienicker Schlösser und die strenge Grazie der Peter-und-Paul-Kirche neben dem russi-schen Blockhaus Nikolskoe, der Kurierweg vom Schloß Charlotten-burg nach Potsdam, der noch als Reitspur durch den Wald läuft und Caspar Theyß' Jagdschloß für Joachim II. Aber auch die Geschichte von Michael Kohlhaas gehört nach Zehlendorf und der Bericht von Kleists Selbstmord im Wald über dem Kleinen Wannsee.
Zehlendorf, ein Ort auf der Wanderung, ein Sonntagsziel. Die bewach-ten Grenzen sind lang. Drüben in Teltow sind die Wachhunde an Gleitschienen befestigt und heulen nachts hungrig und aufmerksam. Und in den vielen großen Villen sind die viel zu vielen Alten von Berlin untergebracht und gehen wie Fremde zwischen den Gärten und Kie-fern, von denen sie ein Leben lang geträumt haben, spazieren.

5. Damals, als sie noch zur Leipziger Straße fuhren, um einzukaufen, als sie vom Potsdamer und Schlesischen und Görlitzer und Stettiner Bahnhof ins Grüne fuhren, damals, als sie noch im Schauspielhaus am Gendarmenmarkt oder in der Staatsoper abonniert waren, als die Friedrichstraße noch die große Welt war und die Konzerte in der Singakademie zu den Festen des Jahres gehörten, damals, als die Patinakuppel des Schlosses noch in den hellen Himmel über Berlin hineinragte – sie denken an damals. Vielleicht haben sie Berlin brennen sehen, vielleicht auf einem Koffer oder einer Matratze gehockt, die Gesichter verrußt, während neben ihnen die Toten auf offene Lastwagen geschichtet wurden. Vielleicht haben sie im Sommer 45 nach ihrer Straße, nach ihrem Bürohaus gesucht und leben nun zwischen Rosen ohne Anteil am Wiederaufleben ihres untergegangenen Bezirks.

Ich muß einen Parkplatz suchen Unter den Linden. Viele Besucher, Autobusse, Führungen, slawische Sprachen, aber auch Skandinavisch und Französisch, und die unverkennbaren amerikanischen Touristengruppen. Die riesige silbrige Nadel des Fernsehturms, das Hochhaushotel, der Block des Außenministeriums, hundertmal beschriebene Veränderungen des Stadtbildes, was ist dabei, jede Stadt wandelt sich so. Ich gehe die Straßen entlang, in deren Untergang ich damals hineingerissen wurde, zufällig, auf der Flucht von Keller zu Keller. Die Werdersche Kirche wird wieder aufgebaut, der Kuppelraum in Sankt Hedwig ist strenger als vor der Zerstörung, die unzerstörten Häuser in der Behrenstraße erinnern an das Pathos der Bürohäuser, wie sie in Wien am Ring noch erhalten sind oder in Stockholm an der Kungsgatan. Aber der Gendarmenmarkt liegt windoffen, und auf den Ruinen haben sich Birken angesiedelt. Ein Amerikaner filmt die tote Stadtlandschaft.

Berliner Geschichte. Das Bleikammergefängnis in der Hausvogtei, Café Stehely, das Jahr 48, Wörter für Nachschlagwerke. Mit einemmal weiß ich, warum die Stadt bei aller Vertrautheit so fremd geworden ist: ein paar dicke Frauen in bunten Kittelschürzen kehren den Rasen an der Ruine des Französischen Doms.

Als ich nachher die Autotür aufschließe, kommt ein älterer Herr auf mich zu. Er hat wohl die Westberliner Nummer erkannt. Er fragt, ob ich mich denn auch zurechtfinde, und ist befriedigt, als ich's bestätige.
(1963)

In einem fremden,
ganz vertrauten Land

Man kann mit der Grenzkontrolle anfangen, mit dem Mißbehagen, das sich jedesmal einstellt, wenn man als Fußgänger vor dem Kontrollhäuschen warten muß, Regen, Wind, manchmal auch Sonne und immer die vielen alten Frauen und Männer mit schweren Einkaufstaschen vor einem und hinter einem, ihre unvollendeten Sätze:»Geh' da zu einer Schwester tapezieren –/ Bring'n bißchen Obst mit –/ Was so die Enkel sind mit ihren Wünschen zur Jugendweihe –/ Na ja, der Schwiegersohn, dem geht's ganz gut, den darf man nicht fragen –/ Was se woll heute wieder möchten sehn bei de Taschenkontrolle –/.« Oder die ungeduldige Freundlichkeit der Uniformierten, die zur Disziplin mahnen und nicht den Mund verziehen, wenn ein Betrunkener sie verspottet.

Man kann die Übergänge für Autofahrer beschreiben, die schmalen Durchfahrten durch die Mauer, die monumentalen, glasüberdachten Grenzübergänge an den Autobahnen, die Ausweiskontrollen – wie lange das oft dauert, bis der Unsichtbare im Schalterhäuschen die Papiere zurückgibt – und dann der Zoll, Geldumtausch und, wenn man Glück hat, nur ein Blick ins Auto, meist aber aussteigen, Kofferraum, Motorhaube öffnen, Sitzbank, Fußmatten, Überzüge anheben und: Bitte kommen Sie doch einmal mit! die Taschenkontrolle in der fensterlosen Bude. Was ist das? Und das? Ein Bleistift. Eine Nagelfeile. Und die Notizen? Das Adressenbuch beschäftigt den Zöllner oder die Zöllnerin, die Familienfotos werden durchblättert. Endlich wieder einsteigen, langsam bis zur zweiten Schranke fahren. Viele Male erlebte Prozedur. Damals in den fünfziger Jahren dauerten die Wartezeiten an den Kontrollstellen selbst für die Durchreise durch die DDR oft viele Stunden, für Berliner waren die Einreisen in die DDR seit 1952 verboten. (Der immer wieder gerügte Provinzialismus der älteren West-Berliner hängt mit solchen Erinnerungen zusammen!)

Man kann auch die Fahrt im Interzonenzug beschreiben, die Rentner und Rentnerinnen aus Eberswalde, aus Fürstenberg, aus Spremberg, aus Brandenburg, aus Magdeburg oder Berlin, die Äpfel essen und Wurstbrot. Mal ein Halbsatz übers Wetter, ein Fahrplanvergleich, dann wieder Schweigen und, wenn die Grenzer ins Abteil kommen, der Eifer, den Ausweis zu zeigen, die Reisepapiere, nur nicht auffallen! und erst hinter der Grenze, noch zögernd, die Gespräche.

Man kann auch anders beginnen: auf den Zufahrtsstraßen von und nach West-Berlin, die die Autofahrer aus der Bundesrepublik, der DDR und West-Berlin gemeinsam benutzen (alltägliche, einzige deutsche Gemeinsamkeit). Die DDR-Fahrer mit ihren meist schwächeren Wagen sind höflich und halten sich genau an die erlaubte Geschwindigkeit, manchmal kleine Wettfahrten zwischen einem Leipziger und einem Stuttgarter vielleicht, auch Warnzeichen vor Geschwindigkeitskontrollen, weil die Geschwindigkeitsüberschreitung den Bundesdeutschen und den West-Berliner teuer zu stehen kommt.

Man kann auch in die Szene der Wachablösung vor der Schinkelschen Wache Unter den Linden einblenden, Stechschritt und Marschmusik und die Abertausende von Zuschauern zu beiden Seiten und in der Mitte der Straße, auf den Auffahrten von Kronprinzenpalais und Staatsoper, im Kastanienwäldchen.

Man kann ins Schloß Sanssouci überblenden, wo eben eine LPG von der pommerschen Ostseeküste die Spiegel und Vasen und Kronleuchter bewundert, ganz unkritisch mit Ah's und Oh's und Siehmalda! Sie sind um vier Uhr morgens aufgebrochen an diesem Sonntag, erzählen sie, und wie stolz sie sind, einmal in Potsdam zu sein.

Man kann zum Zwinger in Dresden schwenken oder nach Schloß Rheinsberg, das als Sanatorium genutzt wird, in die Wintersportdörfer des Erzgebirges, an den breiten und wenig überlaufenen Sandstrand, der sich von Graal-Müritz bis zum Darß hinstreckt, oder zum dichten Netz der Hochspannungsleitungen, die vom Lausitzer Braunkohlengebiet aus das Land überspannen. Man kann in der jähen Stille nach der Messe durch die Leipziger Straßen schlendern, keine weißen Tischtücher mehr in den Lokalen, Sonntagnachmittagslangeweile am Völkerschlachtdenkmal, man kann dem Stimmengewirr der Tausende an den Ufern der Baggerseen nachgehen, Badefreuden und viel Speiseeis. Man kann aber auch am bleigrauen Stechlinsee wandern, ohne einen Menschen zu treffen, aber in Dagow und Neu-Globsow Fontane-Erinnerungen tourismusverkitscht erwerben.

Man kann im »roten Sandow«, dem Cottbusser Arbeitervorort von einst, am rechten Ufer der jungen Spree zwischen hellen Hochhäusern spazierengehen, die die alten, krummgewordenen Häuser längst überwachsen haben, oder sich in den vom Krieg unversehrten Arbeitervierteln in Berlin-Lichtenberg, Berlin-Niederschöneweide oder -Oberschöneweide über weiße Gardinen inmitten der grauen Unfreundlichkeit freuen. Man kann vom eleganten Restaurant des Hotels »Stadt Berlin« hoch über dem Alexanderplatz (wo die jungen Kellnerinnen noch lächelnd knicksen und die Tische reserviert werden) am Fernsehturm und der Marienkirche vorbei bis zum Funkturm im Westen Berlins sehen. Man kann in den holprigen Gassen von Dahme oder im Park vom Arnimschen Wiepersdorf, in Fürst Pücklers Branitzer Park, im Dörfchen Schnatermann in der Markgrafenheide bei Warnemünde spazierengehen, Heugeruch, Kartoffelfeuer, Melancholie bröckelnder Putten, ungepflasterte Straßen, eine blaue Glockenblume auf Bettina von Arnims Grab, die Spiegelung der Wasserpyramide im Pücklerschen Park, Pflaumenkuchen und Wespen in Schnatermann. Man kann auch vor der Kirche von Wusterhausen stehenbleiben, die sich unter ein gewaltiges Ziegeldach duckt, kann mit den Leuten reden, die gerade Bruchkohle abladen. Man kann, kann – Kindheitserinnerungen, Endstationen der S-Bahn, Personenzugfahrten, manchmal ein Fahrrad geborgt –, aber so weit kamt ihr nicht sonntags. Erst später bei den Hamsterfahrten in den Kartoffelbuddelherbsten der Nachkriegsjahre erschloß sich die Mark, auch Mecklenburg. Da gab es noch das Landproletariat im Taglohn und mit dem Recht auf Nachlese, da gab es noch die Handwerker in den kleinen Städten. »Uniformschneider« steht in Jüterbog über einem längst nicht mehr genutzten Laden, Templerstadt, wer weiß das noch? Siedlungsgeschichte. Man kann vergleichen: damals, heute.

Aber kann man das? Und vergleichen nicht alle nur die DDR und die Bundesrepublik? Auch du? Auch die Menschen, mit denen du ins Gespräch kommst?

Man kann von der Landschaft sprechen, von den Augenblicken auf so vielen Heimfahrten nach Berlin, wenn sich das Land jäh auftut mit seinen hartblauen Seen im Frühjahr und der hellen, kargen Erde, mit grauen Dörfern und Feldsteinkirchen und mit dem Kieferngrün, vor dem sich im Frühling das Lichtgrün der Birken abhebt; oder mit seinen tiefhängenden Wolken im Winter, dem flachen Horizont und den spärlichen hellen Fenstern in den Dörfern; auch mit den Herbstfeuern, dem übergroßen apfelgrünen Himmel, den bunten Drachen über den Stoppelfeldern.

Und man muß von der Bescheidenheit sprechen, die zum Ostelbischen gehört hat, zu den Ziegelbrennern, den Kiesgrubenarbeitern, den Gutsarbeitern in den kleinen Katensiedlungen, zu den Tuchmachern in Cottbus, den Fischern an den Seen und Flüssen und der Ostsee, den Zimmervermietern im Harz und in Thüringen, auf Rügen und im Erzgebirge. Man muß von der Abwanderung der immer zu vielen in die Großstädte im 18., 19. und 20. Jahrhundert sprechen, von Kasernen und Truppenübungsplätzen, von Schlachten und Seuchen und Hungersnöten. Bis in unser Jahrhundert hinein. Man muß fragen: Was hat sich geändert, gebessert vielleicht?

Man muß genau sein, muß daran erinnern, daß die Ausstrahlung der großen Städte, die zunehmende Motorisierung in den zwanziger und dreißiger Jahren auf das ostelbische Land gewirkt haben, daß die städtischen Siedler, die Sonntagsausflügler bescheidenen Wohlstand in die Dörfer brachten und der Devisenmangel Hitlerdeutschlands die Förderung der ostelbischen, thüringisch-sächsischen und Lausitzer Industrie zur Folge hatte, Halle, Bitterfeld, Leuna zu Industriezentren wurden und die Landwirtschaft modernisiert wurde. Die großen Güter und das Landproletariat waren bis 1945 unangetastet, die Industrieschwerpunkte des Deutschen Reiches waren an Rhein und Ruhr und in Oberschlesien, das Gebiet der heutigen DDR aber, ohne nennenswerte Bodenschätze – sieht man von der Braunkohle und der Pechblende ab, die nach Kriegsende ohne Schonung der Menschen abgeschürft wurde –, war den armen Provinzen des Deutschen Reiches zuzuzählen.

Mit dem Einmarsch der russischen Truppen, mit dem Abtransport der Maschinenparks aus den Fabriken, mit der Zerstörung des Viehbestandes und den Experimenten bei der Aufteilung des Großgrundbesitzes, mit den jahrelangen Reparationen, die die Industrie, die ohne internationale Kredite wiederaufgebaut wurde, zu leisten hatte, war das Land, das seit 1949 DDR heißt, der Verarmung ausgesetzt, während die Bundesrepublik zur selben Zeit dank der amerikanischen Finanzhilfe ihre Industrie und ihre Städte aufbauen, die Maschinenparks der Landwirtschaft modernisieren und vergrößern konnte. Das Wohlstandsgefälle, das zwischen Westen und Osten des Deutschen

Reiches ohnehin bestanden hatte, vergrößerte sich in den fünfziger Jahren, noch beschleunigt durch die Massenabwanderung der DDR-Bevölkerung nach Westen, die nicht allein vom lockenden Wohlstand provoziert, sondern von der Zwangssozialisierung und -kollektivierung beschleunigt wurde.

Daß die DDR nach dem Bau der Mauer 1961 aufgeholt und sich ökonomisch auf den ersten Platz der Warschauer-Pakt-Staaten vorgearbeitet hat, ist bekannt, muß aber immer beim Vergleich mit der Bundesrepublik in Erinnerung gerufen werden. Man sollte also nicht bei der Aufzählung von Mängeln verharren, wenn man die DDR als ein Reisender aus der Bundesrepublik oder aus West-Berlin beschreiben will, obwohl Mängel genug zu nennen sind, die das tägliche Leben erschweren. Man muß von der Realisierung des Sozialismus innerhalb der Struktur des Staatskapitalismus sprechen und davon, wie und ob sich die Gesellschaft und mit ihr das Leben des einzelnen verändert hat.

Ja, man kann mit der Grenzkontrolle anfangen oder mit der pommerschen LPG in Schloß Sanssouci, mit dem Stechschritt der Volksarmisten Unter den Linden oder den Spaziergängern und Touristen im Dresdner Zwinger. Man kann beim Sonntagnachmittagskaffee am Familientisch oder bei den Examenssorgen der Studenten anfangen, von denen sie bei der Essensausgabe in den Mensen von Jena oder Leipzig, Rostock oder Berlin sprechen. Man kann die Schülernöte nennen, weil doch nur drei oder vier aus jeder Klasse für die Oberstufe zugelassen werden, der Leistungsdruck also stark ist und Nichtmitglieder der FDJ, Verweigerer der Jugendweihe oder Kinder politisch unliebsamer Eltern ohnehin keine Chance haben, das Abitur zu machen. Man kann die Mütter fragen, die von Beruf und Haushalt überstrapaziert werden und nichts sehnlicher wünschen als einmal einen längeren als den Jahresurlaub und vielleicht an der See und nicht in einem Heim des FDGB und die doch anerkennend von den gutausgestatteten und personell versorgten Krippen und Kindergärten berichten und die Möglichkeit, ein Jahr nach der Geburt zu pausieren, ohne den Arbeitsplatz zu verlieren, hervorheben.
Man soll aber auch mit den blassen Verkäuferinnen reden, die Ledermäntel und Pelze und kostbares Geschirr und Teppiche anzubieten haben, die sie sich selber nie leisten können, denn trotz billiger Mieten (zwischen 10 und 15 Prozent des Einkommens) und preiswerter Grund-

nahrungsmittel kann eine kaum zwei, drei oder vier Monatsgehälter für Kleidungsstücke, für Meißner Porzellan oder Tafelsilber ausgeben, denn da sind immer Kinder, die noch einzukleiden sind, Alte, deren Rente nicht reicht; und die Scheidungsquote ist der in der Bundesrepublik fast gleich, viele Frauen sind also Alleinverdiener. Dennoch finden die kostbaren Angebote in den schönen Geschäften Unter den Linden und am Alexanderplatz und in Leipzig während der Messe ihre Käufer, und die sind nicht nur die Botschaftsangehörigen und ihre Frauen, weil es auch im sozialistischen Staat allen Gegenmaßnahmen zum Trotz arm und reich gibt, wenn auch der Superreichtum, den wir in der Bundesrepublik kennen, fehlt.

Man muß in die Einkaufszentren gehen nach Fabrikschluß und die Gereiztheit über die Mängel im Angebot spüren, man muß die Gesichter der Frauen beobachten, die über eine Stunde am Gardinenlager, am Tapetenlager warten und oft unverrichteter Dinge weitergehen, weil das Angebot nicht ihren Vorstellungen und ihren Einkünften entspricht. Man muß auch ein paar Luxuswohnungen sehr privilegierter Künstler sehen, die meisten leben bescheiden in alten Häusern und mit ihren Büchern, ihrem Atelier, einem Garten vielleicht und ein paar persönlichen Schätzen. Und man muß den Eifer beobachten, mit dem an den Stadträndern auf altem Laubengelände Eigenheime eigenhändig gebaut werden, das Baumaterial ist mit Beziehungen beschafft worden, die Handwerker werden mit West-Waren bezahlt, am freien Sonnabend oder abends zu helfen.

Man muß in den gewöhnlichen Gaststätten beobachten, wieviel Reserve den Polen entgegengebracht wird, die zum Einkaufen in die DDR gereist sind, muß die besserwisserischen Vorbehalte gegen die polnische Industrieproduktion, die auf den Markt gebracht wird, anhören. Wieviel Verachtung da mitschwingt! Man muß die polnischen und ungarischen Gastarbeiter aus den Fabriken kommen sehen, isoliert wie die Gastarbeiter anderswo auch, wenn ihnen auch für den Wohnbedarf der DDR-Bevölkerung bestimmte Neubauten als Unterkünfte zugewiesen worden sind. Man muß in die Straßen gehen, die von der Berliner Mauer abgeschnitten werden, den grauen Humor heraushören, mit dem vom anderen Ende der Straße geredet wird. Man muß Dienststellen respektierlicher Institute aufsuchen, manchmal in Hinterhöfen, manchmal ist das Vorderhaus noch kriegszerstört und der Zugang ein Trampelpfad, um zwischen dem nüchternen

Pathos der öffentlichen Neubauten und der realen öffentlichen Armut unterscheiden zu lernen.

Man muß aber auch von der Intensität der Arbeit in den Akademien und Bibliotheken, von der Hochachtung vor der Wissenschaft, von der Nützlichkeit der Planung und ihren Grenzen sprechen. Zum Beispiel konnte in der DDR durch begrenzte Zulassungen zur Ausbildung der Schauspielerüberhang vermieden werden, der in der Bundesrepublik etwa 50 Prozent beträgt. Zum Beispiel hat die Koppelung von Schulausbildung und Lehre den Vorteil, daß der junge Mensch, vor die Berufswahl gestellt, auf zwei Möglichkeiten zur Weiterbildung vorbereitet ist. Aber der an Chemie Interessierte, dem ein anderes Fachstudium zugewiesen wird, fühlt sich benachteiligt, und der »Akademikerüberhang«, der trotz der Planung entstanden ist, stellt ein Potential von Unzufriedenen, denn in die Intelligenzschicht aufzusteigen bringt Privilegien mit sich, die die Verbürgerlichung begünstigen. Die Pädagogen kennen denn auch die annähernd gleichen schichtbedingten Lernschwierigkeiten wie die Pädagogen in der Bundesrepublik.

Man wird es ernst nehmen müssen, wenn ein junger Rostocker Ingenieur sagt: »Hier lügen alle«, oder eine Rentnerin im Interzonenzug: »Hier mogeln sich alle durch«, oder eine junge Arbeiterin in der Einkaufshalle im Kaufhaus Centrum am Alexanderplatz: »Der Sozialismus steht nur im *Neuen Deutschland*.« Man wird sich in lange Gespräche ohne Öffentlichkeit einlassen müssen. Und trotz der Vorbehalte gegen die Reise- und Informationsbeschränkungen, gegen Versorgungsschwierigkeiten, trotz des Spottes über die Zurschaustellung der Macht an Staatsfeiertagen und über den innerbetrieblichen Routine-Sozialismus, trotz der Klagen über immer wieder auftretende Planungsmängel, trotz der Erinnerung an die überfüllten Zuchthäuser bis nach Stalins Tod und obwohl alle wissen, daß heute Flucht und Fluchthilfe zu den meistgeahndeten politischen Verbrechen zählen und die, die gefaßt werden, hinter den Mauern der Haftanstalten verschwinden (bis die Privilegierten unter ihnen von der Bundesrepublik ausgelöst werden), wird man sich an etwas heranfragen, was in der Bundesrepublik verloren ist: an den Stolz auf das, was in der DDR geleistet worden ist, wozu denn doch jeder mit seiner Arbeit, mit seinen Entbehrungen beigetragen hat und das weiß. Eine Reaktion auf den bundesdeutschen Wohlstandshochmut der fünfziger Jahre, die Reaktion des armen Verwandten also? Eine Folge der ständigen öffentlichen Spitzen gegen die Bundesrepublik? Kaum. Die DDR-offizielle Beurteilung der Bundesrepublik wird von der Bevölkerung nicht übernommen. Doch bewundert wird die Bundesrepublik, anders als in den späten fünfziger Jahren, nun nicht mehr. Es ist ein Stolz, der etwas von Skepsis hat, wie sie zuviel Enttäuschung lehrt.

Denn die Veränderung der sozialen Strukturen im sozialistischen Staat hat zwar die individuellen Bedürfnisse beschnitten, den individuellen Spielraum eingeengt, aber das Individuum nicht vernichtet. »Hier lügen alle«, wenn sie öffentlich der Sprachregelung gehorchen. »Hier mogeln sich alle durch«, helfen einander, wenn Not am Mann ist. Hier gibt es noch Freundschaften zwischen den Generationen und eine beinahe altmodisch intakte Geselligkeit vom Laubenkoloniefest bis zum Tanzstundenball, vom Sonntagnachmittagsbesuch bei Hausgebackenem bis zum Plausch mit der Flickschneiderin. Hier gibt es neben dem befohlenen Sozialismus Sozialkontakte quer durch die neuen, gar nicht so neuen Schichten der Arbeiter, Angestellten und Intellektuellen; denn der Sozialismus in der DDR ist ja nicht politisch erkämpft, sondern nach 1945 eingesetzt worden und hat sich nicht in parlamentarischen Auseinandersetzungen behaupten und modifizieren müssen. Seine Korrektur erfolgt ständig durch die Reserviertheit der Bevölkerung, durch die Schwejksche Doppelzüngigkeit, die die einen zur Verzweiflung bringt, den anderen, den meisten zur Gewohnheit wird. Aber die Korrektur erfolgt – und weitgehend mit der Zustimmung zur sozialistischen Struktur des Staates, deren Starrheit als ein Mangel, der zu bessern ist, angesehen wird. Anders als in den fünfziger Jahren wird diese Starrheit und werden ihre Folgeerscheinungen nicht mehr am Vorbild der Bundesrepublik gemessen, hat die Demokratiepraxis in der Bundesrepublik für die DDR-Bürger ihre Faszination eingebüßt, ja, ängstigt sie, weil sie ihnen undurchschaubar geworden ist.

Sieht man von denen ab, von denen die Beachtung der Sprachregelung erwartet wird – und das sind außer den Funktionären und den »Geheimnisträgern«, zu denen viele in den innerbetrieblichen Hierarchien zählen, vor allem die Schriftsteller –, so schafft sich jedermann durch die Zweizüngigkeit eine private, entpolitisierte Sphäre. Für den Besucher aus der Bundesrepublik und West-Berlin, der die scharfe politische Diskussion gewohnt ist, den Karrierekampf mit »harten Bandagen« kennt, ist die Balance zwischen der Privatsphäre und dem

Staatssozialismus, die die DDR-Bürger halten, erstaunlich, dieses neue Kleinbürgertum unerwartet, und er begreift das Verschweigen nicht. Ja, man muß mit der Grenzkontrolle anfangen, mit der Sprachlosigkeit der Wörter, die da gewechselt werden. Wer sind denn die jungen Uniformierten? Was denken sie? Der eine hat den Tonfall der Magdeburger Börde – ob er sich vorstellen kann, daß einer aus West-Berlin zusammenzuckt, wenn er auf der Autobahn bei Irxleben jäh die Doppeltürme des Magdeburger Doms im Rückspiegel sieht? Der andere ist aus Sachsen, der kennt den Todesgeruch Dresdens im Februar 1945 nur noch aus Lehrbüchern. Ob sich der eine oder der andere vorstellen kann, daß ihre sprachlosen Wörter zu Fragesätzen werden könnten, die ein Gespräch einleiten?

Und man muß mit der Grenzkontrolle enden, die Winkenden bleiben hinter den Schranken zurück, die Rentner und Rentnerinnen aus der DDR sortieren ihre Ausreisepapiere, unsicher, ob auch alles richtig eingetragen ist, haben die Taschen voller Äpfel und Kuchen, wollen doch was mitbringen nach »drüben«, mischen sich zögernd zwischen die anderen, fragen nach dem S-Bahnzug und dem Omnibus, in den sie umsteigen müssen, werden beim Einsteigen fast umgerissen von denen, die es immer so eilig haben, sitzen nachher im Abteil zusammengeduckt über den Taschen. Draußen der Grenzstreifen, die Posten. Der Zug fährt langsam. Sie haben Zeit, hinauszusehen. Bis der Zug beschleunigt, links die Lagerplätze der Speditionen – und ihnen das Wiedererkennen einfällt: »Richtig ja, der Lehrter Bahnhof!« Ein Gespräch fängt so auch nicht an.

(1981)

IX.
»Wie halte ich es mit der Hoffnung?«

Reizwort Gott

Das Wort habe ich nicht gekannt in der Vorschulzeit: Gott. Der Vater
verstand sich als Freigeist, wie immer er das deutete. Volksschulab-
schluß, Beuthschule, in den wirtschaftlich schwierigen zwanziger Jahren von Stellung zu Stellung wechseln und bald schon lange Arbeitslosigkeit. Später erzählte er dem Kind, wie ihn der Erste Weltkrieg
gebeutelt hatte.
Der Großvater hielt nichts von Kirche, war für die Armen in Moabit
da. Ob er verlernt hat, einem Wort zu trauen, das ihm verstellt war
durch ein anderes? Zuwandererfamilie, proletarische Anfänge in Berlin. Not. Immer wieder Not.
Und die Frauen, die Urgroßmutter, die Großmutter und die Mutter,
lehrten das Kind zwar flüsternd beten: Ich bin klein, mein Herz ist rein,
soll niemand drin wohnen als Jesus allein – ohne Erklärung. Abend für
Abend leicht hergesagt. Warum?
Im ersten Schuljahr im Religionsunterricht die Karfreitagsgeschichte.
Das Kind fiebert mit. Tränen strömen über sein Gesicht bei dem
Ausruf oder dem trocken hingewürgten Satz: Mein Gott, mein Gott,
warum hast du mich verlassen. Ungenaue Auskunft zu Hause. Gott,
der die Welt erschaffen hat.
Aber da war das Wort und ließ sich nicht mehr auslöschen. Wort,
gegen das die Fragen geschleudert wurden. Warum stirbt der Spielka-
merad vom Hof? Warum sitzen Männer ohne Beine auf der Straße?
Warum schlägt der Vater manchmal auf die Mutter ein? Warum stürzt
ein Haus zusammen? Fragen, auf die es viele Antworten, aber nicht
eine Antwort gibt. Und schließlich die Frage: Warum bin ich böse?
Warum schlage ich die kleine Schwester? Warum schreie ich die
Mutter an? Warum trete ich nach dem Vater? Warum drücke ich
manchmal Fliegen kaputt? Warum bin ich nicht so wie der am Kreuz?
Fragen, die das Kind umtreiben, die Geschichten von Jesus immer
wieder lesen lassen (keine Märchen mehr), Geschichten, hinter denen

das Wort durchscheint, glanzlos, unvorstellbar. Und plötzlich, mit neun Jahren, wird ein Oktavheft vollgeschrieben und ›Das Gottesbüchlein‹ genannt. (Das Kind hatte im ersten Schuljahr Gedichte zu schreiben begonnen.) Die Familie lächelt. Vater darf es nicht wissen. Ein Redakteur, der etwas von dem Kind drucken will, kann das nicht für die Kinderseite brauchen. Und so blieb das Wort. Glanzlos, unvorstellbar hinter der Wirklichkeit, immer wieder mit Fragen beworfen, mit Zweifeln überschüttet, Reizwort fürs Nachdenken.

Wort, das das Kind nicht gekannt hat und der erwachsene Mensch nicht zu kennen vorgibt.

(1976)

Ostern

Vier freie Tage. Was reden sie
von Karfreitag und Kreuzigung
und daß einer auferstanden ist.
Auf den Autobahnen staut der Verkehr.

Übliche Unfälle, was reden sie
von Karfreitag und Kreuzigung?
Für die Ostertoten steht die Versicherung ein.
Was soll's, normale Opfer.

Und da sagt einer, wir verstehen ihn nicht,
er ist für die Menschen gestorben,
wie ein Verbrecher ans Kreuz geschlagen.
Richtig, sagen alle, wir verstehen das nicht.

Es geht uns nichts an, sagen sie, sagst du,
wahrscheinlich ein Spinner, aber wir
haben vier freie Tage vor uns.
Die Radio- und Fernsehprogramme spielen noch Ostern.
(1978)

Prometheus, Jesus und der Mut
zum Leben.
Über Hoffnung, Zuversicht und Religion

Ingeborg Drewitz im Gespräch mit Karl-Josef Kuschel

Frau Drewitz, dieses Gespräch soll um Fragen nach Hoffnung, Zukunft, Zuversicht in unserer Zeit kreisen und um die Rolle, die Religion für Sie persönlich sowie für Sie als Schriftstellerin spielt. Ist die Beobachtung richtig, daß Sie persönlich durchaus »ein Verhältnis zur Religion« haben, sich aber sehr zurückhalten, Religion auch literarisch zu gestalten?

Zunächst: Die Wurzel meiner Hoffnung ist fast nicht auszumachen, sie ist ein dünnes, dünnes Fädchen, fast schon abgetrennt von einer kräftigen Wurzel. Aber vielleicht ist für mich das Entscheidende, daß ich nicht aufgebe, daß ich nicht aufzugeben bereit bin. Für mich ist es quasi eine moralische Selbstverpflichtung, dieses Leben, das zunächst einmal einfach gegeben ist, einzubringen, den Vernichtungsprozessen und Hoffnungslosigkeiten zu widerstehen, zu helfen, soweit die eigenen Kräfte reichen – und manchmal übersteigt es auch die eigenen Kräfte. Solange ich lebe, habe ich nicht einfach nur zu atmen, sondern diese Art Kraft, die ich durchs Atmen aufnehme, habe ich auch nach außen zu tragen. Aber ich weiß, daß auch dieser Begriff »atmen« heute schon brüchig geworden ist. Zum zweiten Teil der Frage: Ich bin als Kind fast ohne Religion erzogen worden. Ich wurde zwar getauft, aber mein Vater war nicht in der Kirche, mein Großvater auch nicht. Man hat mir auch in der frühen Kindheit niemals etwas von Jesus erzählt. Ich erinnere mich nur an dieses blöde Gedicht »Ich bin klein, mein Herz ist rein«, das damals wohl sehr viele vor sich hin geleiert haben. Als ich in die Schule kam, konfrontierte mich ein Lehrer, der zugleich Organist war, mit den biblischen Geschichten. Schon im ersten Schuljahr haben mich diese Erzählungen sehr tief getroffen. Ich weiß es noch ganz genau: Dieses Am-Kreuz-Hängen, dieses Verzweifeltsein und die Frage stellen: Mein Gott, mein Gott, warum hast du mich verlassen? Ich saß da, ganz hinten zwischen den Bänken, und heulte. Mein Lehrer kam auf mich zu und sagte: »Was hast du denn bloß, warum weinst du denn?« – Ich: »Warum muß der denn sterben?« – Das war eigentlich meine erste wirkliche Erregung über dieses Leben, mit dem ich mich dann immer wieder beschäftigt habe. Das ging so weit, daß ich dann schon mit neun Jahren ein Gottesbüchlein, so nannte ich es, geschrieben habe. Ich fing schon früh an zu schreiben, weil ich eben Schriftstellerin werden wollte bzw. schreibend das Leben gewahr wurde. In diesem Büchlein habe ich in Gedichten und unbeholfenen, kindlich gemalten Bildern, auch Liedern, die ganze Geschichte von der Geburt Jesu bis zum Osterereignis dargestellt.

Die Auseinandersetzung mit der Religion verschob sich danach natürlich. Zu Hause zeigte man für diese Fragen nicht viel Verständnis. Ich durfte zwar in den Kindergottesdienst gehen, aber sonst wurde da nicht viel unterstützt. In der Nazizeit wurde ich dann von irgendeinem Pfarrer konfirmiert, der natürlich zu den Deutschen Christen zählte. Der Unterricht war fürchterlich patriotisch. Ich bin erst später durch eine Lehrerin mit der »Bekennenden Kirche« in Verbindung gekommen. Sie lud damals einen ganz kleinen Kreis von Schülern zu sich nach Hause ein. In dem Roman »Gestern war heute« habe ich versucht, diese Lehrerin etwas zu porträtieren.

Die Kirche aber hat mir nie viel bedeutet. Ich habe immer versucht, mich mühselig von außen an die Inhalte der Religion heranzurobben.

Moralische Selbstverpflichtung auf der einen Seite, sagen Sie, und ein Herantasten an die Inhalte der Religion auf der anderen Seite. Wie hat das dann literarisch seine Umsetzung gefunden?

Vielleicht in dem Stück »Alle Tore waren bewacht«. Da führe ich, kurz bevor die Inhaftierten aus der Baracke ins Gas gehen müssen, Psalmen ein. Die Psalmen bleiben stehen, während die zum Tod verdammten jüdischen Frauen abgehen aus der Baracke. Das Stück habe ich 1951 geschrieben. Kurz danach, 1953, schrieb ich dann das Judas-Drama, veröffentlicht wurde es 1955. Das Moses-Drama, geschrieben 1953, wurde Januar 1954 als Lesedrama vorgestellt. An der Figur des Moses hat mich das fasziniert, was ich eigentlich auch suchte; es war die Frage: Wie wird ein Gott für die Menschen begreiflich? Kann er überhaupt begriffen werden? Ich bin dann am Inhalt des Alten Testaments, an der Moses-Geschichte, entlanggegangen, an dem ganzen Prozeß seiner Gottsuche, und habe versucht, meine Auseinandersetzung mit der

Philosophie des 19. Jahrhunderts mit zu verarbeiten. Ich entfaltete dann den Gedanken: Es muß ein Gott sein, sonst könnten wir nicht existieren. Diese Erkenntnis ist für mich der Höhepunkt dieses Stückes.

Gilt diese Erkenntnis für Sie auch heute noch?
Ja, und zwar immer in jener Wechselwirkung: Nur indem wir Gott denken, leben wir und ist Gott. Es geht also um die Wechselbeziehung zwischen dem entworfenen und dem existierenden Gott.

Der Atheismus ist für Sie also keine überzeugende Position?
Nein, weil ich erkannt habe, daß es für die Menschen wichtig ist, einen Angelpunkt, einen Bezugspunkt zu haben. Dieser Bezugspunkt bräuchte keinen Namen zu haben. Gott ist *ein* Name für dieses Zentrum, für diesen Halt.

Es finden sich also bei Ihnen religiöse Themen schon sehr früh. Ist es aber dennoch richtig, wenn man sagt, daß Sie in Ihren großen Romanen – ich denke an »Oktoberlicht« oder »Eis auf der Elbe« – eher zurückhaltend sind, religiöse Themen direkt anzusprechen? Sie schildern zum Beispiel in dem Roman »Eis auf der Elbe« Ausschnitte aus dem Leben einer kämpferisch engagierten Frau und Mutter, die sich als Rechtsanwältin auch für die Benachteiligten und Randexistenzen unserer Gesellschaft einsetzt. Sie haben selber einmal gesagt, die Hauptspur dieses Buches sei die Auseinandersetzung mit dem Tod. Die Herausforderung Tod wurde angenommen als das Sich-selbst-dagegen-Anstemmen und Sich-selbst-dagegen-Entwerfen. Hier benutzen Sie ja existentialistische Kategorien, keine religiösen. Geschieht das bewußt?
Das geschieht bewußt. Ich habe in der Frage nach Gott durchaus eine existentialistische Position. Sie rührt her aus der Erfahrung meiner eigenen Verantwortung. Diese Verantwortung darf aber nicht isoliert verstanden werden, sie ist eng mit der Idee der Schöpfung verbunden. Das heißt: Auch die eigene Verantwortung ist eingebunden in einen Prozeß des Werdens, in einen Entstehungsprozeß. Ich habe mich zum Beispiel sehr viel mit der Astronomie beschäftigt, auch mit der Physik und den sich verändernden wissenschaftlichen Erkenntnissen. Sie weisen immer darauf hin, daß es in der Entwicklung der Welt verschiedene Urknalle gegeben hat. Urknall ist zwar nicht unbedingt das richtige

Wort, aber wir sind jedenfalls als Menschen in diese Entstehungsprozesse eingebunden. Für mich haben auch die Mystiker stets eine große Bedeutung gehabt. Sie haben ja diese Wechselwirkung zwischen Schöpfung und Individuum in sich selbst ausgetragen. Aus dieser Position heraus ist dieses mein existentialistisches Bewußtsein entstanden, das mich aber nicht völlig frei macht, sondern mich im Grunde eingebunden sein läßt.

Es geht hier also nicht um eine Alternative zur Religion? Sie halten die religiöse Frage vielmehr offen?
Offenhalten..., das ist nicht falsch gesagt. Auch diese Erde, dieses Stückchen Planet, das ein Teil der vielen Sonnensysteme ist, ist zugleich Teil eines unser Bewußtsein sprengenden Ganzen. Deshalb können wir eigentlich gar nicht gänzlich frei sein. Indem wir aber da sind, leben, sterben und handeln, arbeiten wir an der Verwirklichung dieser Schöpfung mit.

Warum ist dies so literarisch nicht sagbar gewesen? Warum waren Sie zurückhaltend, auf diese Weise direkt religiös zu werden, zum Beispiel in »Eis auf der Elbe«?
Weil mir daran liegt, zu zeigen, in welcher Dunkelheit, in welcher *Unschärfe* wir Menschen herumtasten. In der Mehrzahl haben wir dieses klare Bewußtsein, irgendwo hinzugehören, nicht. Wir sind im Grunde aus dieser *Heimat des kreativen Moments herausgestoßen.* Wir spüren im Grunde keine Richtschnur, an der entlang wir leben können. Aber diese Richtschnur ist vorhanden. Sie bestimmt unser Tun. Viele Menschen verhalten sich ja so, als sähe ihnen jemand zu; obwohl sie natürlich leugnen würden, *daß* ihnen jemand zusieht. Diese Zwiespältigkeit fasziniert mich.

Kann man sagen, daß Sie persönlich für sich mehr aussagen, als Sie für Ihre literarischen Personen verantworten können?
Das dürfte sein, ja.

Sie sind also religiöser, als Sie Ihre literarischen Figuren sein lassen können?
Wenn man den Begriff religiös dafür nehmen will, ja.

Die Frauenfigur in »Eis auf der Elbe« provoziert ja die Frage: Woher hat diese Frau die Kraft, sich gegen den Tod zu stemmen, durchzuhalten? Diese Frage kann man auch an Sie selbst stellen. Denn Ihr politisches und soziales Engagement strahlt ja sehr viel Menschenvertrauen aus. Woher nehmen Sie dieses Vertrauen?

Für mich ist das Erlebnis der Geburt, so wie man es in der Klinik erlebt, ganz wesentlich. Eine ganze Reihe von Frauen liegen da nebeneinander, sie alle bekommen Kinder, die in dem Moment, wo sie auf die Welt kommen, zwar schon vorgeprägt sind durch das, was sie auch von den Eltern mitbekommen haben an Begabung und Fähigkeiten, die dennoch aber auch eine ursprüngliche Kraft mitbringen, die erst in dem Moment zur Geltung kommt, in dem die Kinder auf die Welt kommen. An diese ursprüngliche Kraft, die mit jedem Leben neu da ist und die leider meistens verbogen, verformt, ausgepreßt und niedergehalten wird, glaube ich. Mein Vertrauen in die Menschen rührt also daher, daß ich an diese Kraft des Ursprünglichen, an die Chance eines jeden Neuanfangs glaube.

Ist dieses Vertrauen auch religiös begründet? Sie sind ja jetzt sehr vorsichtig, religiöse Kategorien zu benutzen. Oder ist das Ihre Weise, Religiöses auszudrücken?

Für mich ist das eigentlich die Weise, in der ich Religion immer wieder sehe. Ein sehr elementares Erlebnis war für mich zum Beispiel, die letzte »Pieta« von Michalangelo, die er vierzig Tage vor seinem Tod begonnen hatte, in Mailand zu sehen. Ich sah zum ersten Mal eine stehende Maria, die den vom Kreuz genommenen Jesus stützt. Hier ist Maria die Starke, die den toten Jesus so trägt, daß er eigentlich aufrecht bleibt. Das ist ein unheimlich schönes Bild, ein Ausdruck von überwältigender Lebenskraft. Diese Pieta kann als Bild für meine Erfahrung stehen. Genauso empfinde ich.

Ist auch Ihr literarisches Werk Ausdruck dieses Lebensvertrauens? Ist die Tatsache, daß Sie sich literarisch im Wort mitteilen, also noch auf die Mittelbarkeit von Inhalten und die Aufklärbarkeit von Menschen vertrauen, Ausdruck eines Lebensvertrauens?

Ja natürlich, gegen die Resignation, oft auch gegen das bessere Wissen. Aus dieser Kraft der Einsicht heraus, daß es lohnt, dieses Leben weiterzutragen, stammt gewiß meine Widerstandsfähigkeit,

die ich oft aus tiefster Resignation heraus immer wieder zusammen-
kratze.

*Gab es jemals so etwas wie eine Sprachkrise bei Ihnen, eine Verzweiflung,
daß alles doch eigentlich keinen Zweck habe? Oder gab es diese Erfahrung
nicht für Sie?*
Doch, immer wieder. Fast nach jeder größeren Arbeit – wenn sozusa-
gen alles weggeschrieben ist, was sich angesammelt hatte – kommt
dieser Absturz, diese bedrängende Frage: Ach, warum hast du das
getan? Warum veröffentlichst du das jetzt? Diese Krisen waren anfäng-
lich für mich sehr viel schwerer zu durchleben. Ich habe im Laufe der
Zeit einfach begriffen, daß das Krisen sind, die nach jeder Arbeit
auftreten. Ich habe sehr langsam die Geduld gelernt, durch diese Krisen
hindurch zu leben.

*Wann wird für Sie Lebensvertrauen zur Vertröstung? Wann zu einem noch
möglichen Reservat des Überlebens?*
Wir finden uns heute oft in der Situation der Vertröstung. Bei den
Friedensveranstaltungen ist es mir oft so ergangen, daß ich mir sagte:
Ich versuche hier uns allen zu sagen: Macht weiter, haltet durch! Aber
vertrösten wir uns nicht eigentlich nur? Ich habe dann immer versucht,
durch die Vermittlung von Bildern, in denen Lebenskraft zum Ausdruck kommt, Mut zu machen. Ich habe von meinen Enkeln erzählt
oder auch die Texte, die ich für diese Enkelkinder geschrieben habe,
vorgelesen. Gerade aus der Resignation heraus kommt der Appell:
Wir dürfen das nachkommende Leben nicht kaputtmachen lassen!
Tut alles nur Mögliche dagegen! Wehren wir uns alle! Vertröstung wird
so eigentlich aufgehoben durch die Provokation, sich weiter im Widerstand zu üben.
Natürlich gibt es auch die rein privaten Vorgänge der Vertröstung,
beispielsweise wenn ein Mensch, der einem nahesteht, stirbt. Da einigt
man sich dann oft in Formeln. In meiner Familie haben wir in diesem
Punkt eher eine Zurückhaltung eingeübt, um dem Versuch zu entge-
hen, uns über diese Situation hinwegzumogeln.
Als Vertröster habe ich mich oft in Indien empfunden, wenn ich da
umringt war von den bettelnden Kindern, die das, was ich ihnen gebe,
ja wieder weitergeben müssen, also gar nichts davon haben. Deshalb
habe ich am Ende des »Indischen Tagebuchs« geschrieben: »Ich kann

da nicht mehr hinfahren, ich kann da nichts ausrichten.« Ein Satz, der mir jetzt immer wieder um die Ohren geschlagen wird. Aber ich weiß, daß ich hier, wenn ich darüber schreibe, vielleicht etwas mehr auslöse, als dort, wo die Verhältnisse so verkrustet sind.

Ist das, was Sie Trost nennen – im Gegensatz zur Vertröstung – auf die Formel zu bringen: Glaubt an das Leben, an die Kraft des Lebens? Und konkret gefragt: Sind Sie, was die Friedensbewegung angeht, derzeit resigniert?
Die Resignation schlägt noch durch. Auf der anderen Seite sehe ich aber auch, nicht nur in den vielen Initiativen, ein Tasten nach neuen Überlegungen, sehe, wie sich Ergebnisse der Friedensforschung immer mehr verbreiten, so daß ich beobachten kann, daß sich die Kräfte zum Widerstehen noch nicht aufgegeben haben. Daraus schöpfe ich ein bißchen Mut gegen die Resignation. Ich halte es für die entscheidende Aufgabe – über den Aktionismus hinaus –, dieses *Umdenken* in den verschiedensten Bereichen in ein *Umstrukturieren* zu transformieren. Ein Beispiel: Während einer Vortragsreise durch Indien kam ein Inder zu mir und sagte, daß die einzige und allerletzte Hoffnung doch wirklich die sei, daß sich die Menschen und Staaten zu einer großen Konföderation zusammenschließen müßten. Natürlich ist das ein Traum, der seit 1789 immer wieder geträumt wird, der aber viel machbare Realität enthält. Dieser Traum geht nur leider immer wieder am prometheischen Egoismus zugrunde.

Warum sagen Sie »prometheischer Egoismus«? Was steckt für Sie hinter der Chiffre von Prometheus?
Für mich ist Prometheus, der nach der griechischen Mythologie den Göttern das Feuer entriß und es den Menschen brachte, jener Mensch, der sich aus eigener Kraft und Intelligenz den Göttern widersetzt. Er ist im Grunde der Urschöpfer der Technologie – wenn wir jetzt mal einen großen Sprung über die Jahrhunderte machen.

Prometheus wäre also für Sie das Sinnbild des »homo faber«, des modernen Menschen – negativ gesehen?
Ja.

237

Gibt es dazu ein positives Gegenbild?
Das positive Gegenbild ist für mich der Mensch Jesus. Auch Jesus ist eingebunden in eine Tradition, in eine beinahe chauvinistisch gewordene Gesellschaft. Er hat sich in dieser Gesellschaft gegen alle Regeln gewehrt. Er hat die Lasten, die auf den Menschen ruhten, ganz gezielt gesprengt: Ob er nun die sozial Benachteiligten genauso angesprochen hat wie die Reichen, ja ihnen mit größerer Intensität und Zärtlichkeit begegnet ist als den Pharisäern; ob er Grenzen durchstoßen hat; ob er sich nun der Hauptmacht der römischen Besatzungsmacht genauso genähert hat wie dem Samariter, der ja auch ausgestoßen und ein Fremdling war: Jesus hat alles in Frage gestellt aus der Erkenntnis, daß *jeder* Mensch das *gleiche* Existenzrecht hat; auch daß der, der privilegierter lebt, eine größere Verpflichtung hat, nicht in sich selbst zu verharren.

Wir müßten also heute das Prometheische in uns zurückdrängen zugunsten des Jesuanischen?
Dies wäre ein schönes Programm, ja. Dies ist auch einer der zentralen Gedanken, die mich im Zusammenhang meines neuen Buches, an dem ich arbeite, beschäftigen.

Können Sie diese beiden Haltungen, das Prometheische und das Jesuanische, noch etwas grundsätzlicher beschreiben?
Beide Figuren oder beide Bilder – es sind ja schon fast beides Symbole – haben einen Bezug zu einer metaphysischen Instanz. Bei Prometheus sind es die Götter, die immer wieder strafen, gegen die er sich aber immer wieder ganz selbstbewußt auflehnt. Prometheus steht also für das Freiwerden zur Neuschaffung, zur Gestaltung der Welt. Der Bruch setzt im frühen 19. Jahrhundert ein, als dieser Freiheitsrausch die Menschen packt und sich umsetzt in eine radikale Veränderung dieser Welt. Dieser Freiheitsrausch, dieser Gestaltungswille, endet im Grunde schon auf den Schlachtfeldern des Ersten Weltkrieges. Schon damals tauchen Gedanken auf, die nach einer Änderung unserer Einstellung verlangten. Aber der Selbstlauf dieser nun freigesetzten industriellen und menschlichen Energien – gesteuert, gepolt und immer mehr rationalisiert, heute bis an die Grenzen des Überflüssigwerdens gestoßen – drängte den Widerstand dagegen, der immer wieder gelebt wurde, zurück. Heute besteht die Gefahr, daß der Widerstand gegen

dieses prometheische Denken, das zur Selbstzerstörung führen kann, nicht stark genug ist.

Und das Jesuanische ist das Widerständige? Also die Kraft der Vereinigung gegenüber diesem Selbstlauf der Zerstörung?
Ja.

Dieses Widerständige äußert sich ja auch in Ohnmachtserfahrungen, in Kreuzeserfahrungen, würde man von Jesus her sagen. Nun gehören Sie zu den wenigen zeitgenössischen Schriftstellerinnen, die es gewagt haben, ein Oster-Gedicht zu schreiben. Was hat Sie dazu herausgefordert?
Es ist der Widerspruch zwischen dem, *wie* Ostern *gelebt* wird und *was* Ostern eigentlich *bedeutet*. Ostern wird ja heute in der breiten Öffentlichkeit nicht mehr gelebt. Keiner denkt an die Kraft des Neubeginns. Diese Kraft ist zwar in der Ostersymbolik ausgedrückt, es macht sich aber niemand mehr darüber Gedanken. Dieser Widerspruch hat mich zu diesem Oster-Gedicht gereizt. Ich gebe in diesem Gedicht keine Verheißung: Ich klage nur ein, was versäumt wurde; nicht in dem Sinne, daß ich sage: Ihr seid so, aber eigentlich müßt Ihr so sein; dieses »aber« spare ich aus.

Kann man also sagen, daß die christliche Rede von der Auferweckung des Gekreuzigten – was ja meint: Der Tod hat seine Macht über uns verloren – für Sie persönlich wichtig, vielleicht unaufgebbar ist zur Begründung Ihrer Hoffnung?
Ganz eindeutig ja.

War das schon immer so?
Natürlich nicht in dieser Klarheit, nein. Das liegt an der Generation, zu der ich gehöre. Diese frühe, ständige Begegnung mit dem Tod während des Krieges – jeder Abschied war ja fast ein Abschied für immer – hat bei mir zu einer frühen Auseinandersetzung mit dem Tod geführt. Und wenn ich so in meinen frühen Aufzeichnungen blättere, die ich in meinem Luftschutzgepäck mit mir herumgeschleppt habe, dann stoße ich immer wieder auf die Frage: Welchen Sinn hat dieses Leben, wo es uns doch gestohlen wird? Diese Sinnsuche ist eigentlich mein ganz frühes Motiv, bedingt natürlich durch die Zeit, in der ich aufgewachsen bin. Seitdem habe ich immer wieder neu versucht, diesen Sinn des Lebens zu finden.

Ist also die christliche Weise, die Wirklichkeit zu deuten, zu verarbeiten und zu bewältigen, für Sie unersetzbar?
Das könnte ich sagen. Ich weiß ganz einfach, daß ich eingebunden bin in diesen Kulturraum, der christlich geprägt ist, wenn er sich auch immer wieder dagegen auflehnt. Auch die späten Abtrennungen, Sozialismus und Demokratie, sind ja nur Spielarten dieses Denkens. Das sind junge Gedanken, die dieser kreativen Christlichkeit im Grunde gar nicht fremd sind.

Sehen Sie das auch in anderen Religionen verwirklicht? Beispielsweise in der Gestalt Buddhas?
In der Person Buddhas sind ganz gewiß starke Ansätze vorhanden. Spiegelungen sind dann auch in der Shiva-Religion gegeben, die in Indien an die Stelle der Buddhaverehrung gerückt ist. In dieser Religion finden sich fast ähnliche Erfahrungen wie im Christentum, wenn beispielsweise die Beziehung zwischen Mann und Frau in einem Dreieinigkeitsbild dargestellt wird: Mann und Frau und der neutrale Gott in *einer* Figur. Das ist aus einer anderen Bildlichkeit heraus entwickelt. Bei uns hat sich der Marienkult ja abgetrennt. Aber der Weg der Erfahrung ist ein ähnlicher.
Es gibt also in den Religionen viele Parallelen. Es handelt sich um menschliche Erfahrungen, die zwar unter ganz unterschiedlichen sozialen und kulturellen Lebensgegebenheiten entstanden sind, aber auf ähnliche tiefsitzende Erfahrungen im Bewußtsein der Menschen verweisen. Der Weg der religiösen Erfahrung geht von der Schöpfung bis zu einer Endsituation, die bei allen Religionen offengehalten wird, wenngleich das Bewußtsein von ihr vorhanden ist.

Frau Drewitz, Sie sind heute 61 Jahre alt. Was gehört für Sie zum unverzichtbaren Grundbestand Ihres Glaubens im weitesten Sinn, der auch durch mögliche Krisen und Katastrophen nicht mehr erschüttert werden könnte?
Als Mensch aufgefordert zu sein, dieses Leben denkbar unantastbar zu leben, also die Kräfte, die mir gegeben sind, einzubringen und wirksam zu machen. Also: Mit dem Moment, da ich lebe, in die Verantwortung gestellt zu sein. Und immer Freiheit und Verantwortung miteinander korrespondieren zu lassen.

Verantwortung im Einsatz für andere Menschen?
Ja.

... die auch nicht enttäuschbar ist, oder zurücknehmbar?
Enttäuschungen gibt es oft, aber die Verantwortung selbst ist nicht mehr enttäuschbar – trotz vieler Enttäuschungen.

Mich hat ein Satz von Ihnen sehr betroffen gemacht, und ich möchte fragen, welche Erfahrungen hinter diesem Satz stehen. Sie schreiben einmal: »*Die Jugend sympathisiert mit dem Tod, weil sie die Durchschnittlichkeit des Lebens nicht einsieht; das Alter sympathisiert mit dem Leben, weil die Blindheit des Todes nicht einzusehen ist.*«
Es sind ganz persönliche Erfahrungen, die zu diesem Satz geführt haben. Das Spiel mit dem Gedanken an Selbstmord ist mir in der Jugend viel geläufiger gewesen, als er mir jetzt ist. Heute sehe ich auch die Mittelmäßigkeit des Lebens als ein Stück Realität, die viel versuchtes Leben enthält. Als junger Mensch hat mir davor gegraut. Mir hat davor gegraut, in dieser Mittelmäßigkeit unterzugehen. Bei mir ist die Lust am Individuum sehr stark ausgeprägt, schon als Kind ausgeprägt gewesen. Selbstmord war für mich in den frühen Jahren, bis in meine 30er hinein, eine Möglichkeit des Aussteigens aus dem Sich-nicht-selber-schaffen-Können. Eine schwere Krankheit war dann – ich war 40 Jahre alt – wie ein neuer Anfang. Da wurde mir plötzlich bewußt: Du bist wieder da, du bist gesund geworden, das ist das Leben, auch wenn du in der Mittelmäßigkeit stecken bleibst. Ich habe dann auch gelernt, ja richtig gelernt, daß die Rundungen einer Vase, wenn ich sie abtaste, ein Zeugnis der Schöpferkraft sind – eine alte Töpfererfahrung. Von da an habe ich den Gedanken an Selbstmord in mir verdrängen können und ihn auch gar nicht mehr reflektiert. Ich habe versucht, meine Erfahrungen mit den Erfahrungen anderer zu vergleichen. Ich sprach sehr viel mit jungen Leuten darüber – ich habe ja sehr viele Kontakte zu jungen Leuten –, mit meinen eigenen Kindern, und habe immer wieder gemerkt, wie groß die Angst vor diesem gleichförmigen, mittelmäßigen Leben ist, wie schnell man in der Jugend alles hinschmeißen möchte. Ich würde Selbstmord aber niemals als eine Schuld ansehen. Es gibt auch den erlittenen Selbstmord, wo die Kraft nicht ausreicht; Selbstmord aus Einsamkeit, gerade hier in Berlin.

Frau Drewitz, viele Frauen beginnen sich heute als Subjekt ihrer religiösen Erfahrung zu begreifen. Meine Frage an Sie: Hat die Weise, wie Sie sich als Frau verstehen, je einen Einfluß gehabt auf Ihr religiöses Selbstverständnis?
Nein. Meine Berührung mit der Religion war unabhängig von der Tatsache, daß ich ein Mädchen war, daß ich eine Frau bin. Im Kontakt mit Pfarrerinnen, die nach feministischen Inhalten der Bibel, nach Frauengestalten in der Bibel suchten, habe ich mich natürlich schon mit diesen Frauengestalten beschäftigt. Ich habe einmal über die alttestamentliche Ruth gepredigt, wir haben darüber auch immer wieder diskutiert, aber es ist nicht mein Thema. Für mich hat die Tatsache, daß ich eine Frau bin, keinerlei Annäherung oder Entfremdung zur Religion entstehen lassen.

Aber können Sie sich vorstellen, daß Sie als Frau für viele junge Frauen, die mit einer etwas verqueren Lebensgeschichte belastet sind, eine Hoffnungsfigur sind? Oder ist Ihnen dieser Anspruch zu hoch?
Der Anspruch ist zu groß. Aber ich weiß natürlich aus dem Echo auf meine Bücher und Lesungen, daß dieser Anspruch vorhanden ist. Viele kommen mit ihren Schwierigkeiten zu mir. Ich weiß nicht, ob das unmittelbar mit mir selbst zusammenhängt oder ob das nicht vielleicht ein Problem vieler Autoren heute ist. Daß sie nämlich zu Beichtvätern und -müttern werden, weil die Gesprächspartner in unserer Gesellschaft fehlen. Ich höre ähnliches nämlich auch von vielen meiner Kollegen. Das ist das Zeichen einer veränderten Situation, in der sich der Autor in unserer heutigen Gesellschaft befindet. Und wenn dann jemand zu einem kommt, ist man doch etwas ratlos und kann im Grunde nur von seiner eigenen Erfahrung weitergeben. Ich selbst bin da sehr vorsichtig, denn nichts liegt mir ferner, als ein Guru zu werden. Ich will auch keine Lehre ausbreiten. Ich versuche eben nur, mein Leben so aufrecht wie möglich zu leben.
(1983)

Ernst Bloch und meine Wirklichkeit

»Das Alles im identifizierenden Sinne ist das Überhaupt dessen, was die Menschen im Grunde wollen. So liegt diese Identität allen Wachträumen, Hoffnungen, Utopien selber im dunklen Grund und ist ebenso der Goldgrund, auf den die konkreten Utopien aufgetragen sind. Jeder solide Tagtraum meint diesen Doppelgrund als Heimat; er ist die noch ungefundene, die erfahrene Noch-Nicht-Erfahrung in jeder bisher gewordenen Erfahrung.« Dieses Selbstzitat aus dem ersten Band des »Prinzip Hoffnung« stellt Ernst Bloch dem fünften Teil, den er »Wunschbilder des erfüllten Augenblicks« nennt, voraus, in dem er sich mit der menschheitsalten Suche nach der Identität befaßt, im dialektischen Verfahren die europäisch-mediterrane Kultur- und Kunstgeschichte, das immer neue Aufbegehren gegen den Tod an entschlüsselt und Vergleiche zu asiatischen Kulturen, aber auch zu atavistischen Kult- und Lebensformen zieht; in dem er aber auch die großen, die gestifteten Religionen auf ihren Realitäts- und Utopiegehalt hin abtastet und über die Schlüsselgestalt Ludwig Feuerbach Karl Marx' Menschheitsentwurf (nicht seine Gesellschaftsanalyse) in die Nähe des vorkirchlichen Christentums rückt.

Ein immenses Wissen, über das Ernst Bloch mit einer Leichtigkeit zu verfügen scheint, die seinen Darstellungen und Deutungen die kräftige Handschrift, die kaum zaudernde Zuordnung zu seinem »Prinzip Hoffnung« verleiht; die es aber auch schwermacht, ihn etwa zum Tatzeugen der Gegenwartsliteratur, insbesondere der deutschsprachigen Gegenwartsliteratur, zu machen, die sich ja vornehmlich mit Erfahrungen auseinandersetzt, die Ernst Bloch, wenn auch nicht beiseite läßt, jedoch kaum reflektiert, weil er, vielleicht der letzte Philosoph des Humanismus, der letzte Klassiker der Philosophie, das Problem der Masse und ihrer Manipulierbarkeit in den modernen Industriegesellschaften ebensowenig aufarbeitet wie die Verstörungen durch den Individuationsverlust; weil er zwar die Ursache des Überkippens des individuellen Hochmuts anspricht, nicht aber die Erstarrung in der Rolle, die die zwischenmenschlichen Kontakte rationalisiert und damit enthumanisiert haben. Und weil seine Philosophie eigentümlich unbekümmert um die naturwissenschaftliche und technologische Entwicklung geblieben ist. Weil er deshalb die Erschütterungen überhört, die für die Literatur, für die Autoren dieser Jahrzehnte alarmierend sind.

So selbstverständlich wohltuend die Blochsche Unbekümmertheit aus seiner Bildungsgeschichte abzuleiten ist, so tröstend die Geschlossenheit seiner Philosophie auf uns wirkt, so deutlich etwa Trends der Theologie im lateinischen Amerika mit Blochs Hoffnung in Zusammenhang gebracht werden können – auf das nicht nur in Mitteleuropa seit mehr als einem halben Jahrhundert Erfahrene gibt sie keine Antwort. Denn sie läßt den gefährlichen Riß in der Wirklichkeit, die Ungleichzeitigkeit des Gleichzeitigen (oder umgekehrt: die Gleichzeitigkeit des Ungleichzeitigen) aus: den Scheinfortschritt, der längst nicht mehr in der Mündigkeit des Individuums, sondern in der Zivilisationsbehaglichkeit des einzelnen gipfelt, also dem Aufruf zur Verantwortung, der noch 1789 zu hören war, die Dringlichkeit nimmt – und den Selbstlauf technologischer Entwicklungen, die, das mündige Individuum überholend, sich längst zu den alles lenkenden Moiren entwickelt haben. Hier, an diesem Riß in der Wirklichkeit, stellt sich einem jeden die Frage: Wie hältst du's mit der Hoffnung? Hier, an diesem Riß in der Wirklichkeit, erfährt der Künstler, was er sich nie vorher hat eingestehen müssen: daß das Überdauern im Werk, das er nach der Entgötterung des Himmels als *seine* Antwort auf den Tod begriffen hat, nicht mehr gewiß ist.

Wie hältst du's mit der Hoffnung?

Nun ist es nicht Sache des Künstlers, des Autors, sich mit seiner Arbeit (und also Antwortsuche) in den Dienst einer Lehre, einer Ideologie, einer Religion zu stellen, die ihn ja in der eigenen Empfindlichkeit und Wahrheitssuche schwächen würde. Jedoch zu wissen, daß morgen nicht nur das eigene, sondern alles Leben auf der Erde zu Ende sein kann – und durch Menschen veranlaßt, nicht durch irgendeinen Gott –, setzt entweder die Radikalität des Trotzes oder das Umschlagen des Wissens in ein nicht mehr bestimmbares Vertrauen oder einen lustvollen Fatalismus frei, der sich in der Spiellust ebenso darstellen kann wie in der Melancholie, im Fanatismus wie in zerstörerischer Raserei.

Wie hältst du's mit der Hoffnung?

Meine Generation ist 1945 mit dieser radikalen Frage konfrontiert worden. Und es dürfte erregend sein, die Spurenelemente dieser Frage in der Kunst und Literatur seither zu suchen. Aber ich will nicht für meine Generation sprechen. Ich will von mir sprechen, wie uns das hier an diesem Abend zugestanden wird.

Wie halte ich es mit der Hoffnung?

Ich bin in den 50er Jahren mit Ernst Blochs Philosophie konfrontiert worden und erkannte meine Bildungserfahrung wieder – die eigene Auseinandersetzung mit den europäischen Philosophen, mit Descartes und Spinoza, mit Kant, mit Hegel und schließlich mit Marx, den ich 1944 in der Kühle unter der Kuppel des Lesesaales der Universitätsbibliothek in Berlin exzerpiert habe (aus dem »Eisschrank« entliehen). Ich kannte meine Auseinandersetzung mit Ludwig Feuerbach, mit Wilhelm Jordan, aber auch mit Nietzsche wieder (noch im Winter 1944/45) und schließlich meine Beschäftigung mit dem Religionsstifter Moses (1952 bis 1954), mit Jesus und seinem Gegenspieler Judas. Ich hatte dem Verführungspathos in Nazideutschland nachgedacht, die Frage nach dem Wozu und Warum, nach dem Sinn durchgeistert die Tagebuchaufzeichnungen all der Jahre vor 1945. Und ich hatte nach dem August 1945 nachgedacht und gelesen, was die Atombombe, was die Nutzung der Atomenergie bedeutet, und war zu keinem Ende als dem des Grauens gekommen, gegen das an das Leben zu setzen, vor dem es zu entwerfen war. Und traf da auf das »Prinzip Hoffnung«. Fand wieder, was mich beschäftigt hatte. Fand viel mehr noch. Zeigte sich da ein Ausweg? Und war ich gut ausgerüstet?

Wichtig, daß ich das »Prinzip Hoffnung« in Ost-Berlin geschenkt bekam. Im evangelischen Stephanusstift, wo wir Nachkriegsautoren aus beiden deutschen Staaten uns trafen, uns austauschten, betroffen von der Flüchtlingsflut aus der DDR über die S- und U-Bahn nach West-Berlin und in die Bundesrepublik, betroffen von den Gewaltmaßnahmen der Stalinjahre und der nachstalinistischen Enteignung des Individuums in der DDR, die für uns nicht mit Sozialismus gleichzusetzen war; betroffen von dem fast im Abseits stattgefunden habenden Koreakrieg, von der Brutalität des Algerienkrieges, von der Wiederaufrüstung in beiden deutschen Staaten; betroffen von der Gleichgültigkeit, die der Wohlstand im Westen so jäh hatte entstehen lassen; von Nazis in politischer Verantwortung – und vor allem von den Haßtiraden, die wir in Berlin über alle Sender in West und Ost täglich hörten.

Das »Prinzip Hoffnung« als Antwort?

Waren meine Bildungserfahrungen also noch gültig?

Ich weiß, ich kam nicht zurecht damit. Aber es tat mir doch wohl, daß da einer parallel zu meinen Bildungserfahrungen dachte, Kraft daraus sog, die ich doch so sehr brauchte.

Ich hatte mein Erschrecken über den Riß in der Wirklichkeit wegzuarbeiten versucht, hatte die Manipulierbarkeit, das Spiel mit dem Menschheitsuntergang in fast zynischen Grotesken noch in den späten 40er Jahren dargestellt. (Meiner literarischen Mittel noch gar nicht mächtig, waren der Roman »Prometheus II« und das gleichnamige Theaterstück und war das Schauspiel »Unio mystica – ein Spuk?« zwischen 1946 und 1949 entstanden.) Ab 1950 hatte ich mich dann auf die unmittelbar erfahrene Wirklichkeit eingelassen, ohne mein Schaudern vor dem Riß in der Wirklichkeit zu vergessen.

Wie hältst du's mit der Hoffnung?

Während ich die Widerständigkeiten der einzelnen, das »So-tun-al-sei-das-Leben-noch-ungebrochen-möglich« in szenischen Arbeiten und vor allem in Erzählungen abtastete, also die Begegnung mit dem »Prinzip Hoffnung«. Als seien die Atombombem nicht gefallen; als seien die H-Bomben-Tests nicht gang und gebe; als habe die Manipulation der Massen in Hitlerdeutschland nicht stattgefunden; als sei die Umerziehung in den sozialistischen Staaten nicht begleitet von Zuchthausstrafen und greller Diffamierung und Massenflucht (gar nicht zu denken an Stalins blutrünstige Ausrottung sozialistischer Gegner); als sei die Demokratisierung in der Bundesrepublik, die wir so leidenschaftlich mitzutragen versucht hatten, nicht längst von Wiederaufrüstung und Feindbildmechanismen überlagert.

Ich wäre gern zu Bloch nach Leipzig gefahren, doch das war für uns in West-Berlin seit 1952 nicht mehr möglich. Nur Ost-Berlin war noch offen für uns (und die Zufahrtsstraßen nach Westen, allerdings mit Visen), und West-Berlin war offen für die DDR-Flüchtlinge.

Als Bloch nach dem Mauerbau im Westen blieb, das Aufatmen und doch auch die Frage: wie mit seiner Hoffnung weiterhin umzugehen sein würde. Wie *er* damit umgehen würde.

In den sechziger Jahren habe ich immer genauer sehen gelernt, daß die Mauer zwischen den deutschen Staaten nur ein Symptom der zerrissenen Wirklichkeit ist, daß die Hoffnung, die Bloch aus der Geschichte gefiltert hat, ihren Glanz zwar nicht eingebüßt hatte, aber in der Alltagswirklichkeit nicht mehr trug. Daß die Ideologiegefechte, die uns in Berlin die Ohrgänge brennen ließen, Scheingefechte im Ringen um die Macht waren. Daß wir in unserer saloppen Alltäglichkeit zu vergessen anfingen, wie gefährdet wir lebten. Menschen wurden geboren, Menschen starben, wir liebten uns, wir haßten uns, wie feierten Feste, wir eroberten uns die Schönheiten Europas in VW-Käfern, wir arbeiteten die Nazivergangenheit auf, wir protestierten auch gegen die Notstandsgesetzgebung und erschraken schließlich vor der Anfrage der Nachkriegsgeneration, die wissen wollte, wer wir waren. Sicher, wir Autoren hatten schon Antworten gegeben, aber erst der Vietnamkrieg, erst das Scheitern des Prager Frühlings machte uns darauf aufmerksam, daß wir unsere Erfahrungen nicht in Handlungen umgesetzt hatten; daß wir geschrieben, schreibend den Riß in unserer Wirklichkeit zu kitten versucht, aber die Wirklichkeit um uns herum dabei verfehlt hatten. »Jeder solide Tagtraum meint diesen Doppelgrund als Heimat; er ist die noch ungefundene, die erfahrene Noch-Nicht-Erfahrung in jeder bisher gewordenen Erfahrung.« Blochs Satz schien uns wieder anzugehen. Unser, auch mein damals leidenschaftlicher Einsatz für die Schriftsteller als soziale Gruppe war von solcher Erwartung getragen.

Auch die schon in den frühen sechziger Jahren von West-Berlin aus versuchten Entspannungspraktiken waren als Hoffnungsansätze zwar nicht mit Blochs Hoffnungsentwurf kongruent, sogen ihre Kraft aber ausdrücklich aus dem Vertrauen auf die mündig gewordene Menschheit. Das zielstrebige Weltbild Blochs, das zielstrebige Menschheitsbild der europäischen Philosophie ließen sich noch einmal aktivieren, vordringlich in der Politik, aber auch in der Literatur, die sich für ein Jahrfünft dem sozialistisch tendierten Hoffnungsprinzip einfügte.

Aber ich will ja von mir sprechen. Und ich weiß, daß ich in eine Krise geriet, weil ich schreibend der Euphorie dieser kurzen Jahre nicht folgen konnte, sosehr ich sie begrüßte. Sosehr ich auch sah, daß diese Euphorie die Mauer überspringen konnte und wir Autoren hier wie dort die Ursachen der deutsch-deutschen Entfremdung hätten aufdekken können (und damit auch begannen). Dennoch ließ mich die Unsicherheit nicht los, die Halbwahrhaftigkeit nicht, mit der ich immer wieder konfrontiert wurde, weil der Hintergrund unserer Entfremdung unaufgedeckt blieb.

Die anderthalb Jahrzehnte seitdem haben uns Autoren in beiden deutschen Staaten für die Konflikte an diesem Oberflächenriß in Deutsch-Deutschland sensibilisiert, aber auch dank der ständig bedrohlicher werdenden Aufrüstung begreifen lassen, daß hier ein höchst explosiver Stellvertreterschauplatz für die Bedrohung der Menschheit entstanden ist; daß der Riß in der Wirklichkeit so weit in die Tiefe reicht, daß er uns, die wir das »Prinzip Hoffnung« hochhalten wollen, beinahe entmündigt; daß der Schreibende, jeder von uns, auch ich, nur noch so tut, als sei der Boden unter ihm fest.

Ernst Bloch da wieder zu lesen, die jahrtausendealte Geschichte noch einmal nachzuvollziehen erscheint wie ein Trost von gestern.

Und doch – ich ertappe mich: Ohne diesen Trost, ohne diese, wenn auch fragwürdige Erwartung der mündigen Menschheit (und der Kraft dieser Mündigkeit) könnte ich nicht mehr leben, nicht mehr schreiben. Und ich weiß, ich tue nur so, als sei das »Prinzip Hoffnung« über den Riß in der Wirklichkeit zu wölben; ich tue nur so, als sei ich in meiner Existenzangst ungerührt. Der letzte Philosoph des Humanismus, Ernst Bloch, gibt mir noch einmal die Zeichen und die Sprache, um standzuhalten. Aber – die Hoffnung? – kaum noch.

(1985)

Datierungen

Wenn die Generation, die uns in der Jugend begleitet hat, abtritt –
Wenn die Kindheit wieder in die Träume einbricht –
Wenn nicht mehr alle Möglichkeiten offen sind: zum Beispiel Natur-
  wissenschaftler werden –
Wenn die eigene Position überprüfbar wird –
Wenn frühe Themen wieder wichtig werden –
Und schreiben noch immer schwerfällt und noch immer wie Atem-
  holen ist –
Wenn der Selbstmord an Faszination einbüßt –
Wenn Sexualität und Partnerschaft auseinanderzuhalten leichter
  wird –
Wenn dir manchmal Nachrufe auf dich selber einfallen –
Wenn du aufhörst, von Gefühlen zu sprechen –
Wenn es Aufgaben gibt, die wichtiger sind als das private Glück –
Wenn du dich manchmal durch ein Teleobjektiv und manchmal durch
  ein umgekehrtes Opernglas siehst und über das eine und das andere
  nicht mehr erschrickst –
Wenn du deine Mitmenschen mit einem Blick durchschaust –
Wenn du ungeduldiger mit der Dummheit, geduldiger mit dem Leiden
  wirst –
Wenn du den eigenen Kindern ohne Nervosität zusehen lernst –
Wenn ein Stück Himmel im Netzwerk der Birke dich euphorisch
  macht –
Wenn du anfängst, deine Bücher zu ordnen, und schon weißt, daß es
  nur für den Antiquar ist –
Wenn du die Phantasie an der Einsicht und nicht mehr die Einsicht an
  der Phantasie mißt –
Wenn Gerechtigkeit täglich wichtiger wird –
Wenn Einsamkeit nicht mehr wehe tut, aber das Leiden in der Welt
  noch im Tiefschlaf schmerzt –

Wenn du, ungeduldig, zu Ende zu kommen, doch Zeit zu haben
lernst –
Wenn du dein eigenes Versagen sofort analysierst –
Wenn du dich manchmal auf die Zunge beißt, weil dir einfällt, daß du
nicht mehr jung bist, obwohl du noch gern Sport treibst und tanzt und
liebst, und die Weltneugier nicht nachgelassen hat –
Wenn Erinnerung und Zukunft sich zueinanderfügen –
Wenn die Zärtlichkeit einer Septime (Cembalo oder Violine) oder der
Trommelwirbel im Zirkuszelt noch im Röhren des Weltuntergangs
zu hören sind –
Wenn –
(1973)

Nachwort

Der Vorschlag, dieses Lesebuch herauszugeben, ging noch auf Ingeborg Drewitz selbst zurück. Ich sollte die Auswahl und Zusammenstellung der Texte vornehmen, die wir dann gemeinsam durchgehen wollten; sie wollte ein Vor- oder Nachwort schreiben. Es sollte ein Lesebuch vor allem für junge Leser werden – die Worte, mit der sie diesen Wunsch aussprach, höre ich noch deutlich.

Ich kannte Ingeborg Drewitz seit 1974 – flüchtig. Flüchtig, weil es sicher an mir lag, daß es nicht zu einer näheren Beziehung, einer engeren Freundschaft kam. Ich bewunderte ihre preußische Disziplin, mit der sie ihr Leben, ihre Arbeit in Ordnung hielt. Sie reagierte immer sofort, wenn man sie um etwas bat, mit einem Anliegen zu ihr kam. Und sei es nur, daß sie Briefe, Fragen umgehend beantwortete, mit ihrer alten Schreibmaschine, bei der die Buchstaben über oder unter der Zeile tanzten. Wir hatten uns durch den Tod Werner Gebührs kennengelernt. Gebühr, damals noch Lektor des Tübinger Wunderlich Verlags und in unserem Stuttgarter Verlagshaus Zimmer an Zimmer mit mir sitzend, war Mitte Januar 1974 tödlich verunglückt. Er hinterließ nicht nur Frau und Kinder, sondern einen kleinen Verlag, den er langsam aufbaute und in dem im Herbst 1974 auch Ingeborg Drewitz' Roman »Wer verteidigt Katrin Lambert?« erscheinen sollte. Stuttgarter Freunde und Verlagskollegen Werner Gebührs versuchten zusammen mit seiner Witwe das Programm abzuwickeln und das Unternehmen weiterzuführen. Ingeborg Drewitz war von Anfang an mit besorgt, kümmerte sich rührend um alles, war zur Stelle, wenn man sie brauchte. Es tat gut, jemandem zu begegnen, der sich nicht nur mit Worten engagierte, sondern handelnd für das eintrat, wovon er überzeugt war.

Im Laufe der Zeit lernte ich sie ein wenig näher kennen, las ihre Bücher (1975 erschien der Roman »Das Hochhaus«, 1976 der Band mit Erzählungen »Der eine, der andere«), in denen mir durchaus nicht alles gefiel, bekam mit, wie vielfältig sie sich engagierte, wo überall sie praktisch arbeitete. Langsam lernte ich das zerschlissene, viel bemühte – und gerade im Zusammenhang mit ihrer Person, ihrem Werk immer wieder bemühte – Wort ›Engagement‹ verstehen. Engagement setzte für Ingeborg Drewitz ganz unten an, im Alltag, bei den unscheinbaren Problemen und war keineswegs nur der großen Politik, den bedrängenden Fragen der Menschheit vorbehalten.

Auch als der Gebühr Verlag schließlich in den Claassen Verlag überging und dort 1978 ihr ambitioniertester Roman »Gestern war heute« erschien – sie hatte von der schwierigen Arbeit an diesem Buch in den Jahren zuvor mehrfach erzählt –, blieben wir in loser Verbindung. Zum letztenmal sahen wir uns Anfang Juli 1985 in Berlin. Es war ein strahlender, heißer Sommertag – ich war nachmittags zu Fuß um die Krumme Lanke und von dort weiter, auf dem Stadtplan sah ja alles so nah aus, bis zum Quermatenweg gelaufen, wo sie wohnte, und kam dort, von den letzten Pflasterkilometern erschöpft, verspätet an. Wir hatten uns verabredet, um über das geplante Lesebuch – es sollte zu ihrem 65. Geburtstag am 10. Januar 1988 rechtzeitig vorliegen – zu sprechen. Wir saßen erst im Freien, später, als es schon dunkelte, im Wintergarten ihres kleinen Häuschens, redeten über alles mögliche, kaum über das Buch. Helmut Frielinghaus, ihr Lektor, lenkte das Gespräch sanft auf seinen Anlaß. Ich spürte, daß sie mir vertraute, nichts vorschreiben wollte. Über die wesentlichen Kriterien waren wir uns schnell einig – das Lesebuch sollte keine Auszüge aus den Romanen, keine der zahlreichen Rezensionen oder kleineren journalistischen Arbeiten (»Aus den Kritik- und Essay-Bänden sollten Sie wohl nur die größeren Sachen einmal anvisieren, das andere ist Tageskritik, immer für wenig Raum«, schrieb sie mir später), vielleicht die eine oder andere Szene aus einem ihrer frühen Theaterstücke enthalten. Im Zentrum der Auswahl sollte das im eigentlichen Sinne essayistische Werk – ihre Aufsätze, Porträts, Vorträge – stehen, das sie zwar teilweise schon in Sammelbänden zusammengefaßt hatte, die aber, weil in einem österreichischen Verlag erschienen, am deutschen Buchhandel und Leser weitgehend vorbeigegangen waren. Sie versprach mir noch die Bände zu schicken, die ich nicht besaß, sowie eine Auswahl an Manuskripten, Zeitungs- und Zeitschriftendrucken zusammenzupakken – Material, von dem sie meinte, daß ich es mir auf jeden Fall einmal anschauen sollte. Sie muß sich gleich an diese Arbeit gemacht haben, denn noch im Juli kamen zwei dicke Pakete mit Büchern und Manuskripten, darunter auch die versprochenen Proben aus den frühen Stücken (»Alle Tore waren bewacht«, »Der Mann, der Gott gehaßt hat«, »Die Stadt ohne Brücke«, »Moses« – alle zwischen 1951 und 1953 geschrieben). Der Begleitbrief vom 18. Juli 1985 stand unter ihrer Benommenheit von der Nachricht vom Tode Heinrich Bölls, der zwei Tage zuvor gestorben war: »... wir alle wußten, daß seine Zeit bemessen war.«

Daß ihre eigene Zeit schon selbst bemessen war, wußte sie in diesem Moment noch nicht, ahnte es höchstens in ihrem tiefsten Innern. Die Nachricht von ihrer schweren Erkrankung und Operation im September 1986, Anfang Oktober auf der Frankfurter Buchmesse erfuhr ich davon, traf mich wie ein Schock. Ein Schock, weil sie mein schlechtes Gewissen, dies ewige ›Zu Spät‹ mobilisierte. Ein Schock, weil ich monatelang nichts von mir hatte hören lassen, mich in Schweigen gehüllt hatte, der Stapel mit den Büchern und Papieren lag noch unberührt in meinem Arbeitszimmer. Ein Schock, weil ich das Exemplar ihres letzten Romans »Eingeschlossen«, das sie mir noch hatte zusenden lassen, nur an-, aber (ganz in meine eigenen Probleme ertrunken) nicht mehr zu Ende gelesen hatte. Ein Schock, weil ich vor ihrem Anspruch, ihrer nüchternen Wahrnehmung der Wirklichkeit versagt hatte. Ein Schock schließlich, weil wir immer zu viel Worte machen statt zu handeln, weil wir die richtigen Worte nicht im richtigen Augenblick finden und aussprechen. Mit dieser Enttäuschung über mich selbst machte ich mich im Dezember – Ingeborg Drewitz war am 26. November gestorben – an die Arbeit.

Als ich für die Auswahl des Lesebuchs zahlreiche Texte Ingeborg Drewitz', viele davon zum erstenmal, durchging, da fiel mir – je mehr ich las, desto unabweisbarer – eine sprachliche, eine stilistische Eigentümlichkeit auf, die ich bei der vereinzelten Lektüre zuvor nie wahrgenommen hatte. Einmal auf sie aufmerksam geworden, schien mir diese Sprach-, diese Gedankenfigur fast so etwas wie der geheime Kontrapunkt ihres Schreibens, wie das Fundament ihrer Erfahrung von Ich und Welt und damit auch ihres Engagements zu sein. Worüber auch immer Ingeborg Drewitz schreibt, mit welchen Argumenten, in welcher Überzeugung und in welcher Form auch immer, stets bleibt ein *Fragezeichen* stehen. Und dies etwa nicht nur metaphorisch, sondern ganz buchstäblich. Die 1984 gehaltene Rede mit dem Titel »Die Wahrnehmung der Wirklichkeit« (vgl. in diesem Band S. 101-107) etwa besteht über weite Strecken, ja ganze Absätze hinweg ausschließlich aus insistierenden Frageketten; ein gutes Viertel des gesamten Textes sind Fragesätze. Dies scheint mir keine zufällige, keine nebensächliche Feststellung, um so mehr, als diese Beobachtung von fast allen in diesem Lesebuch abgedruckten Texten (mit Ausnahme der Erzählungen) bestätigt wird.

Stil und Existenz, Ingeborg Drewitz hat dies in einem Essay über Christa Wolf ausgeführt, gehören vielmehr zusammen. Sie hat sich selbst und damit auch ihre Leser unablässig mit Fragen überfallen, vor Fragen gestellt, mit Fragen gequält. Sie war überzeugt, daß Fragen-Stellen, daß In-Frage-Stellen (und beides hat ja etwas miteinander zu tun) – so hat sie es in einem Interview einmal ausgedrückt – »Verhärtungen aufbricht, den Verschleiß menschlicher Substanzen in der Routine sichtbar macht, den Zweifel wachhält, ohne den es keine Veränderung, keine Erwartung gäbe«. Einige ihrer wichtigsten Reden und Essays führen das Fragezeichen schon im Titel: »Der freie Autor – eine Fiktion?«, »Gespaltenes oder doppeltes Leben? – Gedanken über die Frau als Künstlerin«, »Warum leben wir in einer Routine-Demokratie?«, »Nazideutschland – Traum? – oder schon wieder beinahe wirklich?« Und der letzte Text des kleinen, autobiographischen Bändchens »Hinterm Fenster die Stadt«, »Synonyme für (meine) Heimat«, besteht nur aus Fragesätzen, weil die Wörter, die Erinnerungen selbst gefährdet sind vom Vergessen.

Die Überzeugungskraft ihres menschlichen, sozialen und politischen Engagements besteht für mich nicht zuletzt darin, daß Ingeborg Drewitz eine unablässig Fragende war. Schreiben war für sie identisch mit dem Willen, alles in Frage zu stellen, war darum Ursachenerforschung und Ursachenbeschreibung. Ihr Fragen betraf dabei gleichermaßen ihr Ich und ihre Herkunft, ihre Umwelt und die Geschichte. Sie konnte nicht(s) schreiben, ohne im Geschriebenen, wie zufällig, wie tagesverhaftet es auch immer zustande gekommen sein mochte, etwas von sich mit, etwas von sich weg zu geben. Solche Haltung verrät einen Überschuß, läßt aber auch einen Verlust vermuten – eine Verschränkung, die sich an ihrem Werk, liest man es in der chronologischen Folge seiner Entstehung, denn auch auffällig genug nachvollziehen läßt. Ingeborg Drewitz war zuletzt wohl ratloser, verzweifelter, als sie es nach außen hin zugab.

Ein Bereich des ständigen Fragens, des ständigen Um- und Einkreisens, der ständigen Rückkehr im Sinne sowohl von traumatischer Überwältigung wie anamnetischer Selbstbeobachtung und Selbstanalyse – man vergleiche in diesem Band den autobiographischen Essay »Ich über mich« und das »Lebenslehrzeit« überschriebene Kapitel – war ihre Kindheit und Jugend und, eingebettet in diese, der Faschismus. Immer wieder hat sie versucht, Opfern und Tätern schreibend auf den Grund zu kommen, den Faschismus als die Lebenslüge der kapitalistischen Gesellschaft zu entlarven. In der Nachbemerkung zu »Eingeschlossen«, ihrem letzten Roman, schreibt sie, wie die Suche nach der Wirklichkeit der Wirklichkeit – Nazizeit, Verführung, Nachkriegszeit, Schuld, die schmerzhafte Zeitferne der fünfziger Jahre – sie gepackt und nicht mehr losgelassen hat: »Der Konflikt zwischen dem guten Menschen (dem Jesus-Element in ihm) und der nahezu ungehemmten Entwicklung der Zerstörungsmöglichkeiten, die der einzelne *mittelbar* als Objekt der Industriegesellschaft erlebt, die seine existentielle Angst säuberlich in Raster preßt, und die er *unmittelbar* erlebt, wenn er sich dem Wissen von der möglichen Zerstörung aussetzt, hat mich immer wieder beschäftigt.«

Am Anfang dieser Beschäftigung mit dem Faschismus und seinem Hineinragen in ihre eigene Lebensgeschichte steht das 1951 entstandene Drama »Alle Tore waren bewacht«. Es war das erste Stück eines deutschen Autors, das sich mit der Wirklichkeit der KZs und den Verbrechen an den Juden auseinandersetzte. Es war, wie fast alles, was Ingeborg Drewitz in den späten vierziger und in den fünfziger Jahren schrieb, an der Zeit vorbei, ja gegen die Zeit geschrieben. Die Deutschen wollten vergessen, wollten in unbelehrbarer Tüchtigkeit wieder wer sein in der Welt. Ingeborg Drewitz aber wollte und konnte nicht vergessen – nicht, was sie selbst erfahren und gesehen hatte, erst recht nicht, wovon sie später hörte und las. Dieser Widerstand gegen die Vergeßlichkeit, gegen das Versinken der Erinnerung, gegen die Unfähigkeit zu trauern hat sie zu all den Fragen geführt, wo eine die nächste ergab, hat sie recht eigentlich erst politisiert. Mit Fragen wollte sie Unruhe säen, das Denken aufwühlen, zum Handeln, zur Veränderung anstacheln. Die Frage nach dem Gestern war ihr immer eine auch nach dem Heute, ja nach der Zukunft. Wie in einer Engführung laufen alle diese Linien in einer ihrer letzten Veröffentlichungen, dem autobiographischen Prosastück »Lebenslehrzeit«, zusammen. »Wer den Faschismus begreifen will«, schreibt sie dort, »muß den Alltag begreifen.« Sie sucht den Faschismus denn auch in ihrem eigenen Leben, ihrem eigenen Alltag auf. Auch »Lebenslehrzeit« endet, den Leser ins Offene weisend, mit einer Frage.

Vergangenheit und Ich und die Einbrüche, die dieses Ich immer wieder durch das ja nur scheinbar Vergangene erleidet, sind der eine Bereich, in den Ingeborg Drewitz fragend und schreibend eindringt. Ein zweiter Bereich betrifft ihr soziales, ihr politisches Engagement, das erstarrte Ordnungen, unmenschliches Verhalten und Denken in Frage stellt – »auf dem immer unüberschaubarer werdenden Kriegsschauplatz der funktionierenden Gleichgültigkeit aller gegen alle«. Die Versuchung, als Unterschriften-Prominente ausgenutzt und vorgezeigt zu werden, war ihr bewußt.

Es lohnt sich, auch hier an die Wurzeln zurückzugehen. Lange bevor es eine neue Frauenbewegung gab, hat Ingeborg Drewitz sich mit den Anfängen weiblichen Selbstbewußtseins, mit den Anfängen weiblichen Schreibens zu Beginn des 19. Jahrhunderts und in dessen weiterem Verlauf auseinandergesetzt. 1965 erschien ihr kleines Bändchen über die »Berliner Salons«, 1969 ihr großangelegter Versuch einer Bettine-von-Arnim-Biographie, für mich noch immer ihr schönstes, perspektivenreichstes Buch. Unter den vielen Porträts, kleinen wie großen, die sie im Laufe ihres Lebens schrieb – und sie war eine sensible, eindringliche Porträtistin! –, ist dies wohl das zugleich objektivste und intimste. Der Blick in den Spiegel Bettine hat sie bis zuletzt begleitet, geleitet, ermutigt. In dem im Lesebuch abgedruckten fiktiven Brief an Bettine heißt es: »Für mich ist es wichtig, daß du so warst, wie ich zu sein versuche: Nicht angepaßt, empfindlich für die, die draußen stehen, zornig gegenüber der aalglatten Routine, wach für die Fingerspitzengefühle von Mensch zu Mensch, von den Sorgen um die eigenen Kinder immer wieder erreicht, eifernd im Protest, weil von der sozialen und demokratischen Verantwortung überzeugt – und schreibend allein. Dabei nicht ungesellig, ein bißchen verrückt, und immer bereit zu verantworten, was ich tue.«

Wie Bettine, und das scheint mir das Wichtigste, auch wenn sie es selbst nicht eigens erwähnt, begreift Ingeborg Drewitz Autorschaft als Partnerschaft. Bei Bettine war dies eine personale Partnerschaft – sie benötigte die Stimulation durch reale Partner, seien es nun tatsächliche Korrespondenten gewesen wie ihr Bruder Clemens Brentano, wie die

Günderrode, wie Goethe, wie später die jungen Studenten Philipp Nathusius und Julius Döring oder Adressaten wie der preußische König Friedrich Wilhelm IV., dem sie »Dies Buch gehört dem König« und später auch noch die »Gespräche mit Dämonen« zugedacht hatte. »Das Sprachkunstwerk«, so heißt es in der Bettine-Biographie, »ist für sie immer durch Mit-Teilung belastet, immer dialogisch, niemals absolut geschlossene Form.«

Für Ingeborg Drewitz ist der Leser, der Zuhörer ein imaginäres Gegenüber, aber doch immer Partner. Sie bringt ihn durch Fragen zum Nachdenken, aktiviert ihn, nimmt ihn ernst. Sie läßt ihm Raum für seine Antwort; hört in die Fragen hinein, was er sagt. Empfindlichkeit gilt ihr als die Voraussetzung von Betroffenheit, Betroffenheit als der nährende Kern eingreifenden Denkens: »jede Erfahrung schlägt Wunden, die nur schreibend vernarben«. Das Weiterwuchern des Faschismus in unserer Gesellschaft sah sie schon in der Hartherzigkeit, in der Gleichgültigkeit, in der unmenschlichen Kälte und nicht erst in deren sozialen Auswirkungen – der Arbeitslosigkeit, dem Fremdenhaß, dem Neonazismus, dem militanten Antikommunismus, der verlogenen Verkleisterung des Christlichen mit dem Politischen, dem gigantischen militärischen Vernichtungspotential, der Zerstörung von psychischer Inwelt und ökologischer Umwelt.

Ingeborg Drewitz – die Texte dieses Lesebuchs machen es auf eindrucksvolle, nachdenkliche Weise deutlich – war eine verzweifelte Aufklärerin, eine Aufklärerin aus Verzweiflung. Der DDR-Schriftsteller Heiner Müller hat einmal gesagt: »Ich bin kein Philosoph, der zum Denken keinen Grund braucht.« Gleiches ließe sich von Ingeborg Drewitz' vielberedetem, vielgerühmten Engagement sagen. Sie war keine Engagierte, die zur Hoffnung keinen Grund brauchte. In einem Vortrag mit dem Titel »Ernst Bloch und meine Wirklichkeit«, den sie im September 1985 auf der Saarbrücker PEN-Tagung hielt – er ist in diesem Lesebuch abgedruckt –, hat sie auch hinter das Wort Hoffnung ein Fragezeichen gesetzt. Sie sieht in Blochs wortreichem, wortgewaltigem »Prinzip Hoffnung«, an das sie einmal geglaubt hat, heute eine frag-würdige Utopie: »auf das nicht nur in Mitteleuropa seit mehr als einem halben Jahrhundert Erfahrene gibt sie keine Antwort. Denn sie läßt den gefährlichen Riß in der Wirklichkeit, die Ungleichzeitigkeit des Gleichzeitigen (oder umgekehrt: die Gleichzeitigkeit des Ungleichzeitigen) aus!« Der Abgrund unserer Erfahrung klafft ins Bodenlose und mache damit auch Hoffnung bodenlos, weil »der Riß in der Wirklichkeit so weit in die Tiefe reicht, daß er uns, die wir das ›Prinzip Hoffnung‹ hochhalten wollen, beinahe entmündigt«, weil »der Schreibende, jeder von uns, auch ich, nur noch so tut, als sei der Boden unter ihm fest«. »Und doch«, so schließt Ingeborg Drewitz diesen Vortrag: »ich ertappe mich: Ohne diesen Trost, ohne diese, wenn auch fragwürdige Erwartung der mündigen Menschheit (und der Kraft dieser Mündigkeit) könnte ich nicht mehr leben, nicht mehr schreiben. Und ich weiß, ich tue nur so, als sei das ›Prinzip Hoffnung‹ über den Riß der Wirklichkeit zu wölben; ich tue nur so, als sei ich in meiner Existenzangst ungerührt. Der letzte Philosoph des Humanismus, Ernst Bloch, gibt mir noch einmal die Zeichen und die Sprache, um standzuhalten. Aber – die Hoffnung? – kaum noch.«

Für Hoffnung besteht in unserer Lage kein Grund. »Das Jahrhundert, das uns trennt«, sagt Ingeborg Drewitz in ihrem fiktiven Dialog zu Bettine, »hat die Dimensionen eines Jahrtausends.« Und so legt sich zwischen das Jahrzehnt, das uns heute vom Tode Ernst Blochs trennt, schon die Erfahrung eines Jahrhunderts. Auch diese Nüchternheit in der Wahrnehmung der Wirklichkeit verbindet die beiden Frauen, Bettine von Arnim und Ingeborg Drewitz. Jedes politische Bekenntnis sollten wir daran messen, wie es ins Leben eingreift, sollten uns weigern, Sache und Person zu trennen. Jede Theorie, die nicht gelebte Praxis wird – und zwar dort gelebt, wo der einzelne steht, wo Zufall oder Schicksal ihn hingestellt haben –, ist wertlos. Hoffnung, wenn sie denn überhaupt noch sich zeigt, ist Arbeit. Am Schluß ihrer Bettine-Biographie zitiert Ingeborg Drewitz Sätze Bettine von Arnims, die auch ihre eigene Lebenshaltung zum Ausdruck bringen: »... es ist viel Arbeit in der Welt, mir zum wenigsten deucht nichts am rechten Platz ... Ich meine immer, ich müsse die ganze Welt umwenden, ja, ich sage Dir, es liegt mir so nah ... Nur ein einzig Ding, am rechten Ende angefaßt, zieht eine Menge andere nach sich, die von selbst dann ins rechte Geschick kommen würden. Die Menschen lernen dann allmählich auch das Rechte denken, wenn sie erst eine Weile das Rechte haben tun müssen.«

Uwe Schweikert

Zur Auswahl

Absicht dieses Lesebuchs ist es, eine Einführung in Werk, Denken und Person Ingeborg Drewitz' zu geben. Jeder Auswahl sind Grenzen gesetzt, objektive wie subjektive. Zu den objektiven Vorgaben für den Herausgeber gehören nicht zuletzt Zweck und Umfang dieses Buches. Die subjektive Vorgabe liegt in seinem eigenen Blick, der letzten Endes abwägt, entscheidet. Das Lesebuch enthält keine Auszüge aus den Romanen und – anders als von Ingeborg Drewitz zumindest gesprächsweise einmal vorgeschlagen – auch keine Szenen aus ihren frühen Dramen. Da durch den Tod der Autorin dieser Auswahl der Charakter einer ersten abschließenden Bestandsaufnahme zukommt, habe ich mich entschlossen, wenigstens einige ihrer Erzählungen aufzunehmen. Im übrigen habe ich versucht, das Spektrum ihres schriftstellerischen Engagements so umfassend wie möglich zu dokumentieren, jedoch von vornherein alles ausgeschlossen, was Tageskritik war oder nur einen begrenzten Leserkreis interessieren würde. Aus diesem Grund finden sich in dem Band keine Aufsätze, Reden oder Erklärungen zur Situation der materiellen und sozialen Lage der Schriftsteller in der Bundesrepublik Deutschland und auch keine Texte, die Ingeborg Drewitz' langjähriges Wirken im VS (Verband der Schriftsteller in der IG Druck) dokumentieren, zu dessen Zustandekommen und gewerkschaftlicher Ausrichtung sie maßgebend beigetragen hat. Alle übrigen formalen oder thematischen Ausdrucksbereiche Ingeborg Drewitz' sind dokumentiert. Auch so war die Qual der Wahl noch schwer genug – ein erstes, von Bernhard Drewitz erstelltes Verzeichnis ihrer Veröffentlichungen nennt allein über 600 verstreut gedruckte Aufsätze, Beiträge und Reden. Ich habe versucht, nicht nur bekannte und immer wieder nachgedruckte Texte zusammenzustellen – auf einige konnte ihres zentralen Stellenwerts dennoch nicht verzichtet werden –, sondern im Zweifelsfalle weniger bekannteren, noch nicht in die von der Autorin selbst besorgten Sammelbände aufgenommenen den

Vorzug gegeben. Wie weit dies geglückt ist, mag der Leser entscheiden.

Ich danke Bernhard Drewitz, der meine Arbeit in der Schlußphase tatkräftig unterstützt hat.

Stuttgart, Juni 1987   U. Sch.

Quellen

Angegeben sind in der Regel nur Erstdruck (E) und Textvorlage (T), bei Reden der Anlaß. – Man vgl. auch die ausführliche Bibliographie in dem Band: Ingeborg Drewitz. Materialien zu Werk und Leben. Hrsg. von Titus Häussermann. Stuttgart 1983 (dort S. 125–160) sowie eine von Bernhard Drewitz erstellte Bibliographie (Typoskript) mit Stand Ende April 1987.

Ich über mich E: Frauenliteratur – Autorinnen, Perspektiven, Konzepte. Hrsg. Manfred Jurgensen. Frankfurt 1983. T: Ingeborg Drewitz. *Unter meiner Zeitlupe.* Porträts und Perspektiven. Wien/München/Zürich 1984.

Eine fremde Braut Im Krankenhaus nach Geburt und Tod des dritten Kindes im Juni 1957 geschrieben, Erstdruck in dem Band *Im Zeichen der Wölfe* (Göttingen 1963). T: Ingeborg Drewitz. *Der eine, der andere.* Erzählungen. Stuttgart 1976.

Der Vater Geschrieben 1954, Erstdruck in dem Erzählungsband *Und hatte keinen Menschen* (Berlin und Witten 1955). T: *Der eine, der andere.*

Einkreisung Geschrieben 1974, Erstdruck in »Westermanns Monatsheften« im Oktober 1975. T: *Der eine, der andere.*

Der eine, der andere Geschrieben 1970, Erstdruck in »Westermanns Monatsheften« im September 1970. T: *Der eine, der andere.*

Notizen T: Ingeborg Drewitz. *Hinterm Fenster die Stadt.* Aus einem Familienalbum. Düsseldorf 1985.

Lebenslehrzeit E und T: Ingeborg Drewitz. *Lebenslehrzeit.* Stuttgart 1985 (RadiusBibliothek).

Brief an Bettine von Arnim E und T: Proben und Berichte. Ein Almanach zum fünfzigjährigen Bestehen des Verlags Claassen. Düsseldorf 1984. – Der vorliegende Abdruck berücksichtigt Änderungen, die I.D. im Frühjahr 1985 am Text vornahm.

Ich wünschte sie immer am Klavier T: Typoskript aus dem Nachlaß.

Kalenderblätter, Berlin 1945 E: Städte 1945. Berichte und Bekenntnisse. Hrsg. von Ingeborg Drewitz. Düsseldorf 1970. – T: Ingeborg Drewitz. *Die Samtvorhänge.* Erzählungen, Szenen, Berichte. Gütersloh 1978.

Und ich weiß, daß ich damit nicht allein stehe . . . Dankrede anläßlich der Verleihung der Carl von Ossietzky-Medaille am 14. Dezember 1980. – E und T: Ingeborg Drewitz. *Kurz vor 1984.* Literatur und Politik. Essays. Stuttgart 1981.

Die Angst des Prometheus E: Evangelische Kommentare, 12. Jg., Nr. 8 August 1979. T: *Kurz vor 1984.*

Die Wahrnehmung der Wirklichkeit Rede zur Einweihung des Martin-Niemöller-Hauses in der Evangelischen Akademie Arnoldshain am 31. August 1984. E und T: Arnoldshainer Akzente. Nachrichten aus der Akademie 2/1984.

Deutsche Ängste Rede, gehalten am 13. April 1976 in Stockholm bei einer Protestkundgebung gegen Radikalenerlaß und § 88a StGB. E: Moderna Sprak (Stockholm), Vol. LXX, Nr. 22, 1976. T: *Kurz vor 1984.*

Warum leben wir in einer Routine-Demokratie? Der Erstabdruck dieser Rede auf einer Großveranstaltung des Hamburger Vorbereitungskomitees für das III. Russell-Tribunal (zu den Menschenrechten in der Bundesrepublik Deutschland) am 7. Mai 1977 erfolgte im Oktober 1977 in den »Berliner Heften«. T: *Kurz vor 1984.*

Abschiebung. Eine Anmerkung 1979/80 geschrieben. E und T: *Kurz vor 1984.*

Engagiert leben E: Literarisches Arbeitsjournal, Nr. 7, 1980. T: *Kurz vor 1984.*

Das kleine Mädchen, das ich war E: EMMA, Nr. 3, März 1981. T: Das kleine Mädchen, das ich war. Schriftstellerinnen erzählen ihre Kindheit. Hrsg. von Ingrid Strobl. München 1984 (dtv 10301).

Frau und Mann – emanzipatorische Lernprozesse E und T: Kindlers Enzyklopädie Der Mensch. München 1985. Band IX.

Gespaltenes oder doppeltes Leben? E: Zeitwende, Mai 1961. T: *Zeitverdichtung.*

Die Frauen nehmen den Frieden ernst Vortrag in Dublin am 14. November 1985. T: Typoskript aus dem Nachlaß.

Die Chance, ICH zu sagen. Rahel Varnhagen, die Poetin des ICH E: Denkmalsbesetzung – Preußen wird aufgelöst. Hrsg. von Andreas Kaiser. Berlin 1982. T: *Unter meiner Zeitlupe.*

Leben und Werk von Adam Kuckhoff Auf Anregung der Friedenauer Presse 1968 zum 25. Todestag des Dichters geschrieben. E: Berlin (Friedenauer Presse) 1968. T: Ingeborg Drewitz. *Die zerstörte Kontinuität.* Exilliteratur und Literatur des Widerstands. Wien/München/Zürich 1981.

Marie Luise Kaschnitz. Ein Porträt E und T: Marie Luise Kaschnitz. Hrsg. von Uwe Schweikert. suhrkamp taschenbuch materialien (st 2047). Frankfurt 1984.

Günther Weisenborn: Ein Mann des zwanzigsten Jahrhunderts E: Günther Weisenborn. Hrsg. von Ilse Brauer und Werner Kayser. Hamburg 1971 (Hamburger Bibliographien Band 10). T: *Die zerstörte Kontinuität.*

Volker von Törne. 1934–1980 Grabrede am 13. Januar 1981 in Berlin-Dahlem. E und T: *Unter meiner Zeitlupe.*

Meine Ortschaften E: Merian, 23. Jg., Nr. 1 (Januar 1970), Heft »Berlin« (dort gekürzt). T: Typoskript aus dem Nachlaß.

In einem fremden, ganz vertrauten Land E: Die Wunde namens Deutschland. Ein Lesebuch zur deutschen Teilung. Hrsg. von Hedwig Walwei-Wiegelmann. Freiburg 1981. T: Ingeborg Drewitz. *Schrittweise Erkundung der Welt.* Wien/München/Zürich 1982.

Reizwort Gott E: Wie war das mit dem lieben Gott? Erfahrungen – Erinnerungen – Einsichten. Hrsg. von Horst Nitschke. Gütersloh 1976. T: *Die Samtvorhänge.*

Ostern T: *Die Samtvorhänge.*

Prometheus, Jesus und der Mut zum Leben. Über Hoffnung, Zuversicht und Religion. Karl-Josef Kuschel im Gespräch mit Ingeborg Drewitz E: Publik-Forum Januar 1984. T: Karl-Josef Kuschel. Weil wir uns auf dieser Erde nicht ganz zu Hause fühlen. 12 Schriftsteller über Religion und Literatur. München. (Serie Piper Band 414).

Ernst Bloch und meine Wirklichkeit Vortrag vor dem PEN im September 1985 in Saarbrücken. E: Die neue Gesellschaft/Frankfurter Hefte, 10/1985. T: Typoskript aus dem Nachlaß.

Datierungen E: Neue deutsche Hefte, 1/1973. T: *Hinterm Fenster die Stadt.*

Inhalt